Allemand

Faux débutants

AF128099

Bettina Schödel

À propos de ce cahier

En quelque 240 exercices répartis sur 21 chapitres, ce cahier vous permettra de faire une révision des fondamentaux de la grammaire allemande ainsi que de nombreux thèmes de vocabulaire, notamment de précieuses tournures de phrases et expressions idiomatiques.

Chaque chapitre aborde, dans un premier temps (encadrés jaunes), un point de grammaire principal (conjugaison, déclinaison, syntaxe…) et certaines particularités phonétiques (encadrés roses) ; l'approche est méthodique, les exercices épurés et réduits au point de grammaire en question. Dans un second temps, est traité le vocabulaire (encadrés verts) ; cette partie est essentiellement ludique et déductive, parfois en rapport avec le sujet de grammaire vu dans le même chapitre, et fait appel à vos connaissances de la langue.

Certains d'entre vous noteront peut-être des changements orthographiques comme **wie viel** au lieu de **wieviel**, **dass** au lieu de **daß**, etc. Ceux-ci sont dus à la réforme de l'orthographe. Ils sont nombreux et peuvent surprendre les personnes ayant étudié l'allemand avant 2006.

Juste avant les solutions, vous trouverez des tableaux de conjugaison et de déclinaisons.

Ce cahier vous permet d'effectuer votre autoévaluation : après chaque exercice, dessinez l'expression de vos icônes (☺ pour une majorité de bonnes réponses, 😐 pour environ la moitié et 😟 pour moins de la moitié). À la fin de chaque chapitre, reportez le nombre d'icônes relatives à tous ces exercices et, en fin d'ouvrage, faites les comptes en reportant les icônes des fins de chapitres dans le tableau général prévu à cet effet !

Sommaire

1
Présent de l'indicatif

Conjugaison et emploi du présent

Comme en français, il sert à exprimer un état, une situation ou une habitude du présent, ainsi qu'une vérité générale. Il sert également à exprimer un événement à venir si un complément de temps indique le futur. Il se forme comme suit : **radical de l'infinitif + terminaisons du présent : komm(en)** ➜ **ich komme, du kommst, er/sie/es kommt, wir kommen, ihr kommt, sie/Sie kommen**.

• Verbes avec altération vocalique : **radical du verbe + terminaisons du présent**. Le radical change aux 2e et 3e personnes du singulier : le **a** devient **ä**, le **e** devient **i** ou **ie** et le **o** de **stoßen** devient **ö**. Pour les autres personnes, il correspond au radical de l'infinitif : **geb(en)** ➜ **ich gebe, du gibst, er/sie/es gibt, wir geben, ihr gebt, sie/Sie geben**. Ceci concerne la grande majorité des verbes forts *(voir chapitres 3 et 4)*.

• Notez bien ceci :
   – **-en** (ou dans quelques cas **-n**) est la terminaison infinitive de tous les verbes.
   – en plus de **er** *il* et **sie** *elle*, il existe le neutre **es** qui se traduit selon le cas par *il* ou *elle*.

• Attention : les auxiliaires **haben**, **sein** et **werden** présentent une conjugaison particulière.

I Complétez le tableau au présent de l'indicatif.

	ich	du	er/sie/es	wir	ihr	sie/Sie
wohnen		wohnst				
beginnen			beginnt			
fragen			fragt			
fahren		fährst				
laufen				laufen		
nehmen					nehmt	

2 Notez si ces verbes sont réguliers (R)/sans altération vocalique ou irréguliers (IR)/ avec altération vocalique et, pour les irréguliers, indiquez la 3e personne du singulier du présent de l'indicatif.

Exemple : sprechen → (IR) er spricht

a. sehen → ....

b. hoffen → ....

c. schlafen → ....

d. fallen → ....

e. glauben → ....

f. gehen → ....

g. sagen → ....

h. treffen → ....

Régulier

Irrégulier

Régulier

Irrégulier

3 Complétez le tableau au présent de l'indicatif.

ich	du	er/sie/es	wir	ihr	sie/Sie
bin	....	....	sind	....	....
....	hast	....	....	habt	....
werde	....	wird	....	....	werden

4 Complétez les phrases à l'aide des verbes suivants au présent de l'indicatif :

empfehlen **sprechen** **finden**

grüßen **LESEN** **bitten**

a. Ich .... meine Brille nicht. Weißt du, wo sie ist?

b. Welche Zeitung .... Sie da?

c. Ich .... dich um deine Hilfe.

d. Er ist schon seit einer Stunde am Telefon. Mit wem .... er denn so lange?

e. Dieser Mann ist so unfreundlich. Er .... mich nie.

f. Was .... du mir? Fisch oder Fleisch?

5 Dérivez les verbes à partir des substantifs et conjuguez-les à la 3ᵉ pers. du sing. du présent de l'indicatif. Exemple : die Miete → mieten → er/sie/es mietet.

a. die Sprache → .... → ....

b. die Schrift → .... → ....

c. das Getränk → .... → ....

d. die Liebe → .... → ....

e. der Flug → .... → ....

f. die Reparatur → .... → ....

Particularités phonétiques et orthographiques

Avec un peu de pratique, bon nombre de ces particularités vous sembleront évidentes. Néanmoins, mieux vaut faire le point.

- Au présent, les verbes dont le radical de l'infinitif se termine par **-d** et **-t** ou bien par certains groupes de consonnes comme **-chn**, **-tm**… prennent un **e** intercalaire aux 2ᵉ et 3ᵉ personnes du singulier et à la 2ᵉ personne du pluriel pour faciliter la prononciation : **arbeiten → du arbeitest, er/sie/es arbeitet, ihr arbeitet**. Si la voyelle change, seule la 2ᵉ personne du pluriel prend un **e** : **halten → du hältst, er/sie/es hält, ihr haltet**.

- Les verbes dont le radical de l'infinitif se termine par **-s, -ss, -ß, -tz** ou **-z** prennent juste un **t** à la 2ᵉ personne du singulier : **blasen → du bläst**.

- Les verbes dont le radical de l'infinitif sont **-eln** et **-ern** prennent juste un **-n** à la 1ʳᵉ et à la 3ᵉ personne du pluriel : **sammeln → wir sammeln, sie/Sie sammeln**. Notez que pour ces mêmes verbes, le **e** du radical est souvent élidé à la 1ʳᵉ personne du singulier, même si ce n'est pas obligatoire : **ich samm(e)le**.

6 Remplissez le tableau en conjuguant les verbes au présent de l'indicatif.

	ich	du	er/sie/es	wir	ihr	sie/Sie
baden	....	....	....	....	....	....
reisen	....	....	....	....	....	....
wechseln	....	....	....	....	....	....

7 Conjuguez les verbes au présent de l'indicatif aux personnes indiquées.

a. antworten *(2ᵉ personne du pluriel)* → ....

b. zeichnen *(3ᵉ personne du singulier)* → ....

c. verändern *(3ᵉ personne du pluriel)* → ....

d. lesen *(2ᵉ personne du singulier)* → ....

Tutoiement et vouvoiement

- **Sie** avec le **S** majuscule correspond au vouvoiement (forme de politesse) au singulier et au pluriel, **du** à *tu* et **ihr** à *vous* lorsque vous tutoyez plusieurs interlocuteurs. Le pronom personnel pluriel **sie** avec le **s** minuscule correspond quand à lui à *ils* et *elles*.

- Comme en français, l'emploi de certaines formules de salutation diffère selon que vous vouvoyiez ou tutoyiez une personne. **Hallo!** et **Tschüss!** *(Salut !)* s'emploient plutôt pour le tutoiement, alors que **Guten Tag!** *(Bonjour !)* et **Auf Wiedersehen!** *(Au revoir !)* s'utilisent plutôt pour le vouvoiement. Ceci est une règle générale, mais selon le contexte et la façon de prononcer, **Tschüss!** et **Hallo!** sont aussi compatibles avec *vous* et inversement **Guten Tag!** et **Auf Wiedersehen!** avec *tu*. **Guten Morgen!** se dit le matin, il correspond au *Good morning!* anglais et vaut à la fois pour *tu* et *vous*.

8 Conjuguez « avoir le temps » : *Zeit haben.*

a. Avez-vous le temps ? *(vouvoiement)* ➜ ....

b. Avez-vous le temps ? *(tutoiement)* ➜ ....

c. Ont-ils le temps ? ➜ ....

d. Elles ont le temps. ➜ ....

9 Retranscrivez ces phrases de salutation au tutoiement pluriel et au vouvoiement (dans la 2ᵉ phrase, pour le tutoiement pluriel, ajoutez le prénom *Sabine*). N'oubliez pas d'adapter la formule de salutation selon les cas.

Tutoiement singulier	Tutoiement pluriel	Vouvoiement
Hallo, wer bist du?	....	....
Wie heißt du?	....	....
– Paul, und du?	....	....
Woher kommst du?	....	....
Wo wohnst du?	....	....
Wie lange bist du schon in Berlin?	....	....
Schön, dass du gekommen bist.	....	....
Tschüss!	....	....

10 Complétez ces formules de salutation avec :

Nacht — morgen — bald — später — gleich

a. Bis ....! *(À bientôt !)*

b. Bis ....! *(À demain !)*

c. Bis ....! *(À plus tard !)*

d. Gute ....! *(Bonne nuit !)*

e. Bis ....! *(À tout de suite !)*

Traduire : *Et moi ! Et toi ! Et vous ! Moi aussi ! Pas Moi !…*

En allemand, le pronom tonique se décline. Il peut être au **nominatif**, à l'**accusatif** ou au **datif**, en fonction de son rôle dans la phrase.

- **Ich heiße Paul. Und du?** *Je m'appelle Paul. Et toi ?*
  Sous entendu : **Und wie heißt du?** ➔ nominatif.

- **Es ärgert mich! – Mich auch!** *Ça m'énerve. – Moi aussi !*
  Sous entendu : **Es ärgert mich auch!** ➔ accusatif.

- **Mir gefällt es. – Mir nicht!** *Ça me plaît. – Pas moi !*
  Sous entendu : **Mir gefällt es nicht!** ➔ datif.

11 Complétez les phrases avec le pronom tonique adéquat *(pour la déclinaison du pronom personnel, voir tableau page 120)*.

a. *Je viens de Munich. Et vous ? (tutoiement)*
  ➔ Ich komme aus München. Und ....?

b. *Je me réjouis. Moi aussi !*
  ➔ Es freut mich! .... auch!

c. *J'aime bien. Pas toi ?*
  ➔ Mir schmeckt es. .... nicht!

d. *Je viens. Toi aussi ?*
  ➔ Ich komme mit. .... auch!

e. *Ça m'a beaucoup plu. Et vous ? (vouvoiement)*
  ➔ Es hat mir sehr gut gefallen. Und ....?

Bravo, vous êtes venu à bout du chapitre 1 ! Il est maintenant temps de comptabiliser les icônes et de reporter le résultat en page 128 pour l'évaluation finale.

Impératif

Conjugaison et emploi de l'impératif

L'usage de l'impératif est le même qu'en français. Par contre, sa conjugaison comporte une personne de plus, **Sie**, qui correspond à la forme de politesse.

- La majorité des verbes forment leur impératif comme suit : **radical de l'infinitif + termi-naisons de l'impératif : tanz(en) → Tanz(e)!, Tanzen wir!, Tanzt!, Tanzen Sie!**

  Vous noterez que le **-e** de la 2ᵉ personne du singulier est facultatif et que la 1ʳᵉ personne du pluriel et la forme de politesse se conjuguent avec le pronom personnel placé derrière le verbe.

  Attention au verbe **sein → Sei!, Seien wir!, Seid!, Seien Sie!**

- Les verbes qui présentent l'alternance vocalique **e/i** ou **e/ie** au présent de l'indicatif, gardent cette même alternance vocalique à l'impératif : **geben → Du gibst mir das. → Gib mir das!**

- Dans le cas des verbes à particules séparables *(voir chapitre 15)*, celles-ci sont placées en bout de phrase comme **losfahren → Fahr los! / Fahr jetzt los!**

- Dans les phrases négatives, **nicht** se place derrière le verbe ou le pronom pour les phrases avec **wir** et **Sie** : **Komm nicht zu spät nach Hause! / Kommen Sie nicht zu spät nach Hause!**

I **Conjuguez les verbes suivants à l'impératif aux personnes indiquées.**

a. kommen *(2ᵉ personne du pluriel)* → ....

b. nicht zu laut singen *(2ᵉ personne du singulier)* → ....

c. an/rufen* *(1ʳᵉ personne du pluriel)* → ....

d. das Buch lesen *(2ᵉ personne du pluriel)* → ....

e. spazieren gehen *(1ʳᵉ personne du pluriel)* → ....

f. da bleiben *(vouvoiement)* → ....

g. mit/kommen* *(2ᵉ personne du pluriel)* → ....

h. Blumen kaufen *(2ᵉ personne du singulier)* → ....

*particule séparable

2 Traduisez les phrases avec les groupes infinitifs suivants :

bitte pünktlich sein   **NICHT TRAURIG SEIN**

nett zu ihr sein   **ehrlich sein**   **vorsichtig sein**

a. Sois à l'heure, s'il te plaît ! ➜ ....

b. Soyons sincères ! ➜ ....

c. Soyez gentils avec elle ! *(tutoiement)* ➜ ....

d. Ne soyez pas triste ! *(vouvoiement)* ➜ ....

e. Sois prudent ! ➜ ....

3 Reliez ces exclamations à l'impératif avec leur traduction en français.

1. Pass auf!   •   • a. Arrête !

2. Fahr weiter!   •   • b. Viens avec moi/nous !

3. Geh weg!   •   • c. Va-t'en !

4. Sprich leiser!   •   • d. Parle moins fort !

5. Komm mit!   •   • e. Continue ! *(sous-entendu de rouler)*

6. Hör auf!   •   • f. Fais attention !

7. Halt an!   •   • g. Arrête-toi ! *(sous-entendu de conduire)*

4 Complétez les contraires de ces exemples avec la particule / l'adverbe qui convient : *rückwärts, weniger, runter, zu, aus.* Puis reliez chacun d'eux avec sa traduction.

1. Steig ein! ≠ Steig .... ! •

2. Fahr vorwärts! ≠ Fahr .... ! •

3. Komm hoch! ≠ Komm .... ! •

4. Iss mehr! ≠ Iss .... ! •

5. Mach die Tür auf!

   ≠ Mach die Tür .... ! •

• a. Mange plus ! ≠ Mange moins !

• b. Monte ! ≠ Descends !
   (dans/de la voiture, le bus...)

• c. Ouvre la porte ! ≠ Ferme la porte !

• d. Monte/Viens en haut !
   ≠ Descends/Viens en bas !

• e. Avance ! ≠ Recule !

Particularités phonétiques et orthographiques

Là aussi, vous pourrez vite vous laisser guider par votre oreille d'autant plus que la règle, elle-même indécise, vous offre plusieurs possibilités.

- À l'impératif, les verbes dont le radical de l'infinitif se termine par **-d**, **-t** ou certains groupes de consonnes comme **-chn**, **-tm**… prennent en général un **-e** à la 2e personne du singulier et du pluriel : **zeichnen** *(dessiner)* ➜ **Zeichne einen Hund! / Zeichnet einen Hund!** Notez que pour les verbes forts *(voir chapitres 3 et 4)*, le **-e** est facultatif à la 2e personne du singulier : **Lad(e) ihn ein!**

- Les verbes dont le radical de l'infinitif se termine par **-ern** ou **-eln** prennent un **-e** à la 2e personne du singulier : **wackeln** *(bouger)* ➜ **Wack(e)le nicht so!** Le **e** du radical est dans la majorité des cas élidé, même si ce n'est pas obligatoire.

5 Complétez le tableau à l'impératif.

2e personne du singulier	2e personne du pluriel
………………………	Arbeitet schneller!
Verändere nichts!	………………………
Bade nicht jetzt!	………………………
………………………	Ärgert mich nicht!
………………………	Wechselt 100 Euros!
Lad(e) ihn ein!	………………………

6 Passez du *vous* (Sie) au *tu* (du/ihr). Attention à la particularité phonétique pour certains verbes.

a. Finden Sie es sofort! ➜ …………………………………………

b. Schreiben Sie es auf! ➜ …………………………………………

c. Lassen Sie mich in Ruhe! ➜ …………………………………………

d. Schneiden Sie es in zwei! ➜ …………………………………………

e. Steigen Sie bitte ein! ➜ …………………………………………

f. Haben Sie etwas Geduld! ➜ …………………………………………

Zu Befehl!
À vos ordres !

Interjections et formules exclamatives

Elles sont nombreuses en allemand et peuvent être (presque) les mêmes qu'en français ou bien complètement différentes : *Super !* se traduit aussi bien par **Super!** que par **Toll!** Attention à **Gesundheit** : die **Gesundheit** signifie *la santé*, mais l'exclamation **Gesundheit!** n'équivaut pas pour autant à *Santé !*

7 Reliez chaque interjection allemande à son équivalent français.

1. Aua!/Auatsch! •   • a. Bah !

2. Bäh !/Pfui !/Igitt! •   • b. Hourra !

3. Uff! •   • c. Bonne chance !

4. Hurra! •   • d. Ah bon !

5. Ach so! •   • e. Tu vois !/Vous voyez !

6. Na also! •   • f. Ouf !

7. Toi, toi, toi! •   • g. Aïe !

8 Reliez chaque formule exclamative allemande à son équivalent français.

1. Zum Glück! •   • a. Dommage !

2. Schade! •   • b. Dieu soit loué !

3. Gott sei Dank! •   • c. Bon sang !/Ma parole !

4. Gesundheit! •   • d. Santé !

5. Mensch! •   • e. Bon appétit !

6. Prost! Zum Wohl! •   • f. À tes souhaits !

7. Guten Appetit! •   • g. Heureusement !

9 Remettez les lettres dans l'ordre pour trouver la traduction des mots suivants.

a. Silence ! U / H / R / E

➔ ....

b. Attention ! C / H / N / G / U / T / A

➔ ....

c. Sortez ! U / S / R / A

➔ ....

d. On y va ! O / S / L

➔ ....

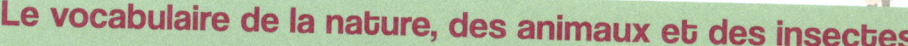

Le vocabulaire de la nature, des animaux et des insectes

Ne confondez pas **der See** qui signifie *le lac* avec **die See** qui signifie *la mer*, plus précisément **die Nordsee** *la mer du Nord* et **die Ostsee** *la mer Baltique*. Si vous deviez séjourner dans ces régions, souvenez-vous du terme **Strandkorb**. Il s'agit de grandes corbeilles de plage munies d'une capotte à l'abri desquelles vous pourrez vous protéger du soleil, mais aussi du vent et de la pluie.

10 Trouvez la traduction en allemand ou en français des mots suivants.

a. la forêt ➜ der ....

b. l'arbre ➜ der ....

c. la feuille ➜ das ....

d. la fleur ➜ die ....

e. la mer* ➜ das ....

f. .... ➜ der Strand

g. le sable ➜ der ....

h. .... ➜ die Welle

i. la montagne ➜ der ....

j. .... ➜ der Bach

k. .... ➜ das Gras

l. .... ➜ der Stein

m. .... ➜ der Bauernhof

n. l'animal ➜ das ....

o. .... ➜ der Stall

p. .... ➜ das Feld

*(autre que See)

11 Reliez chaque verbe avec sa traduction en français.

1. tauchen •
2. Ski fahren •
3. wandern •
4. bergsteigen •
5. reiten •
6. segeln •

• a. monter à cheval
• b. faire de l'alpinisme
• c. faire de la plongée
• d. faire de la voile
• e. faire de la randonnée
• f. faire du ski

12 Complétez les traductions en n'utilisant que des voyelles.

a. le lion ➜ der L _ W _

b. le chat ➜ die K _ TZ _

c. le cochon ➜ das SCHW _ _ N

d. le mouton ➜ das SCH _ F

e. le papillon ➜ der SCHM _ TT _ RL _ NG

f. le moustique ➜ die M _ CK _

g. l'oiseau ➜ der V _ G _ L

h. la souris ➜ die M _ _ S

i. la vache ➜ die K _ H

j. le loup ➜ der W _ LF

k. la girafe ➜ die G _ R _ FF _

l. la fourmi ➜ die _ M _ _ S _

m. le cheval ➜ das PF _ RD

n. le lièvre ➜ der H _ S _

o. le poisson ➜ der F _ SCH

p. l'abeille ➜ die B _ _ N _

q. l'araignée ➜ die SP _ NN _

r. la guêpe ➜ die W _ SP _

I3 Remettez les lettres dans le bon ordre pour traduire les verbes suivants.

a. aboyer N/L/B/E/L/E

➜ ....

b. miauler I/U/A/M/N/E

➜ ....

c. nager M/C/I/S/H/W/E/M/N

➜ ....

d. voler L/F/G/I/N/E/E

➜ ....

e. rugir N/B/L/L/R/Ü/E

➜ ....

f. piquer T/H/N/S/E/E/C

➜ ....

Expressions idiomatiques

Beaucoup d'expressions idiomatiques allemandes font référence à un animal. Il est intéressant de constater que, souvent, l'expression équivalente en français se réfère également à un animal mais pas le même. Et dans certains cas, l'expression française recourt à une toute autre image.

I4 Retrouvez l'expression française grâce à la traduction mot à mot.

a. einen Frosch im Hals haben *(avoir une grenouille dans la gorge)*

➜ ....

b. einen Bärenhunger haben *(avoir une faim d'ours)*

➜ ....

c. bekannt sein wie ein bunter Hund *(être connu comme un chien bariolé)*

➜ ....

d. zwei Fliegen mit einer Klappe schlagen *(taper deux mouches avec une tapette)*

➜ ....

Bravo, vous êtes venu à bout du chapitre 2 ! Il est maintenant temps de comptabiliser les icônes et de reporter le résultat en page 128 pour l'évaluation finale.

Parfait

Conjugaison et emploi du parfait

Le parfait correspond au passé composé français. On l'utilise pour exprimer un événement accompli ayant un rapport avec le présent. Mais de nos jours, dans la conversation orale, le parfait remplace de plus en plus souvent le prétérit *(voir chapitre 4)*.

Le parfait est un temps composé. Il se forme en grande partie avec l'auxiliaire **haben** et, dans quelques cas, avec **sein**. L'auxiliaire est au présent et le participe passé rejeté en fin de phrase se forme comme suit :

- dans le cas des verbes faibles (sans particule), le participe passé se compose du préfixe **ge- + radical de l'infinitif + t** : **machen ➜ gemacht**. Attention, les radicaux terminés par **-d, -t** ou les groupes de consonnes **-chn, -tm** ont un suffixe en **-et** : **arbeiten ➜ gearbeitet**.

- dans le cas des verbes forts (sans particule), il se compose du préfixe **ge- + radical du verbe + en**. Le radical du participe passé peut soit être identique à l'infinitif, soit présenter une altération vocalique : **fahren ➜ gefahren / sprechen ➜ gesprochen**.

- dans le cas des verbes à particule inséparable ou des verbes se terminant par **-ieren**, il ne prend pas de **ge-** : **besuchen ➜ besucht / reparieren ➜ repariert**.

- dans le cas des verbes faibles et forts à particule séparable, le **ge-** vient s'intercaler entre la particule et le radical : **aufmachen ➜ aufgemacht / losfahren ➜ losgefahren**.

*pour la règle régissant les verbes à particules, *voir chapitre 15*.

I **Complétez les phrases avec le participe passé des verbes suivants (il s'agit uniquement de verbes faibles) :**

hören   **suchen**   **packen**   **duschen**   **kaufen**

a. Er hat überall .... , aber er findet seine Uhr nicht.

b. Ich habe ein neues Auto ....

c. Hast du schon deinen Koffer ....

d. Habt ihr gebadet? – Nein, wir haben ....

e. Ich habe es im Radio ....

2 Indiquez le participe passé ou l'infinitif des verbes forts suivants.

a. sehen ➜ ....

b. trinken ➜ ....

c. finden ➜ ....

d. laufen ➜ ....

e. nehmen ➜ ....

f. gesprungen ➜ ....

g. geholfen ➜ ....

h. gegessen ➜ ....

i. geblieben ➜ ....

j. gegangen ➜ ....

3 Indiquez le participe passé des verbes suivants.

a. telefonieren ➜ ....

b. <u>ab</u>schicken* ➜ ....

c. <u>ein</u>laden* ➜ ....

d. <u>an</u>kommen* ➜ ....

e. versuchen ➜ ....

f. gehören ➜ ....

g. verbieten ➜ ....

h. reparieren ➜ ....

*particule séparable

Emploi de *haben* ou *sein*

• Se conjuguent avec **haben** :

– les verbes transitifs (= avec un complément d'objet direct) : **Sie haben die Tür geöffnet**.

– les verbes pronominaux et réfléchis : **Ich habe mich geirrt. / Er hat sich gekämmt**.

– les verbes intransitifs exprimant une position, un état ou un processus qui dure, sauf **bleiben** *(rester)* et **sein** *(être)* : **Ich habe eine Stunde im Regen gestanden. / Wie lange hast du geschlafen?**

Notez que **anfangen / beginnen** *(commencer)* et **aufhören** *(arrêter)* sont considérés comme des verbes marquant un état et se conjuguent de ce fait avec **haben**.

• Se conjuguent avec **sein** :

– les verbes intransitifs exprimant un changement d'état/de lieu ou un mouvement : **Er ist gewachsen. / Ich bin nach Hause gegangen**.

– ainsi que les verbes **bleiben** et **sein** : **Ich bin in Rom gewesen**.

• Attention : **fahren** et quelques rares autres verbes exprimant le mouvement se construisent soit avec **haben** soit avec **sein**.

– **Ich habe das Auto in die Garage gefahren**. (transitif) ≠ **Ich bin nach Berlin gefahren**. (intransitif de mouvement)

4 Complétez les phrases avec *haben* ou *sein*. 😊

a. Ich .... einen schönen Film gesehen.

b. Wir .... zu Fuß gegangen.

c. Sie (*3ᵉ personne du pluriel*) .... eine Stunde auf den Bus gewartet.

d. Wie lange .... ihr geblieben?

e. Schnell, der Film .... schon angefangen.

f. Es .... den ganzen Tag geregnet.

5 Mettez les phrases au parfait. 😊

a. Er trinkt viel.

→ ....

b. Er läuft schnell.

→ ....

c. Er wäscht sich.

→ ....

d. Es schneit.

→ ....

e. Er ist bei mir.

→ ....

f. Er kommt.

→ ....

Traduire (ne…) pas

Il existe deux façons d'exprimer la négation.

• **Nicht** est la négation principale. Elle peut porter sur toute la phrase ou sur un élément de la phrase, sa place variant en fonction.

Lorsque la négation porte sur toute la phrase, **nicht** se place :

– avant un complément avec préposition : **Peter wohnt nicht in Frankreich**.

– avant un adjectif qualificatif attribut et un adverbe qualificatif : **Sie ist nicht groß. / Es ist nicht viel.**

– après un complément sans préposition : **Ich komme morgen nicht.**

Lorsque la négation ne porte que sur un élément, **nicht** se place toujours devant cet élément. La phrase est dans ce cas souvent complétée par **sondern** : **Nicht Peter lebt in Frankreich, sondern sein Bruder.**

• **Kein** est la négation de l'article **ein** : **Es gibt ein Kino.** → **Es gibt kein Kino.** Contrairement à **ein**, il a une forme au pluriel : **Es gibt Kinos.** → **Es gibt keine Kinos.** (*se décline comme **ein/mein**, voir déclinaison page 120*)

• **Kein** est également la négation :

– des groupes nominaux sans article : **Ich esse Brot und trinke Wein.** *Je mange du pain et bois de l'eau.* → **Ich esse kein Brot und trinke keinen Wein.** Notez qu'en allemand l'article partitif (*du, de la, des*) n'existe pas dans la phrase affirmative, d'où l'absence d'article.

– des expressions sans article : **Ich habe Zeit.** → **Ich habe keine Zeit.**

Et *Une fois n'est pas coutume* se dit **Einmal ist keinmal** (*Une fois est aucune fois*).

6 Mettez les phrases à la forme négative.

a. Ich habe ein neues Auto.

→ ....

b. Sie ist zu schnell gefahren.

→ ....

c. Ich habe Arbeit.

→ ....

d. Ich liebe dich.

→ ....

e. Das ist Gold.

→ ....

f. Ich denke an die Arbeit.

→ ....

7 Reliez chaque phrase avec sa traduction en français.

1. Ich habe keine Angst. •
2. Ich habe keinen Durst. •
3. Ich habe kein Geld. •
4. Ich habe keine Ahnung. •
5. Ich habe keinen Bock. •
6. Ich habe keinen Hunger. •
7. Ich habe keine Lust. •

• a. Je n'ai aucune idée.
• b. Je n'ai pas faim.
• c. Je n'ai pas envie.
• d. Ça ne me branche pas.
• e. Je n'ai pas soif.
• f. Je n'ai pas d'argent.
• g. Je n'ai pas peur.

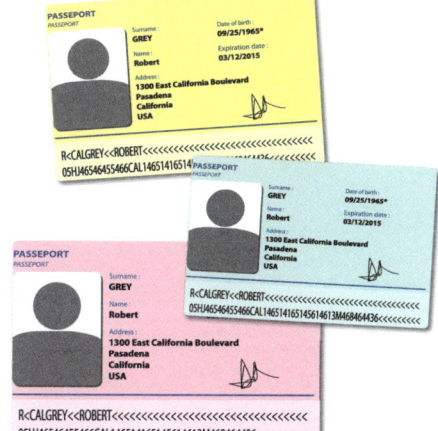

Vocabulaire pour décliner son identité et se présenter

Der Personalausweis signifie *carte d'identité* et **der Reisepass** *passeport*. Certains termes employés dans les pièces d'identité ou pour rédiger une lettre de motivation font partie du vocabulaire courant, d'autres sont plus spécifiques. Les quelques exercices qui suivent vont vous permettre d'en apprendre certains ou de réviser ceux encore mal maîtrisés. Mais vous pouvez aussi recourir à l'expression suivante : **Sag mir, wer deine Freunde sind, und ich sage dir, wer du bist.**

8 Complétez le texte avec les participes passés suivants :

studiert **geboren** **gewesen** **kennen gelernt**

gelernt **gemacht (x2)** **gegeben** **gegangen**

Ich heiße Robert Schmitt und bin Deutscher. Ich bin am 5.09.1982 in Köln .... 2001 habe ich das Abitur .... und bin dann für 2 Jahre nach Südamerika .... Es war sehr interessant. Ich habe Spanisch und Portugiesisch ...., und um Geld zu verdienen habe ich Englisch- und Deutschkurse .... Fremdsprachen interessieren mich sehr, da ich gern reise. Insgesamt bin ich schon in 54 Ländern .... Nach meiner Rückkehr aus Südamerika habe ich von 2003 bis 2010 Medizin an der Universität Berlin .... und habe dann ein Praktikum im Stadtkrankenhaus von Heidelberg .... Da habe ich meine Frau .... Nun arbeite ich als Kinderarzt in einer Klinik in Köln (…).

9 Remplissez ce formulaire ou rayez les mentions inutiles en vous basant sur le texte ci-dessus.

1. Name :   2. Vorname :

3. Geburtstag: 4. Geburtsort :

5. Staatsangehörigkeit :

6. Familienstand : ledig, verheiratet, geschieden, verwitwet.

7. Ausbildung/Studium :

8. Beruf :

9. Sprachen :

10. Hobbys :

10 Voici d'autres termes qui apparaissent dans les pièces d'identités. Retrouvez leur traduction : *date d'expiration, couleur des yeux, taille, sexe, domicile, signature du titulaire.*

a. Augenfarbe ➜ ....

b. Geschlecht ➜ ....

c. gültig bis ➜ ....

d. Wohnort ➜ ....

e. Unterschrift des Inhabers ➜ ....

f. Größe ➜ ....

11 Retrouvez dans cette grille la traduction des hobbies suivants :

musique

dessiner/ peindre

sport

cuisiner

danser

cinéma

échecs

chanter

lire

T	M	A	L	E	N	P	S
U	U	T	O	A	O	F	P
K	S	A	K	S	T	G	O
M	I	N	**O**	**H**	E	V	R
B	K	Z	**C**	I	S	E	T
V	**U**	**E**	**H**	U	**A**	**S**	E
O	K	N	E	K	L	A	R
I	S	I	N	G	E	N	U
H	C	E	R	I	S	U	T
R	H	H	S	M	E	I	D
E	A	N	K	I	N	O	D
B	C	M	V	L	H	O	S
B	H	L	M	K	U	L	V

Bravo, vous êtes venu à bout du chapitre 3 ! Il est maintenant temps de comptabiliser les icônes et de reporter le résultat en page 128 pour l'évaluation finale.

4
Prétérit

Conjugaison et emploi du prétérit

À l'origine, le prétérit était utilisé pour rapporter un événement passé et définitivement terminé. **Es war einmal...** *Il était une fois...* Mais de nos jours, il est de moins en moins courant dans la conversation orale et souvent remplacé par le parfait.

- Le prétérit des verbes faibles se forme comme suit : **radical de l'infinitif + terminaisons du prétérit** : spielen ➜ **ich spielte, du spieltest, er/sie/es spielte, wir spielten, ihr spieltet, sie/Sie spielten**.

- Le prétérit des verbes forts se forme comme suit : **radical du verbe au prétérit + terminaisons du prétérit**. Notez que les radicaux de tous les verbes forts présentent une altération vocalique : **sehen ➜ ich sah, du sahst, er/sie/es sah, wir sahen, ihr saht, sie/Sie sahen / laufen ➜ ich lief, du liefst**...

- Attention : la conjugaison de **sein**, **haben** et **werden** diffère légèrement de la règle.

1 Complétez le tableau avec les verbes *bauen* et *sagen* au prétérit. ••

ich	du	er/sie/es	wir	ihr	sie/Sie
baute	....	....	....	....	....
....	....	....	sagten	....	....

2 Complétez le tableau avec les verbes *laufen* et *lügen* au prétérit. ••

ich	du	er/sie/es	wir	ihr	sie/Sie
....	....	....	liefen	....	....
....	....	....	....	....	logen

3 Complétez les tableaux.

Infinitif	1ʳᵉ pers. sing. prétérit
....	trug
....	half
....	schrieb
....	gab

Infinitif	1ʳᵉ pers. sing. prétérit
nehmen	....
gehen	....
lesen	....
fliegen	....

4 Complétez le tableau au prétérit.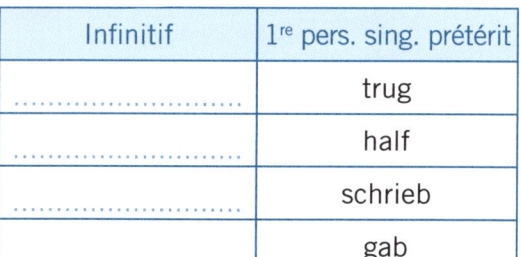

ich	du	er/sie/es	wir	ihr	sie/Sie
war	....	....	....	wart	....
....	....	hatte	hatten	....	....
wurde	....	....	....	....	wurden

Particularités phonétiques

Elles suivent la même logique que pour le présent et l'impératif.

- Au prétérit, les verbes faibles dont le radical se termine par **-d**, **-t** ou certains groupes de consonnes comme **-chn**, **-tm**... prennent un **-e** devant la terminaison pour faciliter la prononciation : **arbeiten ➜ ich arbeitete, du arbeitetest**...

- Les verbes forts dont le radical se termine par **-d** ou **-t** prennent un **e** intercalaire à la 2ᵉ personne du pluriel et éventuellement du singulier pour faciliter la prononciation. La règle du singulier est néanmoins moins rigide : **reiten ➜ ich ritt, du ritt(e)st, er ritt... ihr rittet**...

- Les verbes forts dont le radical se termine par **-s**, **-ss** ou **-ß** prennent juste un **-t** à la 2ᵉ personne du singulier : **blasen ➜ du bliest**. Notez qu'il existe aussi la variante avec **-est ➜ du bliesest**, mais elle est moins employée de nos jours.

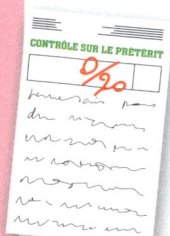

5 Conjuguez les verbes au prétérit à la personne indiquée.

a. ich fand ➜ ihr ....

b. ich zeichnete ➜ du ....

c. ich las ➜ du ....

d. ich redete ➜ sie *(3ᵉ p. pl.)* ....

6 Dérivez l'infitif des verbes à partir des substantifs, puis indiquez la traduction :
ressentir, prier/demander, prier/faire sa prière, se disputer, conseiller, atterrir.

a. die Landung ➜ .... ➜ ....

b. das Gebet ➜ .... ➜ ....

c. der Rat ➜ .... ➜ ....

d. der Streit ➜ .... ➜ ....

e. die Bitte ➜ .... ➜ ....

f. die Empfindung ➜ .... ➜ ....

Cas particuliers

Les **verbes faibles irréguliers** sont un mélange entre les verbes faibles et les verbes forts. Ils sont réguliers au présent et, comme les verbes forts, changent de radical au passé tout en ayant les terminaisons des verbes faibles : **rennen – rannte – gerannt**. Il y a **6** verbes faibles irréguliers (**rennen, bringen, denken, kennen, nennen, brennen**) + **2** autres qui peuvent aussi être conjugués comme des verbes faibles : **senden** *envoyer* ➜ **sendete/ sandte – gesendet/gesandt** et **wenden** *tourner* ➜ **wendete/wandte – gewendet/ gewandt** .

7 Complétez les phrases avec *rennen, nennen, brennen, kennen, denken* au présent de l'indicatif.

a. Seit wie vielen Jahren .... ihr euch?

b. Hilfe! Es ....

c. Ich heiße Alexander aber alle .... mich Alex.

d. Er .... sehr schnell.

e. Ich .... die ganze Zeit an dich.

S.O.S

8 Indiquez le prétérit (3e personne du singulier) et le participe passé de ces verbes.

a. brennen ➜ .... ➜ ....

b. bringen ➜ .... ➜ ....

c. denken ➜ .... ➜ ....

d. kennen ➜ .... ➜ ....

e. nennen ➜ .... ➜ ....

Traduire quand

Les Allemands aiment la précision, et le cas de *quand* en est un bon exemple. En fonction du contexte, vous emploierez **als**, **wenn** ou bien **wann**.

- **als + verbe au prétérit** marque un événement ponctuel et éventuellement unique du passé, de courte ou de longue durée et signifie *quand* dans le sens de *lorsque*.
  → **Er rief an, als ich im Garten war.** *Il a téléphoné quand/lorsque j'étais dans le jardin.*

- **wenn + verbe au prétérit** signifie *quand* au sens de *chaque fois que* et peut être précédé de **jedes Mal**.
  → **(Jedes Mal) Wenn er Zeit hatte, ging er zu Fuß.** *Chaque fois qu'il avait le temps, il allait à pied.*

- **wenn + verbe au présent** marque aussi bien un moment ponctuel ou répété dans le futur que la répétition dans le présent.
  → **Wenn ich groß bin...** *Quand je serai grand...*
  → **(Jedes Mal) Wenn er kann...** *Chaque fois qu'il peut...*

Notez que **wenn** peut également signifier *si (voir chapitre 6).*

- **wann** signifie *quand est-ce que* dans les interrogations directes et indirectes.
  → **Wann kommt er?** *Quand est-ce qu'il vient ?*
  → **Ich frage mich, wann er kommt.** *Je me demande quand est-ce qu'il vient.*

9 **Complétez ces phrases avec** *als, wenn* **ou** *wann.*

a. .... ich 18 werde, mache ich eine große Feier.

b. Meistens ging ich zu Fuß zur Schule, aber .... es regnete, nahm ich immer den Bus.

c. Ich weiß nicht, ... der Film beginnt.

d. .... er seine erste Stelle bekam, war er 22.

10 **Traduisez ces subordonnées introduites par** *als.* **Elles marquent toutes un moment unique de la vie.**

a. Als er geboren ist*, ...

b. Als er 20 wurde, ...

c. Als er das Abitur machte, ...

....

d. Als er heiratete, ...

e. Als er sein erstes Kind bekam, ...

....

f. Als er starb, ...

*dans ce cas, verbe au passif.

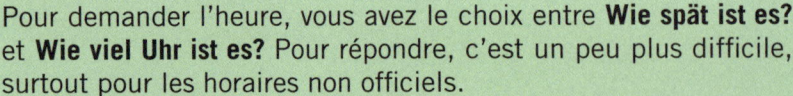

Le vocabulaire de l'heure

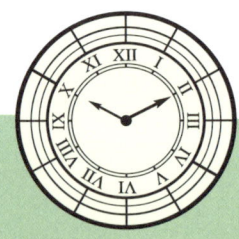

Pour demander l'heure, vous avez le choix entre **Wie spät ist es?** et **Wie viel Uhr ist es?** Pour répondre, c'est un peu plus difficile, surtout pour les horaires non officiels.

• On emploie les chiffres jusqu'à 12 et on indique d'abord les minutes puis l'heure entière. Jusqu'à la demie, on utilise la préposition **nach** et on compte par rapport à l'heure passée ➜ **5.10** ➜ **zehn nach fünf**. Au-delà de la demie, on utilise **vor** et on compte par rapport à l'heure à venir ➜ **5.50** ➜ **zehn vor sechs**. Le *quart* se dit **Viertel** et la *demie* **halb**. Mais ATTENTION, pour indiquer la demie, vous devez compter par rapport à l'heure à venir : **7.30** se dit **halb acht** et non ~~halb sieben~~. Dernière petite précision, les termes **Mittag** *midi* et **Mitternacht** *minuit* ne s'emploient que pour l'heure entière, autrement on utilise le chiffre **12** : **Viertel nach zwölf** et non ~~Viertel nach Mittag~~ ou ~~Mitternacht~~.

• Indiquer les horaires officiels (trains, bus, avions…) est heureusement beaucoup plus simple. La règle est la même qu'en français. On emploie les chiffres de 0 à 24 et on indique l'heure puis les minutes : **13.10** ➜ **dreizehn Uhr zehn**.

11 Écrivez ces heures en toutes lettres des deux façons différentes possibles.

a. 5.45 ➜ .... / ....

b. 8.10 ➜ .... / ....

c. 14.30 ➜ .... / ....

d. 17.15 ➜ .... / ....

e. 8.05 ➜ .... / ....

f. 15.10 ➜ .... / ....

12 Entourez la bonne réponse.

a. à 10 h ➜ um / im / am 10 Uhr

b. vers 10 h ➜ um / gegen / Richtung 10 Uhr

c. le matin ➜ am / im / bei Morgen

d. la matinée ➜ am / im / zum Vormittag

e. le midi ➜ am / in / im Mittag

f. l'après-midi ➜ am / in der / im Nachmittag

g. le soir ➜ am / im / zum Abend

h. la nuit ➜ durch die / an der / in der Nacht

i. À quelle heure ? ➜ Um welche Uhr? / Um wie viel Uhr? / An wie viel Uhr?

Hier matin, demain soir...

On utilise les termes **gestern**, **heute**, **morgen**... + **Morgen**, **Vormittag**, **Mittag**... La construction est similaire au français ➜ **gestern Abend** *hier soir*, **morgen Mittag** *demain midi* sauf dans le cas de **heute** qui, en français, se traduit par *ce/cette* ➜ **heute Nacht** *cette nuit*. Par ailleurs, *demain matin* ne se dit pas ~~morgen Morgen~~ mais **morgen früh** !

13 Traduisez.

a. ce soir ➜ ....

b. demain après-midi ➜ ....

c. hier matin ➜ ....

d. cet après-midi ➜ ....

14 Mots croisés : trouvez la traduction des mots suivants.

↓ Verticale
2J temps
6C réveiller
6J sommeil
9C sonner
11A montre
11E minute
14A se réveiller
(verbe construit sur le radical de réveillé)

➜ Horizontale
1L s'endormir
(verbe construit sur le radical de dormir)
4E réveillé
6C réveil
6J heure *(60 minutes)*
8H seconde

	1	2	3	4	5	6	7	8	9	10	11	12	13	14
A														A
B														
C						W			K					
D														W
E					A									A
F														
G									G					
H														
I														
J						S								
K														
L	E		N											
M														
N														
O						F								

Bravo, vous êtes venu à bout du chapitre 4 ! Il est maintenant temps de comptabiliser les icônes et de reporter le résultat en page 128 pour l'évaluation finale.

Futur

Conjugaison et emploi du futur

- Le futur simple (appelé futur I en allemand) est un temps composé qui se construit avec l'auxiliaire **werden** au **présent + verbe à l'infinitif** rejeté en fin de phrase. Il est utilisé pour exprimer une action/situation à venir ou une supposition à propos d'une action/situation à venir : **Wir werden einen Ausflug machen. / Es wird wohl regnen.**

- Cependant, dans la majeure partie des cas, les Allemands utilisent le présent pour se référer au futur. La marque du futur est alors fréquemment (mais pas systématiquement) indiquée à l'aide d'un adverbe temporel ou d'un complément circonstanciel de temps : **Am Sonntag machen wir einen Ausflug.** *Dimanche, nous ferons une excursion.* **/ Das mache ich.** *Je le ferai.*

- Il existe également un futur antérieur (appelé futur II en allemand), mais celui-ci n'est que très peu utilisé.

- En plus de sa fonction d'auxiliaire, **werden** peut aussi être employé comme verbe. Il se traduit alors par *devenir, commencer à être/à faire, être* au futur (ou une formulation équivalente). Il est souvent suivi d'un adjectif et, parfois, d'un substantif : **Er wird groß.** *Il sera grand.*

1 Conjuguez au futur simple.

a. nach Berlin fliegen *(2ᵉ personne du singulier)* → ....

b. dir helfen *(1ʳᵉ personne du pluriel)* → ....

c. anrufen *(3ᵉ personne du singulier)* → ....

d. einen Brief bekommen *(vouvoiement)* → ....

2 Transformez les phrases comme dans l'exemple.

Exemple : Wir werden einen Ausflug machen. → Morgen machen wir einen Ausflug.

a. Sie wird dir eine Mail schreiben. → Morgen ....

b. Das werden sie machen. → Am Dienstag ....

c. Es wird schneien. → Am Wochenende ....

3 Complétez les phrases avec les mots suivants :

a. Im Sommer wird es um 6Uhr .... und um 22 Uhr ....

b. Mein Sohn macht eine Lehre *(formation)*, er wird ....

c. Wir müssen nach Hause. Es wird ....

d. Seit sechs Monaten macht er nichts. Es wird .... , dass er Arbeit sucht.

e. Im Herbst werden die Blätter ....

Traduire *avant (que)* et *après (que)*

En allemand, les traductions diffèrent selon la fonction grammaticale.

- **vor** *(avant)* et **nach** *(après)* **+ datif** sont des prépositions.
  → **Kommst du vor oder nach der Schule?**

- **davor** *(avant)* et **danach** *(après)* sont des adverbes (il existe aussi d'autres adverbes synonymes).
  → **Die Schule beginnt um 9 Uhr. Kommst du davor oder danach?**

- bevor *(avant que)* et nachdem *(après que)* sont des conjonctions de subordination. Attention : **bevor** et **nachdem** doivent être utilisés avec un verbe conjugué, jamais un infinitif !
  → **Ich komme, bevor ich in die Schule gehe.** ~~Ich komme bevor in die Schule zu gehen~~.

Notez la concordance des temps dans une phrase construite avec **nachdem :**

  → **Ich <u>komme</u>, nachdem ich die Kinder in die Schule <u>gebracht habe</u>.**
  présent   parfait

  → **Ich <u>kam</u>, nachdem ich die Kinder in die Schule <u>gebracht hatte</u>.**
  prétérit   plus-que-parfait*

*Le plus-que-parfait suit les règles du parfait, excepté pour l'auxiliaire, qui se conjugue au prétérit.

4 **Certaines de ces phrases sont fautives. Trouvez-les et corrigez-les.**

a. Bevor dem Essen gehe ich ins Schwimmbad.

➜ ....

b. Ich komme, nachdem ich die Einkäufe gemacht habe.

➜ ....

c. Wenn der Film bis 22Uhr dauert, gehe ich lieber vor etwas essen.

➜ ....

d. Essen wir vor oder nachdem dem Film?

➜ ....

5 **Conjuguez les verbes entre parenthèses.**

a. Ich rufe dich an, nachdem ich alles .... (machen).

b. Nachdem er lange in Chile .... (leben), kam er zurück.

c. Er .... (gehen) nach Deutschland, nachdem er seine Arbeit verloren hatte.

d. Ich .... (putzen) die Küche, nachdem du den Kuchen gebacken hast.

Vocabulaire du travail

Les noms de métiers sont à apprendre par cœur. Pour former le féminin, il suffit générale-ment d'ajouter le suffixe **-in** et éventuellement une inflexion sur **a, o, u : der Lehrer ➜ die Lehrerin, der Arzt ➜ die Ärztin.** Mais les règles étant confirmées par les exceptions, ce n'est pas le cas pour certains noms : **der Friseur ➜ die Friseuse.** Et comme en français, certains métiers n'existent qu'au masculin ou au féminin.

6 **Retrouvez la traduction allemande de chacun de ces métiers :** *policier, infirmière, médecin, avocat, coiffeur, jardinier, pompier, acteur, artisan, informaticien, mécanicien, assureur.*

a. Handwerker ➜ ....

b. Polizist ➜ ....

c. Rechtsanwalt ➜ ....

d. Informatiker ➜ ....

e. Feuerwehrmann ➜ ....

f. Gärtner ➜ ....

g. Schauspieler ➜ ....

h. Mechaniker ➜ ....

i. Arzt ➜ ....

j. Krankenschwester ➜ ....

k. Friseur ➜ ....

l. Versicherer ➜ ....

7 Déclinez ces professions (au féminin) à partir des verbes.
Exemple : *fischen* → *die Fischerin*

a. kochen → ....

b. singen → ....

c. musizieren → ....

d. backen → ....

e. verkaufen → ....

f. tanzen → ....

g. lehren → ....

h. putzen → ....

8 Indiquez les professions (référez-vous aux exercices 6 et 7) exerçant dans les lieux suivants. Il peut y avoir 2 professions par lieu.

a. Krankenhaus → ....

b. Schule → ....

c. Orchester → ....

d. Restaurant → ....

e. Werkstatt → ....

f. Kanzlei → ....

g. Praxis → ....

h. Geschäft → ....

i. Bäckerei → ....

j. Meer → ....

Demain ou le matin

Ces deux mots sont homonymes en allemand : **morgen** signifie *demain* et **der Morgen** *le matin*. Plusieurs expressions idiomatiques allemandes utilisent ces deux mots.

9 Grâce aux traductions littérales, trouvez les expressions françaises correspondantes voire contraires aux expressions allemandes suivantes, ou expliquez leur signification.

a. Morgen ist auch noch ein Tag. *(Demain est aussi encore un jour.)*

→ ....

b. Morgen, morgen, nur nicht heute, sprechen immer faule Leute.
(Demain, demain, tout sauf aujourd'hui, parlent toujours les gens paresseux.)

→ ....

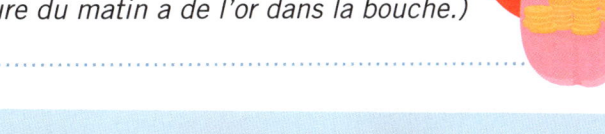

c. Morgenstund hat Gold im Mund. *(L'heure du matin a de l'or dans la bouche.)*

→ ....

Bravo, vous êtes venu à bout du chapitre 5 ! Il est maintenant temps de comptabiliser les icônes et de reporter le résultat en page 128 pour l'évaluation finale.

6
Subjonctif II

Conjugaison et emploi du subjonctif

Le subjonctif II correspond au conditionnel et, comme en français, il se compose d'une conjugaison au présent (**subjonctif II hypothétique**) et d'une autre au passé (**subjonctif II irréel**). Il existe également un **subjonctif II futur**, qui n'est pratiquement pas ou plus utilisé aujourd'hui, ainsi qu'un **subjonctif I**, qui s'emploie essentiellement à l'écrit, pour exprimer le discours rapporté.

• **Subjonctif II hypothétique** : il existe deux méthodes pour le construire.

– **Forme composée** : auxiliaire **werden** au **subjonctif II hypothétique** + infinitif du verbe rejeté en fin de phrase → **Wir würden es anders machen**.

– **Forme simple** : **radical du verbe au prétérit + inflexion de la voyelle a, o, u** (sauf pour **wollen** et **sollen**) **+ terminaisons** (*voir tableaux de conjugaison pages 118-119*). Cette méthode ne s'utilise que rarement, mais est obligatoire pour **sein**, **haben**, **werden, les 6 verbes de modalités** et **wissen**.

Infinitif	Radical prétérit	Inflexion ou non	
haben	**ich hatt**	**ich hätt + e**	**hätte**
wollen	**du wollt**	**du wollt + est**	**wolltest**

Notez qu'à la 2e personne du singulier et du pluriel du verbe **sein**, le **e** peut être élidé : **du wärst/ihr wärt** au lieu de **du wärest/ihr wäret** (plus rare).

• **Subjonctif II irréel** : auxiliaire **haben** ou **sein** au **subjonctif II hypothétique** + participe passé du verbe rejeté en fin de phrase : **Ich hätte es gemacht. / Ich wäre mitgefahren**.

I Conjuguez les verbes suivants au subjonctif II hypothétique selon la forme composée.

a. schlafen – ich

→ ....

b. lernen – er

→ ....

c. gehen – ihr

→ ....

d. anrufen – du

→ ....

e. lesen – wir

→ ....

f. warten – Sie

→ ....

2 Conjuguez les verbes suivants au subjonctif II hypothétique selon la forme simple.

a. wissen – wir

➜ ....

b. können – du

➜ ....

c. wollen – ihr

➜ ....

d. sein – sie *(3e pers. plur.)*

➜ ....

e. dürfen – du

➜ ....

f. müssen – er

➜ ....

g. wissen – ihr

➜ ....

h. sein – ich

➜ ....

i. haben – Sie

➜ ....

3 Conjuguez les verbes au subjonctif II irréel.

a. kommen – ich

➜ ....

b. bleiben – wir

➜ ....

c. sagen – du

➜ ....

d. fragen – ihr

➜ ....

e. schreiben – er

➜ ....

f. gehen – Sie

➜ ....

Subordonnée conditionnelle introduite par *wenn (si)*

Comme en français, on distingue 3 cas de condition. Attention à la concordance des temps pour les 2e et 3e cas, qui diffèrent notablement du français.

- Si la condition est réalisable, la principale et la subordonnée introduite par **wenn** sont au présent :
  ➜ **Wenn ich kann, komme ich mit euch.**

- Si la condition est posée comme une hypothèse non encore réalisée, la principale et la subordonnée introduite par **wenn** sont au subjonctif II hypothétique :
  ➜ **Wenn ich könnte, würde ich mit euch kommen.**
  Mot à mot : *Si je pourrais, je viendrais avec vous.*

- Si la condition est posée comme une hypothèse qui ne s'est pas réalisée dans le passé, la principale et la subordonnée introduite par **wenn** sont au subjonctif II irréel :
  ➜ **Wenn ich gekonnt hätte, wäre ich mit euch gekommen**.
  Mot à mot : *Si j'aurais pu, je serais venu avec vous.*

(Pour la syntaxe, voir chapitre 13)

Et pour terminer, une expression qui peut toujours servir : **Wenn das Wörtchen wenn nicht wäre...** *Si le mot si n'existait pas...*

4 **Conjuguez les verbes de la subordonnée conditionnelle au temps qui convient.**

a. Wenn ich Geld .... (haben), würde ich eine Weltreise machen.

b. Wenn wir jünger .... (sein), hätten wir es gemacht.

c. Wenn du Glück .... (haben), kannst du einen Computer gewinnen.

d. Wenn es nicht .... (regnen), wären wir ans Meer gefahren.

e. Ich würde dich heiraten, wenn ich .... (können).

f. Ich wäre der glücklichste Mann der Welt, wenn du mich .... (lieben).

5 **Reliez les exclamations introduites par *wenn* avec leur équivalent français.**

1. Wenn ich das gewusst hätte! •

2. Wenn ich nur mehr Geld hätte! •

3. Wenn Sie nichts dagegen haben! •

4. Wenn es möglich wäre! •

5. Wenn es so ist! •

• a. Si c'était possible !

• b. Si vous n'avez rien contre !

• c. Si c'est comme ça !

• d. Si j'avais su !

• e. Si seulement j'avais plus d'argent !

wenn *wenn* *wenn*

ob OB ob OB ob

Traduire *si*

Les confusions des francophones entre **wenn** et **ob** s'expliquent par le fait que ces deux conjonctions de subordination peuvent se traduire par *si*. Mais :

• **Wenn** exprime le *si* conditionnel.

• **Ob** marque l'interrogation indirecte et est souvent introduit par les verbes ou compléments comme **sich fragen, nicht sicher sein, nicht wissen, wissen** (dans une interrogative) **: Ich frage mich, ob er kommt.**

6 **Wenn ou *ob* ? Faites vos jeux !**

a. Ich bin mir nicht sicher, ... er kommt.

b. .... du möchtest, können wir ihn einladen.

c. Wissen Sie, ... es noch weit ist?

d. Wir wären früher gefahren, ... ich das Auto gehabt hätte.

e. .... es morgen schön wird, das frage ich mich.

f. Frag doch, ... er mit dem Zug oder mit dem Auto kommt.

g. Ich weiß nicht, ... er zufrieden gewesen wäre, ... ich ihm dieses Buch geschenkt hätte.

Homonymes

Certains noms présentent la même ou quasi la même forme au singulier, mais sont de genre différent comme **der See** *le lac* et **die See** *la mer*. La majorité d'entre eux ont des pluriels différents, sauf exceptions comme **der See → die Seen / die See → die Seen**. En général, l'un des homonymes fait partie du vocabulaire élémentaire et l'autre est un peu plus recherché ou spécialisé. En voici quelques exemples.

7 Associez chaque paire d'homonymes à sa traduction.

1. der Band/die Bände •

2. das Band/die Bänder •

                                             • a. le volume *(livre)*

                                             • b. le ruban

3. der Kaffee/die Kaffeesorten •

4. das Café/die Cafés •

                                             • c. le café *(boisson)*

                                             • d. le café *(établissement)*

5. der Leiter/die Leiter •

6. die Leiter/die Leitern •

                                             • e. l'échelle

                                             • f. le directeur

7. die Steuer/die Steuern •

8. das Steuer/die Steuer •

                                             • g. l'impôt

                                             • h. le volant

9. die Taube/die Tauben •

10. der Taube/die Tauben •

                                             • i. le sourd

                                             • j. le pigeon

11. der Junge/die Jungen •

12. das Junge/die Jungen •

                                             • k. le petit *(animaux)*

                                             • l. le garçon

13. der Tor/die Toren •

14. das Tor/die Tore •

                                             • m. le portail/but

                                             • n. l'idiot

Vocabulaire autour de l'habillement

Si vous vous laissez tenter par un vêtement, sachez que les tailles ne sont pas les mêmes en France qu'en Allemagne ou en Autriche. Un 38 outre-rhin correspond à un 40 français et ainsi de suite. Et pour vous assurer de la bonne taille, n'hésitez pas à demander **die Umkleidekabine**, *la cabine d'essayage*.

8 Complétez votre garde-robe en n'utilisant que des voyelles.

a. H _ S _   *(f) pantalon*

b. H _ MD   *(n) chemise*

c. R _ CK   *(m) jupe*

d. M _ NT _ L   *(m) manteau*

e. KL _ _ D   *(n) robe*

f. J _ CK _   *(f) veste*

g. P _ LL _   *(m) pull*

h. SCH _ H _   *(pl) chaussures*

i. H _ T   *(m) chapeau*

j. _ N T _ RH _ S _   *(f) slip/petite culotte*

k. STR _ MPF _   *(pl) chaussettes*

l. STR _ MPFH _ S _   *(f) collant*

9 Complétez les phrases avec :

groß   **Größe**   **Farbe**   **passt**   **lang**
anprobieren   **kurz**   **KLEIN**   **Paar**

a. Welche .... haben Sie? *Quelle taille faites-vous ?*

b. In welcher ....? *En quelle couleur ?*

c. Kann ich es bitte ....? *Puis-je l'essayer ?*

d. Es ist zu .... und zu .... *C'est trop petit et trop court.*

e. Es ist zu .... und zu .... *C'est trop grand et trop long.*

f. Ich nehme dieses .... Schuhe.
   Je prends cette paire de chaussures.

g. Das .... mir. *Ça me va.*

Mots croisés : trouvez la traduction de ces couleurs.

↓ Verticale

2A rose

5C blanc

6G vert

7B orange

9G bleu

12F marron

→ Horizontale

1A gris

2C noir

6G jaune

9H violet

12G rouge

	1	2	3	4	5	6	7	8	9	10	11	12	13	14
A														
B														
C														
D														
E														
F														
G														
H														
I														
J														

Reliez les 2 moitiés des accessoires suivants, puis indiquez leur traduction : *parapluie, lunettes de soleil, mouchoir, sac à main, bretelles, ceinture, porte-monnaie.*

a. Hand •   • schirm → ....

b. Gür •   • träger → ....

c. Hosen •   • beutel → ....

d. Geld •   • tuch → ....

e. Taschen •   • tasche → ....

f. Regen •   • brille → ....

g. Sonnen •   • tel → ....

Bravo, vous êtes venu à bout du chapitre 6 ! Il est maintenant temps de comptabiliser les icônes et de reporter le résultat en page 128 pour l'évaluation finale.

7
Voix passive

Emploi et conjugaison du passif

Il n'a pas son pareil en français, d'autant plus que l'allemand dispose de 2 auxiliaires pour former le passif, **werden** et **sein** alors que le français n'a que le verbe *être*. Grâce à ses deux auxiliaires, l'allemand fait la distinction entre le **passif d'action** et le **passif d'état** ; pour traduire cette nuance, le français recourt souvent à la forme active, en particulier avec le pronom *on*. Bien qu'elle se conjugue à tous les temps, la voix passive est avant tout utilisée au présent, au prétérit et au parfait.

- Le passif d'action marque une action en cours. Il se construit avec **werden + participe passé du verbe** rejeté en fin de phrase et le complément d'agent est précédé de **von**.
  – **Présent :** Die Katze **isst** die Maus. ➜ Die Maus **wird** von der Katze **gegessen**.
  – **Prétérit :** Die Katze **aß** die Maus. ➜ Die Maus **wurde** von der Katze **gegessen**.
  – **Parfait :** Die Katze **hat** die Maus **gegessen**. ➜ Die Maus **ist** von der Katze **gegessen worden**.

Notez qu'au passif, **werden** forme son participe passé sans **ge-**.

- **Le passif d'état** indique une action terminée et figée. Il se construit avec **sein + participe passé du verbe** rejeté en fin de phrase et sans complément d'agent. Il s'emploie surtout au présent et prétérit. ➜ **Das Brot ist/war gebacken.** *Le pain est/était cuit.*

La même phrase au passif d'action indique que le pain est ou était en cours de préparation/cuisson : **Das Brot wird/wurde gebacken.** *On fait/faisait le pain* ou *Le pain est/était en train de cuire.*

Le pronom interrogatif **Von wem?** équivaut à *Par qui ?*

---

1 Transformez ces phrases à la voix passive ou à la voix active.

a. Der Gärtner hat den Rasen gemäht.

➜ ....

b. Die Techniker kontrollieren oft die Maschinen.

➜ ....

c. Die Sekretärin schrieb den Brief.

➜ ....

d. Dieses Bild wurde 1906 von Picasso gemalt.

➜ ....

e. Von wem wurde die Zauberflöte komponiert?

➜ ....

f. Ich bin von einer Wespe gestochen worden.

➜ ....

g. Die Kinder packen die Geschenke ein.

➜ ....

h. Das Haus wurde von meinem Vater gebaut.

➜ ....

2 Complétez les phrases au passif d'état.

Exemple : *Um fünf Uhr wird der Kuchen gebacken.* → *Um sieben Uhr ist der Kuchen gebacken.*

a. Um 20 Uhr wird das Geschäft geschlossen.

→ Um 21 Uhr ....

b. Um 12 Uhr wird das Essen gekocht.

→ Um 13 Uhr ....

c. Am Morgen wurde alles vorbereitet.

→ Am Abend ....

d. Vor der Feier wurde das ganze Haus geputzt.

→ Für die Feier ....

Le passif impersonnel

Lorsque la phrase active n'a pas de sujet concret, la phrase passive n'a pas de complé-ment d'agent. Il s'agit du **passif impersonnel** qui traduit généralement la voix active construite avec **man** *(on)* : **Man restauriert das Haus. → Das Haus wird restauriert.** Si la phrase active n'a pas de complément d'objet direct, on pallie à cette absence avec le pronom **es** ou (s'il y en a un) un complément de temps, de lieu… : **Man arbeitet viel. → Es wird viel gearbeitet. / Man arbeitet von 9-17 Uhr. → Von 9-17 Uhr wird gearbeitet.**

3 Mettez les phrases au passif impersonnel.

a. Man hat das Auto repariert.

→ ....

b. Man tanzt viel.

→ ....

c. Man renoviert die Fassade.

→ ....

d. Damals schrieb man Briefe.

→ ....

e. Im Sommer aß man später.

→ ....

f. Man hat mich zum Essen eingeladen.

→ ....

4 Entourez la bonne réponse.

a. Das Auto wurde von der Polizei wieder empfunden • erfunden • gefunden. *(trouvé)*

b. Wir wurden sehr nett gefangen • empfangen • angefangen. *(accueilli)*

c. Das Essen ist schon aufgestellt • bestellt • ausgestellt. *(commandé)*

d. Ich bin von der Polizei angehalten • behalten • gehalten worden. *(arrêté)*

e. Der Kranke wurde gründlich versucht • untersucht • gesucht. *(examiné)*

f. Ich werde ständig zerbrochen • gebrochen • unterbrochen. *(interrompu)*

Traduire *voir* et *regarder*

Voir et *regarder* se traduisent par **sehen-sah-gesehen** (verbe fort) et **schauen-schaute-geschaut** (verbe faible). A priori, rien de difficile, mais les choses peuvent se compliquer lorsque les prépositions, les pronoms réfléchis ou les particules entrent en jeu. Voyons pas à pas les différentes constructions possibles avec ces deux verbes.

- **gut**, **schlecht**... **sehen** signifie *voir bien, mal...* : **Ich sehe schlecht.** *Je vois mal.*

- **jn, etw. sehen** signifie *voir qqn, qqch.* : **Ich habe sie noch nie gesehen.** *Je ne l'ai jamais vue.* / **Siehst du den Vogel fliegen?** *Vois-tu voler l'oiseau ?*

- **schauen + groupe prépositionnel** signifie *regarder (par, vers...) qqn, qqch* : **Warum schaust du ständig zum Fenster hinaus?** *Pourquoi regardes-tu sans cesse par la fenêtre ?*

- **jn, etw. ansehen/anschauen** signifie *regarder qqn, qqch* : **Er sah/schaute mich böse an.** *Il me regarda méchamment/d'un air méchant.*

- **sich etw. ansehen/anschauen** signifie *regarder qqch avec attention/intérêt*, éventuellement *visiter qqch* : **Hast du dir die Fotos angesehen/angeschaut?** *As-tu regardé les photos ?*

- À noter : *regarder la télé* se dit **fernsehen (ich sehe fern, ...)**.

5 **Entourez pour chacune des phrases la ou les bonne(s) réponse(s).**

a. Er hat mich lächelnd gesehen • zugeschaut • angeschaut • angeseht

Il m'a regardé en souriant.

b. Er hat sich dein Bild lange gesehen • angesehen • geschaut • angeschaut

Il a longuement regardé ton dessin.

c. Ich möchte mir die Kirche ansehen • anschauen • zusehen • schauen

J'aimerais visiter l'église.

d. Ohne Brille kann ich nichts ansehen • sehen • anschauen

Sans lunettes, je ne peux rien voir.

e. Sie hat mehrmals auf die Uhr gesehen • geschaut • angeschaut • geseht

Elle a regardé plusieurs fois sa montre. (mot à mot : *sur sa montre*)

Vocabulaire autour de la nourriture

Petits rappels : *le petit déjeuner* se dit **das Frühstück**, *le déjeuner* **das Mittagessen** et pour *le dîner* vous avez le choix entre **das Abendessen** et **das Abendbrot**. Ce dernier signifie littéralement *le pain du soir* et qualifie bien certaines habitudes alimentaires des pays germaniques où le repas du soir est souvent et avant tout composé de pain accompagné de charcuterie et de fromage. Par ailleurs, cette collation du soir se prend généralement tôt, entre 18 h et 19 h.

6 Complétez les phrases avec les mots suivants :

Gemüse Nachspeise Trinkgeld Getränke

Kuchen Fleisch Obstsalat Rechnung

a. Sie haben ein Menü mit einer Vorspeise, Hauptspeise und ....

b. Als Hauptspeise können Sie entweder Fisch oder .... nehmen, und als Beilage haben Sie die Wahl zwischen Kartoffeln, Reis oder ....

c. Dazu bestellen Sie auch .... : Wein, Bier oder Wasser.

d. Haben Sie sonst noch einen Wunsch? Ein Eis, ein Stück .... oder, wenn Sie auf Ihre Linie achten wollen, einen leichten ....

e. Zum Schluss fragen Sie nach einem Kaffee mit der .... Und normalerweise geben Sie der Bedienung auch ....

7 Reliez chaque mot avec sa traduction.

1. Biergarten •
2. Bierkrug •
3. Bierkeller •
4. Bierfass •
5. Bierfest •

• a. fête de la bière
• b. brasserie (à l'air libre)
• c. tonneau de bière
• d. chope de bière
• e. brasserie (dans un caveau)

8 Devinez les légumes et les fruits suivants.

Un légume qui commence par :

➜ K en 9 lettres et qui est devenu célèbre grâce à Antoine Parmentier : ....

➜ K en 7 lettres. De couleur orange et ses trois premières lettres sont les mêmes que dans le mot précédent : ....

➜ S en 5 lettres. Se mange surtout à la vinaigrette et est presque homonyme de sa traduction française : ....

➜ B en 5 lettres. De couleur verte, blanche ou rouge et ressemble au mot « os » en anglais : ....

➜ G en 6 lettres. Mot allemand pour légumes : ....

Un fruit qui commence par :

➜ A en 5 lettres et à cause duquel nous avons été chassés du paradis : ....

➜ T en 6 lettres. De couleur rouge qui ne se mange pas vraiment en dessert : ....

➜ O en 6 lettres. Son nom porte sa couleur : ....

➜ E en 9 lettres au pluriel. Fruit rouge d'été dont les 4 voyelles sont toutes des e : ....

➜ F en 7 lettres au pluriel ou bien O en 4 lettres. Les 2 mots signifient fruits en allemand : .... / ....

9 Complétez les mots à trous dans ce dialogue.

– Ich würde gern einen _ _ **s** _ _ reservieren. Für heute Abend 4 _ _ _ **s** _ _ _ _.

– Ja gern. Für wie viel **U** _ _ ?

– 20 **U** _ _ auf den _ _ _ _ **n** von Robert Schmitt. Wäre es draußen auf der **T** _ **r** _ _ _ _ _ möglich ?

– Ich schaue mal, ob noch etwas **f** _ _ _ ist. (…) Nein, um die Uhrzeit sind wir leider schon **v** _ _ _. Aber ab 21 **U** _ _ wäre es möglich.

– Nein, danke. Dann nehmen wir lieber einen **T** _ _ _ _ **d** _ **i** _ _ _ _.

– In Ordnung. Wie war der **N** _ _ _ ?

– Robert Schmitt.

 **Mots croisés.**

	1	2	3	4	5	6	7	8	9	10	11	12	13
A													
B													
C													
D													
E													
F													
G													
H													
I													

↓ Verticale

2F verre

5C cuiller

9A serviette

→ Horizontale

9A sel

2C assiette

4F poivre

1H fourchette

8I couteau

Exprimer ses sentiments

Comme dans presque toutes les langues, il existe en allemand de nombreuses expressions pour exprimer ses sentiments : l'indifférence, l'énervement… En voici quelques-unes qui pourront vous servir pour dire à votre interlocuteur allemand ce que vous ressentez.

 Reliez ces expressions avec leur traduction.

1. Das regt mich auf. •

2. Das beruhigt mich. •

3. Das ist mir egal. •

4. Das macht mich rasend/verrückt. •

5. Das macht mich krank. •

6. Das haut mich um. •

• a. *Ça me rassure.*

• b. *Ça m'est égal.*

• c. *Ça me rend fou.*

• d. *Ça m'énerve.*

• e. *Ça me scie (à la base).*

• f. *Ça me rend malade.*

Bravo, vous êtes venu à bout du chapitre 7 ! Il est maintenant temps de comptabiliser les icônes et de reporter le résultat en page 128 pour l'évaluation finale.

8

Nominatif

Emploi et déclinaison du nominatif

Il marque le sujet ou l'attribut du sujet et répond à la question **wer** *(qui)* ou **was** *(quoi/que)*. Attention : à l'inverse du singulier, le pluriel est le même pour tous les genres et l'article indéfini **ein**, **eine**, **ein** n'a pas de forme pluriel *(voir tableaux de déclinaisons page 120)*. Notez aussi que, contrairement à l'adjectif épithète, l'adjectif attribut ne s'accorde pas : Das Buch ist <u>interessant</u>. / Die Bücher sind <u>interessant</u>.

- **Wer** kommt aus Berlin? → **Der** neue Direktor/**die** neue Direktorin kommt aus Berlin.
- **Was** ist für die Kinder? → **Das** Buch ist für die Kinder.
- **Wer** sind diese Kinder? → Sie sind **die** Söhne/**die** Töchter von Sabine.

La règle sur le genre des substantifs est assez complexe et comporte de nombreuses exceptions. Voici néanmoins plusieurs points de repère concernant le vocabulaire courant qui vous permettront de classer les noms par genre (vous remarquerez que les substantifs prennent systématiquement une majuscule) :

- <u>Sont masculins :</u> les êtres de sexe masculin exceptés les diminutifs **(der Mann)**, la plupart des noms de jours, moments de la journée, mois, saisons et points cardinaux **(der Morgen / der Juli / der Süden)**, la plupart des noms de pierres et minéraux **(der Diamant),** les noms de voitures **(der Peugeot)**, la plupart des noms dérivés du radical verbal **(der Schlaf)** et beaucoup de noms terminés en **-er**, **-ler**, **-ismus**, **-or**, **-ig** et **-ling** **(der Motor).**

- <u>Sont féminins :</u> les êtres de sexe féminin exceptés les diminutifs **(die Frau)**, la plupart des noms d'arbres, de fleurs et de fruits **(die Eiche / die Tulpe)**, les chiffres **(die Vier)** ainsi que les noms terminés en **-ei**, **-in**, **-ion**, **-heit**, **-keit**, **-ung**, **-ur**, **-schaft (die Freiheit / die Freundschaft)**.

- <u>Sont neutres :</u> tous les êtres jeunes **(das Kind)**, la majorité des noms de métaux **(das Silber)**, les lettres **(das A)**, les couleurs **(das Rot)**, les langues **(das Spanisch)**, les verbes substantivés **(das Essen)**, les collectifs pourvus du préfixe **Ge- (das Gebirge)**, les diminutifs en **-chen** et **-lein (das Fräulein)** et beaucoup de noms terminés en **-um**, **-ium** et **-ment (das Datum)**.

Ⅰ Complétez les désinences.

a. Dies...... klein...... Junge möchte dich etwas fragen.

b. Das ist ein....... schön...... Instrument.

c. Dies..... alt..... Dame ist 98 Jahre alt.

d. Weiß........ Schuhe passen besser zu deinem Kleid.

e. Dies....... jung....... Mann wartet schon seit einer Stunde.

2 Identifiez le nominatif, puis posez les questions correspondantes avec *wer* ou *was*.

Exemple : *Die Kinder sind angekommen.* → *die Kinder* → *Wer ist angekommen?*

a. Das Paket ist für Paul. → .... → ....

b. Paul sucht den Hausschlüssel. → .... → ....

c. Hier liegt der Ausweis. → .... → ....

d. Sie ist die neue Deutschlehrerin. → .... → ....

.... / ....

3 Indiquez le genre des substantifs.

a. .... Mutter	**i**. .... Schmetterling
b. .... Freundin	**j**. .... Morgen
c. .... Leben	**k**. .... Baby
d. .... Zeitung	**l**. .... Birne
e. .... Gold	**m**. .... Zwanzig
f. .... Mittwoch	**n**. .... M
g. .... Gemüse	**o**. .... Arabisch
h. .... Rose	**p**. .... Grün

4 Trouvez le sexe opposé.
Exemple : *der Mann* → *die Frau*

a. der Lehrer → ....

b. die Freundin → ....

c. der Junge → ....

d. der Vater → ....

e. die Verkäuferin → ....

f. die Ärztin → ....

g. der Bauer → ....

h. der Bruder → ....

Pluriel des substantifs

Là aussi, les exceptions vous donneront du fil à retordre mais, en général, le pluriel se forme comme suit :

- Pas de terminaisons ou juste une inflexion sur **a**, **o**, **u** pour la plupart des masculins et neutres terminés en **-er**, **-en**, **-el**, **-chen** et **-lein** : **der Vater/die Väter** ; **das Messer/die Messer**. Cette règle vaut aussi pour deux féminins : **die Mutter**/**die Mütter** et **die Tochter/ die Töchter**.

- **-e** et éventuellement une inflexion sur **a**, **o**, **u** pour de nombreux masculins, plusieurs neutres et mono-syllabes féminins : **der Monat/die Monate, die Bank/ die Bänke**.

- **-er** et éventuellement une inflexion sur **a**, **o**, **u** pour de nombreux neutres et quelques masculins : **das Kind/die Kinder, der Wald/die Wälder**.

- **-n** et **-en** pour de nombreux féminins et quelques neutres : **die Tafel/die Tafeln**, **das Auge/die Augen**.

- **-nen** pour les féminins terminés en **-in** : **die Lehrerin/ die Lehrerinnen**.

- **-se** pour les neutres et féminins terminés en **-nis** : **das Geheimnis/die Geheimnisse**.

- **-s** pour les noms terminés en **-a**, **-i**, **-o** et beaucoup de noms étrangers : **das Auto/die Autos.**

Attention, certains noms présentent des particula-rités dans leur formation du pluriel. Ils sont homo-nymes et du même genre au singulier, mais leurs pluriels diffèrent : **der Strauß/die Sträuße** *le bouquet* et **der Strauß/die Strauße** *l'autruche.*

**5** Indiquez le pluriel des mots suivants.

a. der Wagen

→ ....

b. die Blume

→ ....

c. die Sängerin

→ ....

d. das Foto

→ ....

e. der Stuhl

→ ....

f. der Vogel

→ ....

---

6 Indiquez le singulier des mots suivants. ••

a. die Bücher → das ....

b. die Früchte → die ....

c. die Tische → der ....

d. die Götter → der ....

e. die Hefte → das ....

f. die Büros → das...........................

7 Reliez les noms avec leur traduction. Procédez par déduction, car un terme sur deux (parfois les deux) appartient au vocabulaire courant.

1. die Bank/die Bänke • • a. la banque
2. die Bank/die Banken • • b. le banc

3. der Mann/die Männer • • c. le vassal
4. der Mann/die Mannen • • d. l'homme

5. der Rat/die Räte • • e. le conseiller
6. der Rat/die Ratschläge • • f. le conseil

7. der Stock/die Stockwerke • • g. la canne/le bâton
8. der Stock/die Stöcke • • h. l'étage

Les noms composés

Ils représentent une des particularités de l'allemand et sont généralement très longs. Certains, comme les chiffres, avoisinent la soixantaine de lettres ou plus, et le record enregistré à ce jour est détenu par un jeu de mots de 90 lettres. Ces noms peuvent être composés de **substantifs** ou bien d'un mélange **verbe + substantif** ou **adjectif + substantif**. Le genre est fourni par le dernier terme appelé « déterminé » : **der Grundschullehrer** car **der Lehrer.**

8 Indiquez le dernier terme (ou déterminé) et son genre.

a. Großonkel ➜ ....

b. Kindermädchen ➜ ....

c. Deutschübung ➜ ....

d. Abendessen ➜ ....

e. Musikinstrument ➜ ....

f. Blumenstrauß ➜ ....

g. Wochentag ➜ ....

h. Haupteingang ➜ ....

9 Constituez des mots composés en accolant les déterminés suivants aux mots proposés.

-schirm   -hose   -brand   -kreme   -tuch   -stich
-urlaub -anzug   -nacht   -kleid   -meister   -sprossen

a. der Bade ....
b. der Bade ....
c. die Bade ....
d. das Bade ....
e. der Sommer......................................
f. die Sommer ....

g. die Sommer............ *(taches de rousseur)*
h. das Sommer ....
i. der Sonnen .... *(insolation)*
j. der Sonnen ....
k. die Sonnen......................................
l. der Sonnen ....

Vocabulaire autour de l'habitat

Das Haus signifie *la maison*. Il est souvent spécifié : **Einfamilien-haus** *maison individuelle*, **Doppelhaus** *maison jumelée* ou bien **Reihenhaus** *maisons mitoyennes*.

10 Soulignez le déterminé et reliez chaque nom avec sa traduction. Attention au(x) mot(s) non composé(s).

1. die Eingangstür •　　　　• a. la chambre d'enfants

2. die Küche •　　　　• b. la salle de bains

3. das Schlafzimmer •　　　　• c. le salon

4. das Badezimmer •　　　　• d. la porte d'entrée

5. das Wohnzimmer •　　　　• e. la salle à manger

6. das Esszimmer •　　　　• f. la chambre à coucher

7. der Briefkasten •　　　　• g. la boîte aux lettres

8. das Kinderzimmer •　　　　• h. la cuisine

11 Complétez les noms composés avec l'un des déterminés suivants et traduisez. Attention aux intrus non composés.

–bett   -maschine   -regal   -schrank   -tisch

a. der Ess ....

b. der Schreib ....

c. das Kinder ....

d. der Kleider ....

e. der Stuhl ....

f. die Couch ....

g. der Sessel ....

h. die Spül ....

i. die Wasch ....

j. der Kühl ....

k. das Bett ....

l. das Bücher ....

12 **Complétez les lettres manquantes.**

a. Jemand hat an die Tür ge _ l _ _ ft. *Quelqu'un a frappé à la porte.*

b. Es hat gek_ _ ng _ lt. *On a sonné.*

c. Kannst du bitte die Tür a _ f _ ac _ _ n? *Peux-tu ouvrir la porte s'il te plaît ?*

d. Komm bitte h _ _ e _ n! *Entre, je t'en prie !*

e. Nimm bitte P _ _ _ z! *Prends place s'il te plaît !*

f. Darf ich dir etwas zum Trinken a _ b _ _ t _ n? *Puis-je t'offrir quelque chose à boire ?*

g. Danke für deinen _ es _ _ h. *Merci de ta visite.*

13 **Retrouvez la traduction des mots suivants dans le tableau.**

baignoire   lavabo

miroir   douche

toilettes

(2 mots dont un du langage parlé)

W	N	M	K	O	U	J	I	S
A	S	K	M	C	A	V	K	P
S	X	L	L	T	S	X	O	I
C	T	O	I	L	E	T	T	E
H	C	R	K	L	H	W	N	G
B	A	D	E	W	A	N	N	E
E	Z	U	D	F	E	E	B	L
C	L	S	S	X	C	X	A	P
K	L	C	A	F	K	D	A	M
E	H	H	Y	O	E	F	E	J
N	N	E	I	U	N	O	D	B
R	D	V	P	G	R	U	C	V

14 **Retrouvez la traduction des mots suivants dans la suite de lettres.**

numéro de la maison

clé de la maison

numéro de téléphone

adresse (2 synonymes)

code postal   gardien

H A U S N U M M E R P O S T
L E I T Z A H L H A U S M E I S
T E R A D R E S S E T E L E F
O N N U M M E R H A U S S C H
L Ü S S E L A N S C H R I F T

Bravo, vous êtes venu à bout du chapitre 8 ! Il est maintenant temps de comptabiliser les icônes et de reporter le résultat en page 128 pour l'évaluation finale.

9
Accusatif

Emploi et déclinaison de l'accusatif

L'accusatif répond à la question **wen** *(qui)* ou **was** *(quoi/que)* et s'emploie :

- Pour marquer un complément d'objet direct, comme **jemanden/etwas sehen** *(voir quelqu'un/quelque chose).*

Notez que seul le masculin change, le féminin, le neutre et le pluriel ont la même déclinaison qu'au nominatif.

- **Wen** **hast du gesehen?**
  → **Ich habe** **den** **Sohn/** **die** **Tochter von Paul gesehen.**

- **Was** **hast du gesehen?**
  → **Ich habe** **einen** **französischen Film/** **ein** **schönes Theaterstück gesehen.**

Attention : en allemand, certains verbes entraînent un accusatif alors qu'en français ils se construisent avec un COI, comme **jemanden fragen** *demander à quelqu'un*, **jemanden/etwas brauchen** *avoir besoin de quelqu'un/de quelque chose.* Notez également **jemanden etwas kosten** *coûter quelque chose à quelqu'un* et **jemanden etwas lehren** *enseigner quelque chose à quelqu'un* qui entraînent un double accusatif : **Ich habe sie gefragt.** *Je lui ai demandé.* / **Es kostet sie eine Million.** *Ça lui coûte un million.*

- Après certaines prépositions comme : **durch** *(à travers)* ; **für** *(pour)* ; **gegen** *(contre)* ; **ohne** *(sans)* ; **um** *(autour)* : **Wir fahren ohne dich.**

Notez les contractions possibles avec **das** : **durch das** → **durchs** ; **für das** → **fürs** ; **um das** → **ums.**

- Pour les compléments de temps construits avec **letzt-** *(dernier)*, **dies-** *(ce)*, **nächst-** *(prochain)*, **article + ganz-** *(tout le/un)* : **Wir waren letzten Dienstag/den ganzen Tag bei ihm.**

- Après l'expression **es gibt** *(il y a)* : **Wo gibt es hier einen Supermarkt?**

I Remplacez l'article défini par l'adjectif démonstratif *dies-*.

a. den jungen Schauspieler → ....

b. das neue Theaterstück → ....

c. die russische Tänzerin → ....

d. die französischen Filme → ....

2 Complétez les phrases avec les groupes nominaux suivants en modifiant les désinences si nécessaire.

a. Kannst du bitte .... beim Bäcker kaufen?

b. Viele Lehrer sind gegen ....

c. Heute haben wir .... geschrieben.

d. Geh nicht ins Kino! Das ist ....

e. Es gibt .... im Zentrum.

f. Hier kommt .... mit deinem Päckchen.

die neue Schulreform

der Briefträger

ein kleiner Test

ein kleines Hotel

frische Brötchen

kein schöner Film

3 Complétez avec des pronoms personnels.
Exemple : <u>Das Buch</u> ist gut. Kauf <u>es</u>.

a. Hier sind <u>die Papiere</u>. Bitte, nimm .... !

b. Hast du <u>den Wagen</u> zur Reparatur gebracht? – Ja, ich habe .... gestern gebracht.

c. Habt <u>ihr</u> morgen Zeit? Wir möchten .... zum Essen einladen.

d. <u>Du</u> sprichst zu schnell. Ich verstehe .... nicht.

Pronoms indéfinis

Les pronoms indéfinis einer, eine, ein(e)s *(un/une)* et keiner, keine, kein(e)s, keine *(aucun/aucune* ou *pas)* se déclinent comme der, die, das ; ils ne s'emploient quasiment pas au génitif et le pronom indéfini einer... n'a pas de pluriel *(voir tableau page 121).*

Haben Sie <u>Kinder</u>? – Ja, ich habe <u>ein(e)s</u> (= ein Kind). / Nein, ich habe <u>keine</u> (= keine Kinder).

Ich möchte <u>einen Apfel</u>. – Ich möchte auch <u>einen</u> (= einen Apfel). / Ich möchte <u>keinen</u> (= keinen Apfel).

4 Complétez les phrases par le nominatif ou l'accusatif du pronom indéfini adéquat.

a. Hast du eine Idee? – Nein, ich habe ....

b. Er hat ein Auto. – Ich habe auch ....

c. Ist das ein Porsche? – Nein, das ist ....

d. Gibt es im Hotel ein Schwimmbad? – Ja, es gibt ....

5 Ajoutez les terminaisons manquantes. Pour certains mots, les genres sont indiqués entre parenthèses.

a. Meine Schwester heiratet dies............. Samstag.

b. Er war d............. ganz............. Woche (F) verreist.

c. Nächst............. Monat (M) wird es besser.

d. Er war ein............. ganz............. Jahr (N) weg.

e. Letzt............. Mal (N) konnte ich nicht kommen.

Traduire *beaucoup (de)* et *très*

La traduction de ces deux adverbes peut prêter à confusion car *beaucoup (de)* se dit dans certains cas **viel** et dans d'autres cas **sehr** ; *très*, en revanche, équivaut toujours à **sehr.** Voyons ce qu'il en est !

- **viel(-)** avec un substantif signifie *beaucoup de*. Il reste en général invariable au sin-gulier alors qu'au pluriel il se décline comme un adjectif épithète (type II) : **Er hat viel Arbeit.** *Il a beaucoup de travail.* / **Er hat viele Freunde.** *Il a beaucoup d'amis.*

- **viel** avec un verbe signifie *beaucoup* et exprime une idée de quantité : **Er isst viel.** *Il mange beaucoup.*

Notez que **viel** peut, dans les deux cas, être construit avec **sehr** et se traduit dans ce cas par *énormément (de)* : **Er hat sehr viel Arbeit./ Er isst sehr viel.**

- **sehr** avec un verbe signifie également *beaucoup*, mais exprime une idée d'intensité : **Es ärgert mich sehr, dass er nicht kommen kann**. *Ça m'énerve beaucoup qu'il ne puisse pas venir.*

- **sehr** avec un adjectif ou adverbe signifie *très* : **Es ist sehr warm.** *Il fait très chaud.*

6 Complétez les phrases avec *viel(-)* ou *sehr.*

a. Ich habe nicht .... Zeit.

b. Ich freue mich .... , dass du kommst.

c. .... Leute sind gekommen.

d. Er schläft ....

e. Er arbeitet mit ....
Ausländern zusammen.

f. Er ist .... traurig.

g. Er schläft .... lange.

7 **Traduisez les phrases suivantes.**

a. Tu bois beaucoup. ➜ ....

b. Il boit beaucoup d'eau. ➜ ....

c. Il y a beaucoup de gens. ➜ ....

d. Il t'aime beaucoup. ➜ ....

e. C'est très beau. ➜ ....

f. Elle a énormément d'argent. ➜ ....

8 **Traduisez ces expressions.**

a. Viel Spaß! ➜ ....

b. Viel Erfolg! ➜ ....

c. Viel Glück! ➜ ....

d. Viel Vergnügen! ➜ ....

e. Vielen Dank! ➜ ....

f. Sehr gern! ➜ ....

g. Sehr geehrter Herr… ➜ ....

9 **Reliez chaque phrase avec sa traduction.**

1. Es ärgert mich sehr. •

2. Es wundert mich sehr. •

3. Es freut mich sehr. •

4. Es tut mir sehr weh. •

5. Es belastet mich sehr. •

6. Es hilft mir sehr. •

• a. Ça me fait très mal.

• b. Ça me pèse beaucoup. *(moralement)*

• c. Ça m'embête beaucoup.

• d. Ça m'aide beaucoup.

• e. Ça m'étonne beaucoup.

• f. Ça me fait très plaisir.

Vocabulaire autour de la mesure

der (Kilo)Meter	(K)m
das (Kilo)Gramm	(K)g
das Pfund	500 Gr.
Stundenkilometer	Km/h

alt	âgé (de)
groß	grand
weit	loin
tief	profond
breit	large

wert	d'une valeur de
hoch	haut
schnell	vite
schwer	lourd
lang	long

L'âge, la taille, la profondeur… sont généralement indiqués par l'adjectif de mesure précédé de **sein + l'unité de mesure** et impliquent l'accusatif : **Das Becken ist einen Meter tief.** *Le bassin fait un mètre de profondeur.* La question se construit avec **wie + adjectif de mesure + sein** : **Wie tief ist das Becken?** *Quelle profondeur fait le bassin ?* Dans certains cas, on peut juste utiliser le nombre lorsque le complément de mesure est évident : **Wie groß bist du? – Ich bin eins siebzig. / Wie alt bist du? – Ich bin zwanzig.** Notez que pour le poids, on emploie souvent le verbe **wiegen** *peser* : **Wie viel wiegst du?**

10 Complétez les phrases avec un adjectif de mesure.

a. Das Baby ist erst einen Monat ....

b. Der Tisch ist einen Meter achtzig .... und achtzig cm ....

c. Es ist ein Kilo ....

d. Der Eiffelturm ist dreihundertvierundzwanzig Meter ....

e. Das Dorf ist nur einen Kilometer .... von hier.

11 Complétez les questions avec un adjectif de mesure.

a. Quelle largeur… ? ➜ Wie ....…?

b. Quelle longueur… ? ➜ Wie ....…?

c. Quel âge… ? ➜ Wie ....…?

d. À quelle vitesse… ? ➜ Wie ....…?

e. Combien pèse… ? ➜ Wie ....…?

f. Quelle taille… ? ➜ Wie ....…?

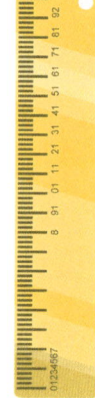

12 Remettez les capitales dans l'ordre pour trouver la traduction des mots suivants.

a. le poids → E / W / H / T / I / G / C → das ....

b. l'âge → R / L / T / E / A → das ....

c. la vitesse → K / T / I / E / E / G / G / I / D / H / C / S / N / I / W → die ....

d. la hauteur → Ö / H / H / E → die ....

e. la longueur → Ä / N / G / L / E → die ....

13 Mots croisés : trouvez la traduction de ces pronoms interrogatifs. Pour ceux en deux mots, laissez une case vide.

↓ Verticale
3K *combien* (2 mots)
4G *qui* au nominatif
5C pronom interrogatif plus ou moins synonyme de **warum**
6I *qui* à l'accusatif
8E pronom interrogatif plus ou moins synonyme de **wieso**
10C *que* ou *quoi*
13A *où* directionnel

→ Horizontale
4D *comment*
8E *de qui*
4G *d'où*
6I *à qui*
3K *quand*
1M *combien de temps* (2 mots)
2P *combien de fois* (2 mots)

	1	2	3	4	5	6	7	8	9	10	11	12	13
A													
B													
C													
D													
E													
F													
G													
H													
I													
J													
K													
L													
M													
N													
O													
P													
Q													
R													

Bravo, vous êtes venu à bout du chapitre 9 ! Il est maintenant temps de comptabiliser les icônes et de reporter le résultat en page 128 pour l'évaluation finale.

Emploi et déclinaison du datif

Le datif répond à la question **wem** *(à qui)* et s'emploie :

● Pour marquer un complément d'objet indirect comme **jemandem schreiben** *(écrire à quelqu'un)* : **Wem hast du geschrieben? → Dem Sohn von Paul und der Tochter von Peter.**

Attention : certains verbes se construisent en allemand avec le datif alors qu'en français ils impliquent un COD, comme **jemandem danken** *(remercier quelqu'un)*, **jemandem folgen** *(suivre quelqu'un)*, **jemandem gratulieren** *(féliciter quelqu'un)*, **jemandem helfen** *(aider quelqu'un)*, **jemandem widersprechen** *(contredire quelqu'un)*, **jemandem zuhören** *(écouter quelqu'un)* ou **jemandem zuschauen** *(regarder quelqu'un)*.

● Après les prépositions : **aus** *(de, en dehors de)*, **bei** *(chez – locatif)*, **mit** *(avec)*, **nach** *(après – temporel)*, **seit** *(depuis)*, **von** *(de, de la part de)*, **zu** *(chez – directionnel, à l'occasion de)* : **Ich gehe zum Arzt. / Ich bin beim Arzt.**

Notez les contractions possibles avec **dem** et **der** : **bei dem → beim**, **in dem → im**, **von dem → vom**, **zu dem → zum** et **zu der → zur**.

Vous remarquerez que les substantifs prennent systématiquement un **n** final au datif pluriel (exceptés ceux dont la marque pluriel se termine déjà par un **n**).

1 Ajoutez les désinences qui conviennent (pour certains mots, les genres sont indiqués entre parenthèses).

a. Sie kommt aus ein............. klein............. Stadt (F).

b. Hast du d............. Kinder............. (Pl.) die neue Kamera gezeigt?

c. Hast du d............. Bruder von Sabine geschrieben?

d. Die Tasche gehört dies............. Dame da.

e. Ich habe ein............. alt............. Mann geholfen, den Koffer zu tragen.

f. Hör dies............. Mann zu!

g. Er ist seit ein............. Monat (M) krank.

2 Mettez le pronom personnel entre parenthèses au datif.

a. Sag .... (ich) bitte, wann du kommst.

b. Gib .... (sie, *féminin singulier*) alles.

c. Ich schicke .... (Sie) alles per Mail.

d. Ich gratuliere .... (du) zum Geburtstag.

e. Kannst du .... (wir) bitte helfen?

3 Remplacez l'article défini par l'article indéfini *ein*.

a. der einzigen Schülerin ➜ ....

b. den kleinen Kindern ➜ ....

c. dem armen Mann ➜ ....

d. der alten Dame ➜ ....

4 Reliez chaque phrase avec sa traduction.

1. Ich befehle es dir. •
2. Ich biete es dir an. •
3. Ich empfehle es dir. •
4. Ich leihe es dir. •
5. Ich verbiete es dir. •
6. Ich schwöre es dir. •

• a. Je te l'interdis.
• b. Je te le prête.
• c. Je te l'ordonne.
• d. Je te le jure.
• e. Je te le recommande.
• f. Je te le propose.

Syntaxe

L'ordre des compléments accusatif et datif varie selon qu'il s'agisse de pronoms personnels ou de substantifs :

• un substantif datif précède un substantif accusatif : **Ich diktiere der Sekretärin den Brief.**

• un pronom personnel accusatif précède un pronom personnel datif : **Ich diktiere ihn ihr.**

• un pronom personnel précède un substantif indépendamment du cas : **Ich diktiere ihr den Brief. / Ich diktiere ihn der Sekretärin.**

5 Complétez les phrases avec les compléments.

a. Ich habe .... geschickt. (euch/ein Päckchen)

b. Ich schenke .... (dir/die Uhr)

c. Ich habe .... gesagt. (es/ihr)

d. Ich habe .... gegeben. (das Geld/deinem Bruder)

6 Reprenez les mêmes phrases en changeant les compléments soulignés par un pronom personnel.

a. Ich habe <u>Ana</u> eine Mail geschrieben. → ....

b. Ich habe Paul <u>die Mail</u> geschrieben. → ....

c. Wir schenken <u>meinen Eltern</u> <u>das Buch</u>. → ....

Traduire *peu, trop* et *trop peu*

- **wenig(-)** avec un substantif signifie *peu de*. Il reste en général invariable au singulier et peut s'accorder ou non au pluriel : **Er hat wenig Zeit.** *Il a peu de temps.* / **Er hat wenig (wenige) Freunde.** *Il a peu d'amis. (voir déclinaison type II page 120)*

- **wenig** avec un verbe signifie *peu* : **Er isst wenig.** *Il mange peu.*

Notez que **wenig** peut, dans les deux cas, être construit avec **zu** et se traduit alors par *trop peu (de)* : **Er hat zu wenig Zeit. / Er isst zu wenig.**

- **zu viel(-)** avec un substantif *(pour l'accord de **viel** voir chapitre 9)* signifie *trop de* : **Es gibt zu viele Leute.** *Il y a trop de gens.*

- **zu viel** avec un verbe signifie *trop/de trop* (idée de quantité) : **Sie hat zu viel gegessen.** *Elle a mangé de trop./ Elle a trop mangé.*

- **zu sehr** avec un verbe signifie *(de) trop* (idée d'intensité) : **Es belastet mich zu sehr.** *Ça me pèse (de) trop.*

- **zu** avec un adjectif ou un adverbe signifie *trop* : **Es ist zu warm.** *Il fait trop chaud.*

7 Traduisez les phrases suivantes.

a. Il a trop de travail. → ....

b. C'est trop loin. → ....

c. Je la vois peu. → ....

d. Il dort trop peu. → ....

e. Il m'embête trop. → ....

f. Il fait trop peu de sport. → ....

Tournures de phrases impersonnelles au datif

Elles sont nombreuses et pas toujours faciles à maîtriser. Néanmoins vous ne pourrez que difficilement les éviter car nombre d'entre elles font partie du vocabulaire de base. La plus célèbre de toutes est sûrement : **»Wie geht es dir?«** – **»Mir geht es gut, danke. Und dir?«**. Il arrive qu'un verbe se construise aussi bien avec l'accusatif que le datif : **Es ekelt mich davor.** ou **Es ekelt mir davor.** *Cela me dégoûte.* Même la grammaire peut quelquefois être indécise !

8 Reliez chacune des phrases avec sa traduction.

1. Es schmeckt mir.   •   • a. Ça me semble bizarre.

2. Es gefällt mir.   •   • b. Je préfère comme ça.

3. Mir ist es lieber so.   •   • c. Je me sens mal.

4. Es fällt mir schwer.   •   • d. C'est bon. *(un plat…)*

5. Mir ist schlecht.   •   • e. Ça me plaît.

6. Es passt mir nicht.   •   • f. Ça me coûte.

7. Es kommt mir komisch vor.   •   • g. Ça ne me va pas.

Autour du corps

L'expression allemande **Es hat weder Hand noch Fuß.** se traduit en français par *Ça n'a ni queue ni tête.* Les deux langues font référence à des parties du corps, mais pas les mêmes. Vous souvenez-vous de la signification de **Hand** et **Fuß** en français ou bien du mot allemand pour *tête* ? Voici l'occasion de faire une petite révision.

9 Indiquez le numéro correspondant à la partie du corps indiquée.

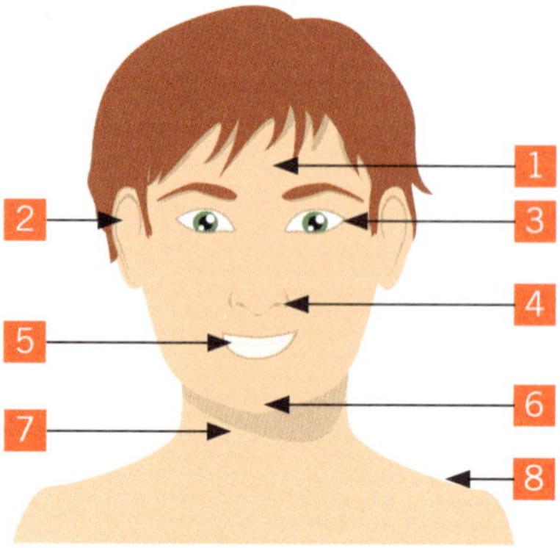

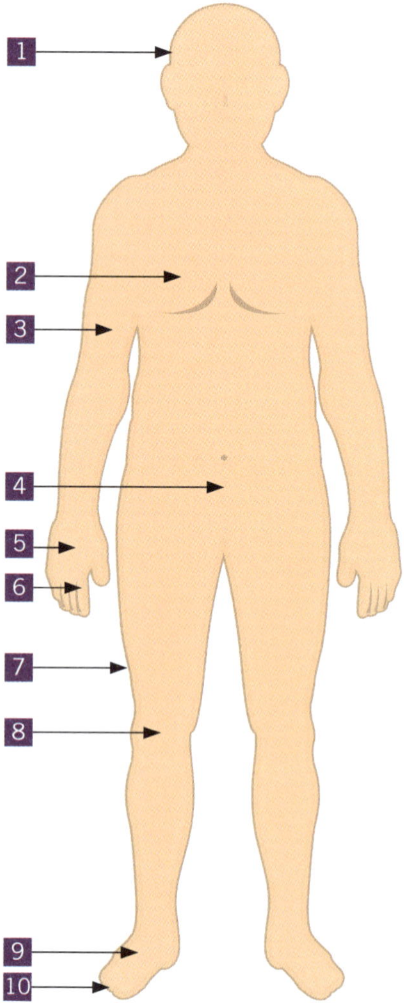

..... der Kopf

..... der Arm(e)

..... die Hand(¨e)

..... das Bein(e)

..... der Finger(-)

..... das Knie(-)

..... der Bauch

..... der Fuß(¨e)

..... die Brust

..... der Zeh(en)

..... das Ohr(en)

..... das Auge(n)

..... das Kinn

..... der Mund

..... die Stirn

..... die Nase

..... die Schulter(n)

..... der Hals

10 **Mots croisés.** ••

↓ Verticale

2C douleurs

4C refroidissement

6E pharmacie

8A médicament

10D santé

13H malade

→ Horizontale

4E maladie

1H médecin

9K en bonne santé

	1	2	3	4	5	6	7	8	9	10	11	12	13	14
A														
B														
C		S												
D										G				
E				K		A		K						
F														
G														
H		R												
I				U										
J														
K										E				
L														
M														

11 **Voici plusieurs expressions contenant des parties du corps. Avec l'aide des traductions littérales, retrouvez leur équivalent en français ou expliquez-en le sens.** ••

a. Halt den Mund. (*Tiens la bouche.*)

→ ....

b. Ich habe die Nase voll. (*J'ai le nez plein.*)

→ ....

c. Er lebt auf großem Fuß. (*Il vit sur un grand pied.*)

→ ....

d. Lügen haben kurze Beine. (*Les mensonges ont les jambes courtes.*)

→ ....

e. Mach dir keinen Kopf. (*Ne te fais pas de tête.*)

→ ....

Bravo, vous êtes venu à bout du chapitre 10 ! Il est maintenant temps de comptabiliser les icônes et de reporter le résultat en page 128 pour l'évaluation finale.

11

Génitif

Emploi et variantes du génitif

Le génitif répond à la question **wessen** *(de qui)* et s'emploie :

- Pour exprimer la possession. Une des caractéristiques du génitif est le **-s final** pour les noms **masculins** (exceptés les masculins faibles) et **neutres singuliers** : **der Lehrer → das Buch des Lehrers**. La grande majorité des monosyllabes, les noms se terminant déjà par **-s** et ceux dont la prononciation l'exige prennent un **e** intercalaire : **der Mann → das Buch des Mannes** ; **das Krankenhaus → die Fläche des Krankenhauses**.

Cependant, dans le langage parlé, le génitif tend à se perdre et la possession est de plus en plus exprimée avec la préposition **von** : **das Buch von dem Lehrer** (d'où le titre d'un livre sur l'allemand : *Der Dativ ist dem Genitiv sein Tod – Le datif est la mort du génitif).*

- Après certaines prépositions comme **trotz** *(malgré)*, **während** *(pendant)* et **wegen/aufgrund** *(à cause de)*. Mais là aussi, le datif remplace souvent le génitif dans le langage parlé : **wegen des Verkehrs → wegen dem Verkehr.**

- Il existe également une autre forme du génitif, appelée **génitif saxon**. À l'origine, il était utilisé avec tous les noms, mais aujourd'hui il se limite essentiellement aux noms propres. Il se construit comme suit : nom propre + s suivi du groupe nominal auquel il se rapporte. L'article défini disparaît et l'adjectif prend de ce fait les marques du type II *(voir tableaux de déclinaisons page 120)* : **Der ältere Bruder von Gisela studiert in Amerika. → Giselas älterer Bruder studiert in Amerika**.

1 Transposez au génitif.

a. die Tasche von dem kleinen Mädchen

→ ....

b. das Auto von einem reichen Mann

→ ....

c. die Schulbücher von den neuen Schülern

→ ....

d. der Stock von einer alten Frau

→ ....

2 Exprimez la possession avec *von.*

a. die Koffer der deutschen Touristen

→ ....

b. das Fahrrad des kleinen Mädchens

→ ....

c. die Sporthalle der neuen Schule

→ ....

d. der Plan eines alten Flughafens

→ ....

3 Transformez les phrases avec *von* au génitif saxon et vice versa.

a. Das Buch von Peter liegt auf dem Tisch.
→ ....

b. Kennst du den neuen Freund von Sabine?
→ ....

c. Pauls kleiner Bruder ist in meiner Klasse.
→ ....

d. Ich habe Richards Frau eine Mail geschrieben.
→ ....

4 Complétez les phrases avec *trotz*, *während* ou *wegen*.

a. .... schlechten Wetters haben wir gebadet.

b. ....des Streiks konnten wir nicht zurückfliegen.

c. Er hat .... des ganzen Konzerts geschlafen.

d. .... eines Unfalls wurde die Autobahn gesperrt.

Masculins faibles et masculins mixtes

- Sauf exceptions, les masculins faibles désignent un être animé de sexe masculin et ont pour caractéristique de présenter la marque **-(e)n** à tous les cas sauf au nominatif singulier (le **e** intercalaire s'applique aux noms se terminant par une consonne*) :
  - singulier : **der Russe, den Russen, dem Russen, des Russen /** pluriel : **die Russen, die Russen, den Russen, der Russen**
  - singulier : **der Pilot, den Piloten, dem Piloten, des Piloten /** pluriel : **die Piloten, die Piloten, den Piloten, der Piloten**.

  Vous remarquerez que de nombreux masculins faibles ont pour finale **-ist/-ent/-ant**, voyelle + **t/-aph/-oph/-ekt/-urg/-sch** ou **-e**.

  *Exception : **der Herr** ne prend pas de **e** intercalaire au singulier :
  - singulier : **der Herr, den Herrn, dem Herrn, des Herrn /** pluriel : **die Herren, die Herren, den Herren, der Herren.**

- Les masculins mixtes dont **der Buchstabe** *(la lettre* – alphabétique*)*, **der Friede** *(la paix)* et **der Name** *(le nom)* se déclinent à la fois comme des masculins faibles (ajout du **-n**) et forts (**-s** au génitif singulier) : **der Name, den Namen, dem Namen, des Namens / die Namen, die Namen, den Namen, der Namen**.

5 Complétez le tableau.

Singulier	Nominatif	der Student	....
	Accusatif	....	den Löwen
	Datif	....	....
	Génitif	....	....

6 Complétez le tableau.

Pluriel	Nominatif	die Studenten	....
	Accusatif	....	die Löwen
	Datif	....	....
	Génitif	....	....

7 Traduisez ces masculins faibles.

a. der Prinz ➜ ....

b. der Mensch ➜ ....

c. der Bär ➜ ....

d. der Polizist ➜ ....

e. der Junge ➜ ....

f. der Affe ➜ ....

g. der Komponist ➜ ....

h. der Rabe ➜ ....

i. der Held ➜ ....

Noms des pays

• Les noms de pays ne prennent généralement pas d'article. Il y a cependant des exceptions dont **die Türkei**, **die Schweiz**, **die Vereinigten Staaten/USA** (pluriel), **die Niederlande** (pluriel) et d'autres sont employés aussi bien avec que sans article, comme **Iran / der Iran**. Il s'agit là d'une évolution de la langue influencée en partie par les médias. Selon qu'ils indiquent le locatif, l'origine ou la destination, les noms de pays se construisent avec différentes prépositions :

– **Wo wohnt ihr?** ➜ **Paul wohnt in Deutschland und ich wohne in der Schweiz.**
– **Woher kommt ihr?** ➜ **Paul kommt aus Deutschland und ich komme aus der Schweiz.**
– **Wohin fahrt ihr?** ➜ **Paul fährt nach Deutschland und ich fahre in die Schweiz.**

Notez que, dans ce dernier cas, les noms de pays sans article se construisent avec une autre préposition que ceux avec article. Les noms de villes (toujours sans article) et les noms de régions (dont certains sont avec et d'autres sans article) suivent les mêmes règles.

8 Complétez avec la préposition / le groupe prépositionnel adéquat.

a. Er fliegt .... USA. (in die / nach / nach den)

b. Er war .... Spanien. (in / nach / aus)

c. Er fährt .... Italien. (zu / nach / in das)

d. Warst du schon einmal .... Rom? (in / in der / nach)

Noms des habitants et leurs langues

- Les noms d'habitants se classent en deux grandes catégories :

  – les masculins forts : on ajoute le suffixe **-er** au nom du pays avec éventuellement une inflexion sur le **a**, **o** et **u** ; le féminin se forme en **-erin** : **Holland → der Holländer(-)/die Holländerin(nen)**. Dans quelques cas, le nom de pays est légèrement modifié. **Amerika → der Amerikaner(-)/die Amerikanerin(nen) ; Spanien → der Spanier(-)/die Spanierin(nen)**.

  – les masculins faibles : ils se terminent en **-e** et leur féminin en **-in**. Les changements de radical par rapport aux noms de pays sont ici fréquents et à apprendre par cœur : **China → der Chinese(n)/die Chinesin(nen)**.

  Il y a cependant une exception importante : **Deutschland → der Deutsche(n)/die Deutsche(n)** et **ein Deutscher/eine Deutsche/Deutsche** (pluriel). Contrairement aux autres noms d'habitants, il s'agit ici d'un adjectif substantivé ; il se décline comme un adjectif épithète *(voir tableaux page 120)*.

- Les noms de langues sont dérivés des adjectifs avec l'ajout d'un suffixe **-isch** et s'écrivent avec une majuscule : **die französische Sprache → Französisch**. Notez toutefois : **die deutsche Sprache → Deutsch**.

Et pour finir, saviez-vous que pour *filer à l'Anglaise*, les Allemands disent **sich auf Französisch verabschieden** *(prendre congé à la française)*.

9 Retrouvez le nom des habitants (masculin) à partir du pays/continent et vice-versa.

a. England → ....
b. der Afrikaner → ....
c. Frankreich → ....
d. der Asiat → ....

e. Europa → ....
f. der Ire → ....
g. Italien → ....
h. der Grieche → ....

10 Retrouvez la langue correspondant à chaque pays.

a. Spanien → ....
b. China → ....
c. England → ....

d. Japan → ....
e. Italien → ....
f. Russland → ....

Bravo, vous êtes venu à bout du chapitre 11 ! Il est maintenant temps de comptabiliser les icônes et de reporter le résultat en page 128 pour l'évaluation finale.

12

Accusatif – datif

Emploi des prépositions mixtes

- Utilisées dans le domaine spatial, les prépositions suivantes se construisent soit avec l'accusatif, soit avec le datif :

an	auf	hinter	in	neben	über	unter	vor	zwischen
à/au contact de	*sur*	*derrière*	*dans/à*	*à côté de*	*au-dessus de*	*sous*	*devant*	*entre*

Elles entraînent l'accusatif lorsqu'elles indiquent un directionnel/changement de lieu et le datif lorsqu'elles indiquent un locatif : **Ich gehe an die Tafel.** *Je vais au tableau.* ≠ **Ich bin an der Tafel.** *Je suis au tableau.*

Attention, locatif ne veut pas dire statique ; pour exprimer un mouvement au sein du même lieu, vous emploierez un datif : **Er geht in dem Raum hin und her.** *Il fait les cent pas dans la pièce.* ≠ **Er geht in den Raum.** *Il va/entre dans la pièce.*

Notez les contractions possibles avec **das** et **dem** : **an + das ➜ ans, an + dem ➜ am, auf + das ➜ aufs, in + das ➜ ins, in + dem ➜ im**. Ils peuvent aussi se contracter avec d'autres prépositions, mais beaucoup moins fréquemment, comme **hinter + dem ➜ hinterm**…

Remarque : en général, vous emploierez la même préposition en allemand qu'en français, comme **an die/an der Tafel** *(au tableau)*. Néanmoins, il existe plusieurs cas où le complément allemand se construira avec une autre préposition qu'en français : **Die Kinder spielen auf dem Pausenhof.** *Les enfants jouent* non pas <u>dans</u> mais <u>sur</u> *la cour de récréation.*

- Parmi les prépositions spatiales, **in** est certainement la plus complexe à traduire. Elle se construit avec les mots décrivant un espace (école, piscine, cinéma, théâtre, lit…), un véhicule (auto, bus…), un support écrit et audiovisuel (livre, journal, télé, radio, Internet…) et correspond en français aux prépositions *dans*, *à*, *en* ou *sur*.

I **Entourez la bonne réponse.**

a. Wir gehen in die/in der Stadt.

b. Wir wohnen in die/in der Stadt.

c. Ich bin ans/am Telefon.

d. Jeden Sommer fahren wir ans/am Meer.

e. Die Kinder spielen in den/im Garten.

f. Er hat auf die/auf der Couch geschlafen.

2 Complétez avec l'une des prépositions mixtes.

a. Setzen Sie sich bitte .... den Tisch.

b. Er ist .... den Kopf gefallen.

c. Gehst du gern ....s Theater? *(s = article contracté)*

d. Kann ich mich .... dich setzen?

e. Lyon liegt .... Paris und Marseille.

f. Wir fliegen .... den Wolken.

3 Complétez les phrases avec les groupes nominaux suivants.
Tous se construisent avec la préposition *in*.

das Kino   die Schule   die Zeitung   das Schwimmbad   der falsche Bus   das Bett   das Internet

a. Gestern haben wir einen schönen Film .... gesehen.

b. Ich bin müde. Ich gehe ....

c. Er ist sehr sportlich. Jeden Morgen um 7 Uhr geht er ....

d. Morgen wird's schön. Ich habe es .... gelesen.

e. Ich bin .... eingestiegen. Ich sollte die Linie 5
und nicht 6 nehmen.

f. Schau mal .... Da findest du bestimmt einen Billigflug.

g. Die Kinder sind ....

Verbes de position

On distingue 4 positions : *debout*, *à plat*, *suspendu/accroché* et *assis*. À chacune correspondent deux verbes dont l'un s'emploie avec l'accusatif (il exprime un mouvement) et l'autre avec le datif (il exprime une position statique).

Accusatif	Datif
stellen/stellte/gestellt *poser/(se) mettre (debout)*	**stehen/stand/gestanden** *être posé/debout*
legen/legte/gelegt *poser (à plat)/(se) coucher*	**liegen/lag/gelegen** *être posé (à plat)/couché*
hängen/hängte/gehängt *suspendre, accrocher*	**hängen/hing/gehangen** *être suspendu/accroché*
(sich) setzen/setzte/gesetzt *s'asseoir*	**sitzen/saß/gesessen** *être assis*

4 **Complétez les phrases avec un verbe de position.**

a. Ich habe alle Papiere auf deinen Schreibtisch ....

b. Willst du dich nicht lieber auf diesen Stuhl ....?

c. Die Blumen .... auf dem Tisch.

d. Deine Jacke .... in meinem Schrank.

e. Er .... im Bett.

 5 **Entourez la bonne réponse.**

a. Häng/stell/hing bitte den Mantel an den Haken!

b. Ich habe den ganzen Tag gesitzt/gesessen/gesetzt.

c. Ich liege/stelle/stehe schon seit 40 Minuten an der Bushaltestelle und es kommt kein Bus.

d. Hat jemand von euch meinen Geldbeutel genommen? Er legte/lag/stand doch hier.

e. Als ich ankam, standen/stellten/lagen alle vor der Haustür, um mich zu begrüßen.

Pronom réfléchi

Sa déclinaison est la même que pour le pronom personnel, sauf à la 3ᵉ personne du singulier et du pluriel, et à la forme de politesse. Notez que certains verbes réfléchis ou pronominaux en allemand ne le sont pas en français et vice-versa.

Accusatif	Datif
ich wasche mich	ich kaufe mir ein Auto
du wäschst dich	du kaufst dir ein Auto
er wäscht sich	er kauft sich ein Auto
wir waschen uns	wir kaufen uns ein Auto
ihr wascht euch	ihr kauft euch ein Auto
sie/Sie waschen sich	sie/Sie kaufen sich ein Auto

6 **Conjuguez les verbes au présent de l'indicatif à la personne indiquée.**

a. sich kämmen (2ᵉ pers. sing.) → ....

b. sich freuen (3ᵉ pers. sing.) → ....

c. sich einen Tee machen (1ʳᵉ pers. plur.) → ....

d. sich setzen (1ʳᵉ pers. sing.) → ....

7 Traduisez les phrases en utilisant les verbes pronominaux et réfléchis suivants :

sich beeilen   sich vorbereiten   sich benehmen

sich umdrehen   SICH ANZIEHEN   sich erholen

a. Je n'ai pas le temps, je dois me préparer.

→ ....

b. Ne te retourne pas ! Il est là.

→ ....

c. Elle s'est très bien comportée.

→ ....

d. Nous nous sommes bien reposés pendant les vacances.

→ ....

e. Dépêche-toi ! Le film commence dans 5 minutes.

→ ....

f. Je ne me suis pas encore habillé.

→ ....

8 Reliez chaque verbe allemand avec sa traduction.

1. sich ändern   •

2. spazieren gehen •

3. sich schämen   •

4. geschehen   •

5. ertrinken   •

6. sich fürchten   •

7. aufstehen   •

8. aufwachen   •

• a. craindre

• b. se promener

• c. se noyer

• d. se réveiller

• e. se produire

• f. avoir honte

• g. changer

• h. se lever

Vocabulaire autour de l'orientation en ville

Adverbes de lieu :

hier	*ici*
da	*là*
dort	*là-bas*
oben	*en haut*
unten	*en bas*
rechts	*à droite*
links	*à gauche*
hinten	*derrière*
vorn	*devant*
drinnen	*dedans*
draußen	*dehors*
drüben	*de l'autre côté*

• Pour le locatif (lieu où l'on est), ils s'emploient tels quels → **Ich bin unten**.

• Pour la provenance, ils sont précédés de **von** → **Ich komme von unten**.

• Pour la direction, ils sont précédés de **nach** → **Ich gehe nach unten**.

Notez qu'il existe une autre construction grammaticale pour exprimer la provenance et la direction (*voir chapitre 15 :* **her** *et* **hin**).

9 **Complétez les phrases avec les adverbes indiqués.**

a. Ich bin .... (en haut)

b. .... ist es zu warm. Lasst uns .... gehen. (dedans / dehors)

c. Sitzt du lieber .... oder ....? (à gauche / à droite)

d. Er kam .... (de la droite)

e. Setz dich .... (derrière)

10 **Complétez les phrases ci-dessous avec les mots suivants :**

nehmen

Richtung

verfahren

geradeaus

verlaufen

komme

biegen

a. Wie .... ich zum Bahnhof?
Où se trouve la gare ? (mot à mot : *Comment j'arrive… ?*)

b. Fahren Sie immer weiter ....!
Continuez toujours tout droit !

c. .... Sie nach links ab!
Tournez à gauche !

d. .... Sie die zweite Straße rechts!
Prenez la deuxième à droite !

e. Sie haben sich .... / ....!
Vous vous êtes trompés à pied / en voiture.

f. Sie müssen in die andere ....!
Vous devez prendre l'autre direction.

  **Mots croisés.**

↓ Verticale
1B hôpital
3B musée
5B gare
10I poste
11A église
14B boulangerie
16I cinéma

→ Horizontale
7B piscine
3D école
9F théâtre
1J pharmacie
10K stade
1L supermarché

	1	2	3	4	5	6	7	8	9	10	11	12	13	14	15	16
A																
B																
C																
D																
E																
F																
G																
H																
I																
J																
K																
L																

Bravo, vous êtes venu à bout du chapitre 12 ! Il est maintenant temps de comptabiliser les icônes et de reporter le résultat en page 128 pour l'évaluation finale.

13

Syntaxe

Principale et subordonnée...

La syntaxe allemande est très complexe. L'ordre des mots varie selon le type de phrase, principale ou subordonnée, et selon la position de celles-ci au sein de la phrase. Mieux vaut aborder ce sujet de façon méthodique, sans chercher aucune ressemblance avec le français.

• <u>Principale</u> : le verbe occupe toujours la 2e place et autour de lui pivotent le sujet et les autres compléments (sauf dans une interrogative sans pronom interrogatif) :

→ **Peter fährt morgen nach Ulm. / Morgen fährt Peter nach Ulm. / Nach Ulm fährt Peter morgen.** (construction plus rare, mais juste)

Lorsque le noyau verbal comporte un participe passé, un infinitif ou une particule séparable, ceux-ci sont renvoyés en fin de phrase mais le reste du noyau verbal occupe toujours la 2e position :

→ **Gestern ist Peter nach Ulm gefahren. / Peter möchte morgen nach Ulm fahren. / Peter reist morgen nach Ulm ab.**

En général, le complément de temps est placé soit en tête de phrase, soit juste devant le complément de lieu.

Une interrogative avec un pronom interrogatif suit la même règle :

→ **Wann ist Peter nach Ulm gefahren? / Wer möchte morgen nach Ulm fahren?**

1 Comme dans l'exemple, remettez les éléments de la phrase dans l'ordre en commençant d'abord par le sujet puis par le complément de temps.

Ex : hat angerufen / gestern / sie / mich → Sie hat mich gestern angerufen. / Gestern hat sie mich angerufen.

a. zieht um / mein Sohn / im Mai

→ .... / ....

b. heute / er / ist losgefahren

→ .... / ....

c. kannst / du / nächste Woche / bei mir wohnen

→ .... / ....

... Principale et subordonnée

• Subordonnée : le verbe est renvoyé en fin de phrase et les autres éléments restent à la même place que dans la principale.

→ **Sie weiß nicht, ob Peter morgen nach Ulm fährt. / Sie weiß nicht, ob Peter morgen nach Ulm abreist. / Sie weiß nicht, ob Peter morgen nach Ulm fahren kann. / Sie weiß nicht, ob Peter gestern nach Ulm gefahren ist.**

Généralement, le sujet se place directement après la conjonction, mais il peut aussi être mis derrière un complément : **Sie weiß nicht, ob morgen Peter nach Ulm fährt.**

• Subordonnée en tête de phrase : le sujet et le verbe de la principale sont inversés. Mais l'infinitif, le participe passé et la particule restent par contre toujours à la fin de la principale.

→ **Ob Peter morgen nach Ulm fährt, weiß sie nicht. / Ob Peter morgen nach Ulm fährt, kann sie nicht <u>sagen</u>. / Wann Peter morgen nach Ulm fährt, hat sie nicht <u>gesagt</u>. / Wenn Peter morgen nach Ulm fährt, kommt sie auch <u>mit</u>.**

Notez que la principale et la subordonnée sont toujours séparées par une virgule.

2 Remettez dans l'ordre les éléments de la subordonnée précédée par : *Sie weiß nicht, ob...*

Exemple : den Brief / ihr Freund/hat bekommen → [...], ob ihr Freund den Brief bekommen hat.

a. schön/das Wetter/am Wochenende/wird

→ Sie weiß nicht, ob ....

b. am Samstag/ihr Bruder/kann mitkommen

→ Sie weiß nicht, ob ....

c. deine Mutter/hat angerufen/er

→ Sie weiß nicht, ob ....

3 Inversez l'ordre principale/subordonnée et vice versa.

a. Wir kommen pünktlich an, wenn es keinen Verkehr gibt.

→ ....

b. Bevor wir anfangen, möchte ich meine Mutter anrufen.

→ ....

c. Wir können dich nach Hause fahren, nachdem wir Sabine zum Bahnhof gebracht haben.

→ ....
....

Les conjonctions de subordination

Abordez-les en premier lieu comme une liste de vocabulaire à apprendre par cœur. Grâce à elles, vous pourrez nuancer vos propos, formuler des phrases plus complètes et complexes et éviterez surtout de vous exprimer uniquement avec des principales.

Notez néanmoins bien ceci :

- **da** et **weil** sont deux conjonctions qui traduisent la cause, mais leur emploi et signification ne se sont pas tout à fait identiques :

  - **da** se place généralement en début de phrase et introduit une raison plus ou moins connue/peu surprenante : **Da es immer noch kalt ist, ziehe ich mich warm an.** *(On n'est pas surpris des températures si basses car il fait froid depuis un certain temps.)*

als	*quand*
anstatt, dass	*au lieu que*
bevor	*avant que*
bis	*jusqu'à ce que*
damit	*afin que*
dass	*que*
nachdem	*après que*
ob	*si… ou non*
obwohl	*bien que*
ohne dass	*sans que*
weil/da	*étant donné que / parce que*
wenn	*si / quand, à chaque fois que*

  - **weil** se place généralement derrière la principale et annonce une cause plus inattendue/surprenante : **Ich ziehe mich warm an, weil es heute viel kälter ist.** *(Le froid suprend car, la veille, il faisait plus chaud.)*

Dans le langage parlé, on ne respecte pas toujours cette différence de signification.

- la conjonction de coordination **denn** sert également à exprimer la cause : **Ich ziehe mich warm an, denn es ist kalt.** Mais attention : s'agissant d'une conjonction de coordination, le verbe reste en 2e position.

4 **Entourez la bonne conjonction.**

a. Er ist arbeiten gegangen, obwohl/damit/bevor er krank ist.

b. Putz dir die Zähne, bevor/bis/damit du ins Bett gehst.

c. Er sagt, dass/damit/bis es nicht wahr ist.

d. Ich helfe dir, bevor/damit/obwohl es schneller geht.

e. Ich werde lernen, bevor/bis/dass ich es sehr gut kann.

f. Ich würde öfter schwimmen gehen, wenn/obwohl/ob das Schwimmbad nicht so weit wäre.

g. Ich bin nicht sicher, ob/wenn/damit er meine Mail bekommen hat.

5 Complétez les phrases avec *da*, *weil* ou *denn*.

a. Ich fahre mit dem Bus, ... ich einen Autounfall hatte.

b. .... wir wenig Zeit haben, werden wir nur die Familie besuchen.

c. Ich muss nach Hause, ... es ist schon spät.

d. Er kommt nicht, ... er krank ist.

Adjectifs composés

Tout comme pour les noms, il existe en allemand de nombreux adjectifs composés, formés par juxtaposition de deux termes, voire plus. Les compositions sont variées, comme par exemple :

– adjectif + adjectif : **dunkel** *(foncé)* + **rot** *(rouge)* ➜ **dunkelrot** *(rouge foncé)*

– nom + adjectif : **der Himmel** *(ciel)* + **blau** *(bleu)* ➜ **himmelblau** *(bleu ciel)*

Dans certains cas il faut ajouter une lettre (généralement un **s**) ou en ôter une (généralement un **n**) : **das Leben** *(la vie)* + **notwendig** *(nécessaire)* ➜ **lebensnotwendig** *(vital, nécessaire à la vie)*.

Comme vous pouvez le constater, l'ordre des termes est inversé par rapport au français et, bien évidemment, la traduction mot à mot n'est pas toujours possible.

6 Formez des adjectifs composés, puis traduisez-les en français.

a. der Schnee *la neige* + weiß *blanc*

➜ ....

b. hell *clair* + grün *vert*

➜ ....

c. der Rabe *le corbeau* + schwarz *noir*

➜ ....

d. das Haus *la maison* + gemacht *fait*

➜ ....

e. das Leben *la vie* + froh *content/gai*

➜ ....

f. die See *la mer* + krank *malade*

➜ ....

7 Décomposez ces adjectifs, puis reliez-les avec leur traduction.

1. strohdumm → .... •   • a. très jolie/belle comme le jour
2. kinderleicht → .... •   • b. gigantesque
3. riesengroß → .... •   • c. daltonien
4. pflegeleicht → .... •   • d. enfantin/très facile
5. farbenblind → .... •   • e. léger comme une plume
6. bildhübsch → .... •   • f. facile à entretenir
7. federleicht → .... •   • g. bête à manger du foin

Communication et nouvelles technologies

La grande majorité des termes concernant les nouvelles technologies proviennent de l'anglais et bon nombre d'entre eux sont les mêmes qu'en français. Mais il y a néanmoins plusieurs mots qui diffèrent d'une langue à l'autre.

Concernant le genre, il n'y a pas de règle définie au point que certains termes peuvent même avoir deux genres.

8 Voici quelques phrases-clés d'une conversation téléphonique. Complétez-les avec les mots suivants :

Hallo   zurückrufen   Telefonnummer   am Apparat
Nachricht   VERWÄHLT   auf Wiederhören   Vorwahl

a. Guten Tag, Schmitt .... Könnte ich bitte mit Frau Köhler sprechen?

b. Einen Augenblick bitte. (…) Die Leitung ist besetzt. Könnten Sie später .... ?

c. Mit wem möchten Sie sprechen? (…) Sie haben sich .... Hier ist die 124.

d. Meine .... ist die 654 786 und die .... für Frankreich ist die 00 33.

e. Frau Köhler ist nicht da. Möchten Sie eine .... hinterlassen?

f. .... ! Wer ist bitte am Apparat?

g. In Ordnung. Morgen schicke ich Ihnen die ganze Information. .... !

9 Complétez les lettres manquantes des mots suivants.

a. _ _ _ _ _ _ _ H _ N *télévision*

b. _ A _ _ _ *radio*

c. _ _ _ H *livre*

d. _ _ _ E _ *lettre (courrier)*

e. _ _ _ T _ _ G *journal*

f. Z _ _ _ S _ H _ _ F _ *revue*

g. N A _ _ R I _ _ T _ _ *informations*

h. T _ G _ S _ _ H _ U *journal télévisé*

10 *Der, die oder das*? À vous de jouer.

a. .... Handy

b. .... iphone

c. .... Computer

d. .... / .... SMS

e. .... Website

f. .... / .... Mail

g. .... PC

h. .... Mailbox

i. .... Email Adresse

j. .... Keyboard

k. .... / .... Laptop

l. .... Informatik

m. .... Programm

n. .... Dokument

11 Reliez chaque mot avec sa traduction.

1. die Verbindung •

2. der Drucker •

3. die Datei •

4. das Kennwort •

5. die Maus •

6. das Mauspad •

7. der Bildschirm •

• **a**. le mot de passe

• **b**. la souris

• **c**. l'écran

• **d**. la connexion

• **e**. l'imprimante

• **f**. le fichier

• **g**. le tapis de souris

Bravo, vous êtes venu à bout du chapitre 13 ! Il est maintenant temps de comptabiliser les icônes et de reporter le résultat en page 128 pour l'évaluation finale.

Verbes de modalité

Conjugaison et emploi des verbes de modalité

- **Müssen** *(devoir)* exprime un ordre, une obligation, ainsi qu'une volonté ou nécessité intérieure très forte : **Wir müssen das Auto stehen lassen, es ist kaputt.** *Nous devons laisser la voiture ici, elle est cassée. / Il faut laisser…* ; **Der Film ist toll. Du musst ihn sehen.** *Le film est génial. Tu dois le voir. / Il faut que tu le voies.* Notez qu'en français, **müssen** est souvent traduit par *il faut*.

- **Sollen** *(devoir)* exprime des raisons morales, un conseil, une volonté ou un argument d'autorité plus atténué : **Du sollst dir die Zähne putzen.** *Tu dois te brosser les dents.* L'atténuation peut être soulignée par l'emploi du subjonctif II hypothétique : **Das sollte man nicht tun.** *On ne devrait pas faire ça.*

- **Können** *(pouvoir)* exprime une capacité, une possibilité, le savoir : **Kannst du Deutsch (sprechen)?** *Sais-tu parler allemand ?* Dans la demande (dans le sens de prier quelqu'un) et la réponse à cette demande, **können** est souvent conjugué au subjonctif II hypothétique : **Könnten Sie früher kommen? – Ja, ich könnte schon um 7 Uhr kommen.** *Pourriez-vous venir plus tôt ? – Oui, je pourrais venir à 7 heures.*

- **Dürfen** *(pouvoir/avoir le droit)* traduit une permission donnée par un tiers et la formule de politesse introduite par *puis-je…* : **Ich darf bis Mitternacht ausgehen.** *J'ai le droit de sortir jusqu'à minuit. / J'ai la permission de minuit.* ; **Darf ich Sie um das Salz bitten?** *Puis-je vous demander le sel ?*

- **Wollen** *(vouloir)* exprime une forte détermination : **Ich will es versuchen.** *Je veux (absolument) essayer.*

- **Mögen** *(bien aimer/vouloir)* au présent est surtout utilisé dans le contexte de l'alimentation et signifie *apprécier/bien aimer* : **Ich mag Schokoladenkuchen.** *J'aime bien le gâteau au chocolat.* Employé au subjonctif II hypothétique, il exprime un souhait : **Ich möchte zu Hause bleiben.** *J'aimerais rester à la maison.*

Notez que **wissen** *(savoir)* se conjugue comme un verbe de modalité *(voir tableaux de conjugaison pages 118-119)*.

L'emploi de tel ou tel verbe de modalité est aussi un choix dépendant du contexte et/ou du message que vous voulez faire passer : **Er darf nicht mitkommen.** *Il n'a pas le droit de venir.* ≠ **Er kann nicht mitkommen.** *Il ne peut pas venir.* (faute de temps…)

 **Entourez la bonne réponse.**

a. Vorm Essen soll/kann/darf man sich die Hände waschen.

b. Gestern mochte/konnte/musste ich um 4.30 aufstehen, weil ich einen frühen Flieger hatte.

c. Will/Soll/Darf ich Sie etwas fragen?

d. Wir dürfen/sollen/können hier nicht rauchen. Hier steht »Rauchen verboten!«

e. Er will/darf/kann sehr gut Deutsch.

f. Müssen/Dürfen/Möchten Sie etwas trinken? – Ja gern.

g. Ich kann/muss/will leider nicht länger bleiben. Mein Zug fährt in 30 Minuten.

h. Kannst/Weißt/Darfst du, wie spät es ist?

 **Entourez le verbe adéquat.**

a. Er darf/kann nicht ins Kino gehen. *(Ses parents ne veulent pas.)*

b. ≠ Er darf/kann nicht ins Kino gehen. *(Il a trop de travail.)*

c. Er will/möchte Wasser. *(Il veut de l'eau et rien d'autre.)*

d. ≠ Er will/möchte Wasser. *(Il aimerait bien de l'eau.)*

e. Er soll/muss es ihm sagen. *(Impossible de cacher la vérité.)*

f. ≠ Er soll/muss es ihm sagen. *(Ce serait plus correct.)*

3 **Voici plusieurs phrases commençant par *Könnten Sie bitte...* (Pourriez-vous..., s'il vous plaît). Complétez-les avec l'un des verbes suivants :**

halten · *buchstabieren* · *ausfüllen* · *rufen* · *wiederholen* · *warten*

a. Ich habe Sie nicht verstanden. Könnten Sie das bitte .... ?

b. Könnten Sie mir bitte ein Taxi .... ?

c. Könnten Sie bitte dieses Formular .... ?

d. Könnten Sie bitte Ihren Namen .... ?

e. Könnten Sie bitte einen Augenblick .... ?

f. Könnten Sie bitte die Klappe* .... ?

*Pourriez-vous la fermer, s'il vous plaît ?

Tournures idiomatiques

En allemand, il existe plusieurs phrases toutes faites contenant un verbe de modalité. Il n'est donc pas toujours évident de trouver leur sens premier, d'autant que souvent leur traduction française ne comporte pas ce type de verbes. Découvrez-en quelques exemples.

4 Reliez chaque expression allemande avec sa traduction.

1. Es kann sein. •
2. Das darf doch nicht wahr sein. •
3. Wenn ich bitten darf. •
4. Was darf es sein? •
5. Wenn es sein muss! •
6. Wer will, der kann. •

• a. Vous désirez ?
• b. Si je puis me permettre.
• c. C'est possible.
• d. Qui veut, peut !
• e. C'est pas vrai !
• f. S'il le faut !

Traduire : *soit… soit…* ; *ni… ni…* ; *aussi bien… que…*

- **entweder… oder…** → *soit… soit…* : **Wir sehen uns entweder am Samstag oder am Sonntag.** *Nous nous voyons soit samedi soit dimanche.*

- **weder… noch…** → *ni… ni…* : **Sie kann weder Ski fahren noch Tennis spielen.** *Elle ne sait ni skier ni jouer au tennis.*

- **sowohl… als auch/wie auch…** → *aussi bien… que…* : **Sowohl Paul als auch/wie auch Sabine können dich abholen.** *Aussi bien Sabine que Paul peuvent passer te prendre.*

5 Traduisez en utilisant l'une des conjonctions de coordination présentées ci-dessus et les verbes de modalités.

a. Elle n'a ni le droit de sortir (ausgehen) ni d'inviter des amis.

→ ....

b. Il faut que tu l'appelles soit ce soir soit demain midi.

→ ....

c. Elle parle aussi bien italien qu'anglais.

→ ....

d. J'aimerais soit une glace au chocolat soit un gâteau au chocolat.

→ ....

Vocabulaire autour des moyens de locomotion et de la circulation

Voici quelques abréviations utiles si vous devez prendre le train : **Abf. → Abfahrt** (départ), **Ank. → Ankunft** (arrivée), **Hbf. → Hauptbahnhof** (gare centrale), **DB → Deutsche Bahn** (chemins de fer nationaux allemands), **IC → InterCity** et **EC → EuroCity** (l'équivalant de nos TER – trains régionaux), **ICE → InterCityExpress** (train à grande vitesse), **S-Bahn → Schnellbahn** (correspond grosso modo au réseau ferroviaire d'Île-de-France).

6 Trouvez un synonyme de ces mots.

a. die Bahn
→ ....

b. der Flieger
→ ....

c. das Auto
→ ....

d. das Boot
→ ....

7 Retrouvez la traduction de chacun des mots suivants : *le croisement, le feu de circulation, les embouteillages, la circulation, l'accident, la pompe à essence.*

a. die Kreuzung → ....
b. der Unfall → ....
c. der Verkehr → ....

d. der Stau → ....
e. die Ampel → ....
f. die Tankstelle → ....

8 Complétez les lettres manquantes.

a. die H _ L T _ S _ E _ L _ *l'arrêt (de bus…)*

b. der A _ _ _ _ _ _ *l'autobus*

c. die _ – B _ _ N *le métro (contraction)*

d. die S _ _ _ _ _ _ *la station*

e. das _ _ _ O _ R _ D *la moto*

f. die S _ _ _ _ E _ B _ _ _ *le tram*

g. die _ _ T _ _ A _ _ *l'autoroute*

h. die _ _ _ _ _ E *la route*

9 Mots croisés : traduisez les mots suivants.

	1	2	3	4	5	6	7
A							
B							
C							
D							
E							
F							
G							
H							
I							
J							
K							

↓ Verticale
1A voler (en avion)
4D courir (faire la course
6F naviguer/faire de la voile

→ Horizontale
1B courir, marcher vite
1E marcher (à pied)
2I atterrir
1K rouler, conduire

Bravo, vous êtes venu à bout du chapitre 14 ! Il est maintenant temps de comptabiliser les icônes et de reporter le résultat en page 128 pour l'évaluation finale.

15

Verbes à particules

Emploi des particules (règle de base)

Les particules, divisées en trois catégories, nuancent ou modifient le sens des verbes.

- Les inséparables : **be-, emp-, ent-, er-, ge-, miss (miß-** avant réforme), **ver-, voll-** et **zer-**. Elles ne se désolidarisent jamais du verbe et le participe passé ne prend pas de **ge** : **Ich verkaufe mein Fahrrad. → Ich habe mein Fahrrad verkauft.**

Notez le moyen mnémotechnique : Cerbère (zer-, be-, er-) gémit (ge-, miss-/miß-) en (emp-) enfer (ent-, ver-).

- Les séparables sont nombreuses : **an-, aus-, mit-, zurück-**... Dans le cas d'un temps simple, elles se séparent du verbe et sont rejetées en fin de phrase ; dans le cas d'un temps composé avec un participe passé, elles se placent en tête du participe passé : **ankommen → Ich komme um 10 Uhr an. → Ich bin um 10 Uhr angekommen.**

- Les mixtes : **durch-, über-, unter-, um-, wider-** et **wieder-**. Selon le cas, elles sont séparables ou inséparables. Les plus critiques sont **durch-, über-** et **unter-**. Au début, mieux vaut donc apprendre les verbes par cœur. **Um-** est séparable lorsqu'elle exprime un changement de lieu ou d'état et inséparable dans le sens de *contourner* ou *entourer* : **Wir steigen in Bonn um.** *Nous avons un changement à Bonn.* **≠ So umfahren Sie den Stau!** *Ainsi vous contournez le bouchon.* **Wider-** est séparable dans le sens de *refléter/résonner* et inséparable dans le sens de *contre* : **Es spiegelt sich im Wasser wider.** *Ça se reflète dans l'eau.* **≠ Er widerspricht mir ständig.** *Il me contredit sans cesse.* **Wieder-** est presque toujours séparable, sauf dans le verbe **wiederholen** *(répéter).*

Notez que l'accent tonique porte sur la particule lorsqu'elle est séparable et sur le verbe lorsqu'elle est inséparable.

Suite à la réforme, **voll** n'est plus considéré comme une particule mixte mais c'est dans certains cas une particule inséparable.

I Complétez les phrases avec ces verbes. Attention aux différentes conjugaisons !

ENTDECKEN   verbieten   bekommen   sich benehmen
erzählen   empfehlen   verstehen   gewinnen

a. Ich habe nicht .... , was er gesagt hat.

b. Wer hat gestern beim Fußball .... ?

c. Rauchen .... Hast du das Schild nicht gesehen?

d. Was .... Sie mir als Wein?

e. Sie hat mir eine schöne Geschichte ....

f. Wie viele Mails .... du pro Tag?

g. In welchem Jahr wurde Amerika .... ?

h. Die Kinder haben sich sehr gut ....

2 Complétez les phrases avec les verbes suivants.
Attention aux différentes conjugaisons !

anrufen   aussteigen   zurückkommen

einladen   vorbeigehen   aufräumen   mitbringen

50

a. Wen möchtest du zum Geburtstag .... ?

b. Ich habe mein ganzes Zimmer ....

c. .... Sie bitte 2 Fotos und Ihren Pass .... !

d. Hast du etwas von Sabine gehört? – Ja, sie hat mich gestern ....

e. Wir .... bei der nächsten Bushaltestelle ....

f. Er ist an mir .... , ohne einmal zu grüßen.

g. Ich bin gestern aus dem Urlaub ....

3 Notez un S si la particule est séparable et un I si elle est inséparable.

a. unterschreiben *(signer)* → ....

b. wiedersehen *(revoir*)* → ....

c. umziehen *(déménager)* → ....

d. überlegen *(réfléchir)* → ....

e. übersetzen *(traduire)* → ....

f. umfallen *(tomber)* → ....

g. umarmen *(serrer dans ses bras)* → .....

h. überholen *(doubler)* → ....

i. unterbrechen *(interrompre)* → ....

j. untergehen *(se coucher – soleil)* → .....

k. umkehren *(faire demi-tour)* → ....

l. durchqueren *(traverser un lieu)* → ....

* suite à la réforme, s'écrit aussi en 2 mots : wieder sehen

4 Conjuguez le verbe qui convient pour compléter chaque phrase.

a. Es hat geklingelt. Kann jemand die Tür .... ? (machen / aufmachen / zumachen)

b. Schnell, der Film hat schon .... (fangen / anfangen / empfangen)

c. Die Zeit .... schnell. (gehen / vergehen / aufgehen)

d. Viele alte Leute .... schlecht. (hören / zuhören / gehören)

e. Morgen möchte ich meine Großmutter .... (suchen / versuchen / besuchen)

f. Susi ist leider beim Abitur *(échouer au bac)* .... (fallen / umfallen / durchfallen)

5 Dérivez les verbes à partir des substantifs et vice versa.

Substantif	Verbe	Substantif	Verbe
die Abfahrt	....	....	erklären
die Ankunft	....	....	erzählen
die Bestellung	....	....	anfangen
die Unterschrift	....	....	wiederholen

6 Entourez la bonne réponse.

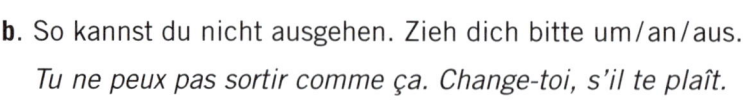

a. Es ist kalt. Zieh dir etwas Warmes um / an / aus.

Il fait froid. Mets-toi quelque chose de chaud.

b. So kannst du nicht ausgehen. Zieh dich bitte um / an / aus.

Tu ne peux pas sortir comme ça. Change-toi, s'il te plaît.

c. Zieh bitte die Schuhe um / an / aus.

Enlève tes chaussures, s'il te plaît.

d. Ach! Ich habe 5 Kilo zugenommen / aufgenommen / gewonnen.

Ho là là ! J'ai pris 5 kilos.

e. Du musst unbedingt verlieren / abnehmen / wegnehmen!

Il faut absolument que tu maigrisses.

hin et her

Les verbes de mouvement comme **gehen** et **kommen** sont fréquemment associés à **hin** et **her**. Il s'agit là d'une construction verbale propre à l'allemand et pas toujours évidente pour un francophone :

- **hin** indique généralement un mouvement à partir de celui qui parle vers un autre point et la destination : **Bring ihm den Wein hin!** *Apporte-lui le vin !* / **Wo gehst du hin?/Wohin gehst du?** *Où vas-tu ?*

- **her** indique généralement un mouvement vers celui qui parle et la provenance : **Bring mir den Wein her!** *Apporte-moi le vin !* / **Wo kommt er her?/Woher kommt er?** *D'où vient-il ?*

- **hin** et **her** peuvent également s'associer à des adverbes de lieu ou des prépositions : **Ich bringe ihm den Wein hinauf.** *Je lui monte le vin.* En français, on traduira cette nuance par un verbe plus précis : *monter, sortir…* Dans la langue courante, les composés en **hin** et **her** sont souvent contractés : **hinauf/herauf → rauf, hinaus/heraus → raus…**

Notez l'expression : **dieses ewige Hin und Her.** *Ce va-et-vient permanent.*

7 **Complétez avec hin ou her.**

a. Komm ....! *(Viens là !)*

b. Geh ....! *(Vas-y !)*

c. Geh .... ein!
Ich bleibe draußen.
(Rentre ! Je reste dehors).

d. Ich bin oben.
Komm .... auf!
(Je suis en haut. Monte !)

e. Er kommt von dort ....
(Il en vient/Il vient de là-bas.)

f. Bleib da.
Ich fahre ....
(Reste là ! J'y vais.)

Traduire mais

Cette conjonction de coordination se traduit soit par **aber** soit par **sondern** :

- **aber** coordonne deux propositions en introduisant une opposition. La première proposition peut être positive ou bien négative : **Ich war müde, aber ich konnte nicht schlafen.** *J'étais fatigué, mais je ne pouvais pas dormir.* / **Er ist nicht groß, aber er ist stark.** *Il n'est pas grand, mais il est fort.*

- **Sondern** introduit une rectification après une négation partielle : **Das Konzert ist nicht am Sonntag, sondern am Samstag.** *Le concert n'est pas dimanche, mais samedi.*

8 **Complétez avec aber ou sondern.**

a. Es war kurz, ... schön.

b. Es ist anstrengend, ... es macht mir Spaß.

c. Sie ist nicht 10, ... 11.

d. Ich komme nicht morgen, ... übermorgen.

e. Wir haben uns nicht lange gesehen, ... wir haben uns gut unterhalten.

f. Sie ist nicht Deutsche, ... Österreicherin.

Les adverbes

Ils sont nombreux en allemand et permettent de préciser ou de modifier le sens de la phrase. Il n'est pas rare qu'ils soient placés en début de phrase et, dans ce cas, faites bien attention à la syntaxe ; le sujet et le verbe sont inversés : **Ich komme morgen, um dir zu helfen. → Morgen komme ich, um dir zu helfen.**

9 **Reliez chaque adverbe de temps avec sa traduction.**

1. jetzt •
2. bald •
3. schon •
4. später •
5. sofort •
6. noch •
7. früher •

• a. déjà
• b. plus tôt
• c. encore
• d. maintenant
• e. bientôt
• f. plus tard
• g. tout de suite

10 **Reliez chaque adverbe de manière avec sa traduction.**

1. wirklich •
2. kaum •
3. fast •
4. zusammen •
5. langsam •
6. ganz •
7. vorsichtig •

• a. prudemment
• b. ensemble
• c. en entier
• d. lentement
• e. vraiment
• f. presque
• g. à peine

11 **Reliez chaque adverbe de fréquence avec sa traduction.**

1. immer •
2. oft •
3. gewöhnlich •
4. manchmal •
5. selten •
6. nie(mals) •
7. normalerweise •

• a. rarement
• b. jamais
• c. habituellement
• d. toujours
• e. souvent
• f. normalement
• g. quelquefois

Vocabulaire autour de l'argent

Dans l'exercice qui suit, vous découvrirez une liste de phrases au sujet de l'argent dont la plupart comporte un verbe à particule. Mais avant de passer au vocabulaire, revenons un peu en arrière. Avant l'Euro (**der Euro**), la monnaie officielle de la RFA était, dès juin 1948, **die Deutsche Mark** ou **D-Mark**, et le centime correspondait à **der Pfennig**. Elle fut aussi, du 01/07/90 au 31/12/01, la monnaie officielle de l'Allemagne réunifiée.

12 **Reliez les phrases avec leur traduction et, dans le cas des verbes à particules, soulignez-les.**

1. Ich habe 100€ ausgegeben. •
2. Ich habe 100€ gespart. •
3. Ich habe 100€ bezahlt. •
4. Ich habe 100€ aufs Konto überwiesen. •
5. Ich habe 100€ verdient. •

• a. J'ai dépensé 100€.
• b. J'ai transféré 100€ sur le compte.
• c. J'ai gagné 100€. *(j'ai été payé…)*
• d. J'ai économisé 100€.
• e. J'ai payé 100€.

 13 **Mots croisés.**

→ Horizontale
4A argent
1C bon marché, pas cher
3F facture
3I cher

↓ Verticale
2A riche
4A porte-monnaie
7H pauvre
9D banque

	1	2	3	4	5	6	7	8	9	10
A										
B										
C										
D										
E										
F										
G										
H										
I										
J										

 14 **Retrouvez l'équivalent français de ces expressions allemandes ou expliquez-en le sens.**

a. Zeit ist Geld.

→ ....
....

b. Besser ein Mann ohne Geld als Geld ohne Mann.

→ ....
....

c. Geld allein macht nicht glücklich.

→ ....
....

d. Er schwimmt im Geld.

→ ....
....

Bravo, vous êtes venu à bout du chapitre 15 ! Il est maintenant temps de comptabiliser les icônes et de reporter le résultat en page 128 pour l'évaluation finale.

16

Verbes à régime prépositionnel

Accusatif ou bien datif ?

De nombreux verbes allemands sont suivis d'une préposition. Ils impliquent soit l'accusatif soit le datif. Sont suivis de :

- l'accusatif : les verbes construits avec une préposition impliquant l'accusatif **(für, um...)** ainsi que la préposition mixte **über** : **Es handelt sich um den Autounfall.**

- du datif : les verbes construits avec une préposition impliquant le datif **(mit, von...)** ainsi que la préposition mixte **vor** : **Wir beginnen mit der Nummer drei.**

- soit de l'accusatif soit du datif : les verbes construits avec les prépositions mixtes **an, auf, in**, etc. **: Kannst du dich an sie erinnern? / Alle haben am Fest teilgenommen.** Par ailleurs, il arrive que les deux cas soient acceptés pour un même verbe : **auf sein/seinem Recht bestehen** *(insister sur son droit)*.

Cette règle n'étant toutefois pas suffisante pour maîtriser les verbes, mieux vaut les apprendre par cœur avec la préposition et le cas. Il arrive qu'un même verbe ait plusieurs constructions prépositionnelles : **sich über etwas freuen** (+ acc) et **sich auf etwas freuen** (+ acc). Le premier signifie *se réjouir de quelque chose de présent ou passé* et le deuxième *se réjouir de quelque chose à venir*.

Notez que, en cas de reprise, vous ne répéterez généralement pas l'objet prépositionnel tel quel (**Freust du dich auf die Ferien? – Ja, ich freue mich auch ~~auf die Ferien~~**), mais le remplacerez par :

- le pronom personnel précédé de la préposition lorsqu'il s'agit d'un être animé : **Ich habe mich sehr über Paul geärgert. – Ich habe mich auch über ihn geärgert.**

- **da-** + préposition (ou **dar-** si la préposition commence par une voyelle) lorsqu'il s'agit de quelque chose d'inanimé : **Ich habe mich über meine schlechte Note geärgert. – Ich habe mich auch darüber geärgert.**

I **Complétez les verbes avec la préposition qui convient.**

a. Ich danke dir .... das Geschenk.

b. Es riecht .... Wein.

c. Ich bitte dich .... etwas Geduld.

d. Es hängt nur .... dir ab.

e. Ich gratuliere dir ....m Geburtstag.

f. Wir sprechen .... die Ferien.

g. Wir haben .... Politik diskutiert.

h. Ich interessiere mich sehr ...... Popmusik.

2 **Cochez la bonne réponse.** ••

a. Ich denke an ☐ dich / ☐ dir

b. Man kann sich nicht auf ☐ dich / ☐ dir verlassen.

c. Ich kümmere mich um ☐ den / ☐ dem Garten.

d. Antworte auf ☐ meine / ☐ meiner Frage.

e. Ich habe lange auf ☐ dich / ☐ dir gewartet.

f. Sie hat sich in ☐ eine / ☐ einer Fee verwandelt.

g. Er ist in ☐ dich / ☐ dir verliebt.

h. Es ändert nichts an ☐ die / ☐ der Sache.

3 **Remplacez le complément prépositionnel par un pronom personnel ou bien *da(r)*- + préposition.** ••

a. Hast du dich <u>nach den Uhrzeiten erkundigt</u>?

→ Nein, ich werde mich morgen .... erkundigen.

b. Für mich ist es kein Problem. Ich bin <u>an die Hitze</u> gewöhnt.

→ Ich aber bin überhaupt nicht .... gewöhnt.

c. Ich habe <u>an den Chef</u> persönlich geschrieben.

→ Gute Idee. Ich werde auch .... schreiben.

d. Kannst du dich <u>an Sabine</u> erinnern?

→ .... nicht, aber an ihren Bruder.

e. Möchte keiner von euch <u>an der Versammlung</u> teilnehmen?

→ Doch, ich möchte .... teilnehmen.

Phrases interrogatives avec verbes à régime prépositionnel

- Lorsqu'il s'agit d'un être animé, on reprend la préposition + **wen** (pour les verbes suivis de l'accusatif) ou **wem** (pour les verbes suivis du datif) : **An wen schreibst du? – An die Kinder. / Mit wem arbeitest du? – Mit Paul.**
- Lorsqu'il s'agit de quelque chose d'inanimé, on reprend la préposition précédée de **wo-** ou **wor-** pour les prépositions débutant par une voyelle : **Wovon hast du geträumt? – Von den Ferien.**

4 **Complétez les phrases avec un pronom interrogatif.**

a. .... ist er gestorben? – An Krebs.

b. .... kannst du dich erinnern? – An Sabine.

c. .... ist er verantwortlich? – Er ist für Südamerika verantwortlich.

d. .... ist er verliebt? – In Martha.

e. .... möchten Sie anfangen? – Mit der Übersetzung, wenn's geht.

Mais aussi...

Il existe également de nombreux adjectifs et noms suivis d'une préposition, et la règle est la même que pour les verbes.

5 **Complétez les phrases avec les mots suivants. Les prépositions sont déjà indiquées dans le texte.**

EINVERSTANDEN   weit   fertig

freundlich   zufrieden   stolz

a. Das hat du gut gemacht. Ich bin sehr .... auf dich.

b. Ich möchte einen neuen Computer kaufen. Bist du damit ....?

c. Dein Lehrer ist mit dir sehr .... Er sagt, du arbeitest gut und schnell.

d. Bist du mit den Hausaufgaben ....? – Nein, mir fehlt noch eine Aufgabe.

e. Wohnst du .... von der Stadtmitte? – Nein, 5 Minuten zu Fuß.

f. Ich kann nichts sagen. Zu mir war er immer ....

6 **Reliez chaque groupe nominal avec sa traduction française.**

1. die Verwandtschaft mit •   • a. la haine contre
2. die Lust auf (+ acc) •   • b. l'influence sur
3. der Einfluss auf (+ acc) •   • c. l'amour pour
4. der Hass gegen •   • d. la foi en
5. der Kampf gegen •   • e. l'envie de
6. der Glaube an (+ acc) •   • f. la lutte contre
7. die Hoffnung auf (+ acc) •   • g. la parenté avec
8. die Liebe zu •   • h. l'espoir de

Traduire *apprendre*

- **etwas lernen** → *apprendre, acquérir des connaissances* : **Peter lernt schwimmen.** *Pierre apprend à nager.* Notez que **auswendig lernen** signifie *apprendre par cœur.*

- **jmn etwas lehren/jm etwas beibringen** → *apprendre qch. à qn* : **Er hat ihn Deutsch gelehrt. / Er hat ihm Deutsch beigebracht.** *Il lui a appris l'allemand.* En allemand courant, **lehren** est plus souvent remplacé par **beibringen**.

- **hören, dass…/erfahren, dass…** → *apprendre des nouvelles, apprendre par ouï-dire* : **Ich habe gehört/erfahren, dass er nach Deutschland umgezogen ist.** *J'ai appris qu'il avait déménagé en Allemagne.*

7 **Traduisez les phrases suivantes.**

a. J'ai appris que Sabine s'était mariée.
(en allemand : s'est mariée)

→ ....

→ ....

b. J'aimerais apprendre l'allemand.

→ ....

c. Elle lui apprend à jouer au tennis. (Tennis spielen) *(2 versions possibles)*

→ ....

→ ....

d. J'apprends mieux le matin que l'après-midi.

→ ....

e. Elle apprend l'allemand aux étrangers.

→ ....

→ ....

Ich bin, du bist…

8 **Reliez ces expressions prépositionnelles et leur traduction.**

1. Auf keinen Fall •

2. In jedem Moment •

3. Zu Fuß •

4. Zu Befehl •

5. Auf gut Glück •

6. Auf die Minute genau •

• a. À la minute près

• b. À pied

• c. À vos ordres !

• d. Au petit bonheur la chance

• e. À tout moment

• f. En aucun cas

Vocabulaire autour du voyage

9 Complétez les phrases avec les mots suivants :

Flughafen • Fahrkarte • Gepäck • Fenster • Gang • Flug • Bahnhof • Ermäßigung • Gleis

a. Ihr Flieger ist um 18 Uhr. Sie müssen spätestens um 17 Uhr am .... sein.

b. Sie haben viel ...., drei Koffer und eine Reisetasche.

c. Möchten Sie am .... oder am .... sitzen?

d. Der .... dauert 2 Stunden.

e. Sie müssen schnell zum ...., ihr Zug ist in 20 Minuten. Er fährt von .... 5 ab.

f. Als Student haben Sie eine ....

g. Sie möchten eine .... hin und zurück nach Köln.

IO Mots croisés.

→ **Horizontale**

4D village

6G douane

1J capitale

7M touriste

↓ **Verticale**

1H drapeau

4A pays

6C frontière

7I ville

9D étranger (*pays* et non *personne*)

	1	2	3	4	5	6	7	8	9	10	11	12	13
A													
B													
C						G							
D									A				
E													
F													
G								L					
H													
I													
J	H						T						
K													
L													
M													

11 **Traduisez les lieux touristiques allemands suivants.**

a. der Schwarzwald → ....

b. der Bodensee → ....

c. der Kölner Dom → ....

d. der Bayerische Wald → ....

e. Aachen → ....

f. Regensburg → ....

g. die Ostsee → ....

h. die Nordsee → ....

12 **Remettez les lettres dans l'ordre pour trouver la traduction des mots suivants.**

a. voyage E / S / I / R / E

→ die ....

b. vacances N / F / R / I / E / E

→ die ....

c. congé R / B / L / U / U / A

→ der ....

d. carte d'identité W / S / A / I / U / E / S

→ der ....

e. passeport E / I / S / P / S / A / S / R / E

→ der ....

f. supplément G / U / Z / H / L / C / S / A

→ der ....

g. billet d'avion T / C / K / F / G / I / L / E / T / U

→ das ....

h. séjour F / H / T / L / N / A / U / E / A / T

→ der ....

Bravo, vous êtes venu à bout
du chapitre 16 ! Il est maintenant
temps de comptabiliser les icônes
et de reporter le résultat en
page 128 pour l'évaluation finale.

Infinitives

Formes et emplois des infinitives

Un verbe qui est complément d'un autre verbe est toujours à la forme infinitive.

• L'infinitif est le plus souvent directement précédé de zu, traduit en français par *à* ou *de* : Er versucht, früher zu kommen.

Dans le cas des verbes à particules séparables, zu vient s'intercaler entre la particule et le verbe : Er versucht, früher loszufahren.

• L'infinitif n'est pas précédé de zu après les verbes de modalité et certains verbes dont bleiben, gehen, hören, lassen, lernen, sehen ➜ Ich möchte ein Bier trinken. / Wir gehen später einkaufen.

L'usage hésite pour helfen. En principe, on ne met pas zu s'il n'y a pas de complément ou un seul complément ; on le met à partir de 2 compléments : Ich helfe ihr abdecken. ≠ Ich helfe ihr, den Tisch abzudecken.

Remarque : lassen suivi d'un infinitif a souvent le sens de *faire* : Ich lasse mir die Haare schneiden. *Je me fais couper les cheveux.*

• L'infinitive peut aussi être introduite par um... zu *(afin de)*, ohne... zu *(sans)* et anstatt... zu *(au lieu de).* Zu est toujours placé immédiatement devant l'infinitif et le(s) complément(s), s'il y en a, s'intercale(nt) entre um, ohne ou anstatt et zu : Sie kam ins Haus, ohne zu klingeln. / Sie ist früher gekommen, um die Kinder zu sehen. Les infinitives avec um... zu, ohne... zu et anstatt... zu peuvent aussi être placées en tête de phrase. Dans ce cas, la principale commence par le verbe : Ohne zu klingeln, kam er ins Haus. *(pour la syntaxe voir chapitre 13).* Comme en français, le sujet de la proposition infinitive et le sujet de la principale sont identiques ; lorsque ce n'est pas le cas, il faut employer les conjonctions de subordination *(voir chapitre 13).*

Remarque : une infinitive construite avec um... zu est utilisées pour répondre aux questions introduites par le pronom interrogatif wozu.

I **Zu ou pas *zu* ? À vous de jouer.**

a. Ich lerne ...... schwimmen.

b. Er kann noch nicht richtig ...... laufen.

c. Ich freue mich, in Berlin ...... studieren.

d. Ich habe aufgehört ...... rauchen.

e. Ich hoffe, dich bald wieder ...... sehen.

f. Ich helfe dir, den Koffer ...... tragen.

g. Ich höre ihn ...... lachen.

2 Complétez les phrases avec *um... zu, anstatt... zu* ou *ohne... zu.*

a. Lern für deine Prüfung, ... nichts .... machen.

b. Ich lebe nicht .... arbeiten, sondern ich arbeite .... leben.

c. .... mich .... fragen, hat er meine Tasche genommen.

d. Er ist gegangen, ... ein Wort .... sagen.

e. ...... richtig Deutsch .... lernen, solltest du ein Jahr in Deutschland verbringen.

f. Er macht seine Hausaufgaben, ... überlegen.

3 Reliez les réponses avec les questions correspondantes.

1. Wozu brauchst du Seife?   •   • **a**. Um mir die Fingernägel anzumalen.
2. Wozu brauchst du Shampoo?   •   • **b**. Um mir die Haare zu föhnen.
3. Wozu brauchst du ein Handtuch?   •   • **c**. Um den Traumprinzen zu verführen. *(séduire)*
4. Wozu brauchst du Zahnpasta?   •   • **d**. Um mir die Haare zu waschen.
5. Wozu brauchst du einen Haartrockner? •   • **e**. Um mich zu schminken.
6. Wozu brauchst du einen Lippenstift?   •   • **f**. Um mich zu waschen.
7. Wozu brauchst du einen Nagellack?   •   • **g**. Um mich abzutrocknen.
8. Wozu machst du dich so hübsch?   •   • **h**. Um mir die Zähne zu putzen.

L'infinitif substantivé

L'infinitif substantivé s'écrit avec une majuscule, se met au neutre et ne s'emploie que rarement au pluriel. Il sert à exprimer :

• une idée collective : das Schreien der Kinder *les cris des enfants*

• l'action, le fait de : Ich habe mir beim Essen in die Zunge gebissen. *Je me suis mordu la langue en mangeant.* / Das Rauchen ist hier verboten. *Il est interdit de fumer ici.*

• l'équivalent d'une proposition infinitive introduite par um... zu : Um zu übersetzen brauche ich ein Wörterbuch. ➜ Zum Übersetzen brauche ich ein Wörterbuch.

Notez que wozu introduit également une réponse avec zum : Wozu brauchst du das Wörterbuch? – Zum Übersetzen.

• l'équivalent d'une proposition conjonctive : Nachdem man aufgewacht ist, sollte man... ➜ Nach dem Aufwachen sollte man... / Bevor ich esse, mache ich... ➜ Vor dem Essen mache ich...

En général, l'infinitif substantivé écourte et allège la phrase et s'emploie souvent pour les titres de journaux : Deutsch lernen beim Schlafen *Apprendre l'allemand en dormant.*

4 Complétez les titres de journaux avec l'un des verbes suivants :

EINKAUFEN

Abnehmen

Fahren

Warten

Essen

a
STUNDENLANGES .... FÜR FUSSBALLKARTEN

Über 5 Stunden mussten die Fans von…

b
WUNDERMEDIKAMENT ZUM ....

Sie wog 80 kg und wiegt heute nur noch…

c
WENIG .... MACHT NOCH KEIN SUPERMODEL

Wer ein Supermodel sein möchte…

d
DAS .... IST DAS LIEBSTE HOBBY DER STARS

Sie haben Geld und gehen in die schönsten Geschäfte.

e
BEIM .... EINGESCHLAFEN

Auf der Autobahn ist gestern…

5 Remplacez la proposition infinitive ou conjonctive par un infinitif substantivé.

a. Ich brauche ein Glas, um zu trinken.

→ ....

b. Das ist eine schöne Wiese, um zu spielen.

→ ....

c. Bevor ich laufe, mache ich ein paar Sportübungen.

→ ....

d. Ich komme, nachdem ich trainiert habe.

→ ....

e. Er braucht einen Stock, um zu gehen.

→ ....

6 **Reliez chaque question avec sa réponse.**

1. Wozu brauchst du einen Pinsel? •
2. Wozu brauchst du einen Besen? •
3. Wozu brauchst du einen Kuli? •
4. Wozu brauchst du ein Lineal? •
5. Wozu brauchst du ein Rezeptbuch? •
6. Wozu brauchst du Mehl? •
7. Wozu brauchst du eine Schere? •
8. Wozu brauchst du eine Brille? •

• **a**. Zum Kochen.
• **b**. Zum Lesen.
• **c**. Zum Unterstreichen.
• **d**. Zum Schneiden.
• **e**. Zum Fegen.
• **f**. Zum Unterschreiben.
• **g**. Zum Backen.
• **h**. Zum Malen.

7 **Dérivez l'infinitif de ces verbes à partir du prétérit.**

a. fiel → ....
b. schlug → ....
c. brach → ....

d. hob → ....
e. sprang → ....
f. verlor → ....

g. zog → ....
h. schnitt → ....
i. stieg → ....

Virgule (règle de base)

Même si la règle est plus tolérante depuis l'application de la nouvelle orthographe en 2006, la virgule joue un rôle important dans la phrase allemande. Comme vous pourrez le constater, elle peut être facultative. C'est surtout le cas pour les infinitives introduites par **zu**. Il n'existe pas ou plus de règle bien définie, néanmoins la tendance est :

• pas de virgule devant l'infinitive introduite par zu si elle ne comporte pas de complément : Er versucht zu kommen.

Attention, si une confusion est possible, on met la virgule : Er versucht, nicht zu kommen. *Il essaie de ne pas venir.* ≠ Er versucht nicht, zu kommen. *Il n'essaie pas de venir.*

• virgule devant l'infinitive introduite par zu si elle comporte au moins 1 complément : Er versucht, einen früheren Zug zu nehmen. *Il essaie de prendre un train plus tôt.*

Par contre, la règle pour les infinitives introduites par um… zu, ohne… zu et anstatt… zu est claire et nette :

• virgule systématique devant ou après toutes les infinitives avec ou sans complément : Sie ist zu Hause geblieben, anstatt mit ihrer Familie in Urlaub zu fahren. / Ohne zu klingeln, kam sie ins Haus.

8 Ajoutez une virgule si nécessaire.

a. Wir sind nach Berlin gefahren um meine Tante zu besuchen.

b. Wir planen nach Indien zu reisen.

c. Ich werde früher aus dem Büro gehen um ihn abzuholen.

d. Ich freue mich mit der ganzen Familie eine Woche in Wien zu verbringen.

e. Er betrat den Raum ohne mich zu grüßen.

f. Anstatt ein Geschenk zu kaufen werde ich ihm Geld geben.

g. Es beginnt zu regnen.

Arrêter / S'arrêter

Il existe plusieurs traductions pas toujours évidentes pour les francophones. Voici l'occasion de reprendre à zéro quelques-unes des variantes possibles en allemand :

• **aufhören** est le verbe le plus courant et s'emploie pour exprimer :

– l'arrêt d'une action en général comme le travail, le jeu, les disputes, manger… : Er hört nicht auf zu arbeiten. *Il n'arrête pas de travailler.* / Hör auf, deinen Bruder zu ärgern. *Arrête d'embêter ton frère.*

– l'arrêt d'un événement au sens large du terme, comme un phénomène météorologique, la musique ou tout autre son… : Es regnet, ohne aufzuhören. *Il pleut sans cesse.* / Das Geräusch hörte plötzlich auf. *Le bruit s'arrêta brusquement.*

• **anhalten** s'emploie pour indiquer :

– l'arrêt volontaire des véhicules : Ich kann nicht mitten auf der Autobahn anhalten. *Je ne peux pas m'arrêter en plein milieu de l'autoroute.*

• **stehen bleiben*** s'emploie pour exprimer :

– l'arrêt d'un piéton : Er blieb vor jedem Schaufenster stehen. *Il s'arrêta devant chaque vitrine.*

– l'arrêt involontaire de fonctionnement / la panne d'un mécanisme comme une montre, un véhicule : Meine Uhr ist stehen geblieben. *Ma montre s'est arrêtée.*

– l'arrêt d'une discussion, d'une lecture : Wo sind wir letztes Mal stehen geblieben?

• **jn verhaften/festnehmen** signifie *arrêter qn* : Der Verbrecher wurde von der Polizei verhaftet/festgenommen. *Le cambrioleur fut arrêté par la police.*

*Conjugaison : ich bleibe stehen – ich blieb stehen – ich bin stehen geblieben

9 Complétez les phrases en ajoutant le verbe adéquat.

a. .... zu weinen.

b. Wir müssen an der nächsten Tankstelle ....

c. Als der Busfahrer das Kind sah, ... er ....

d. Der Motor machte ein komisches Geräusch und plötzlich ....
das Auto ....

e. Seit drei Tagen .... es nicht .... zu schneien.

10 Traduisez les phrases suivantes.

a. J'arrête de jouer. ➜ ....
....

b. Arrête-toi ! Je ne peux pas marcher aussi vite. ➜ ....
....

c. Arrête-toi ! C'est rouge. ➜ ....
....

d. Arrête de manger du chocolat. ➜ ....
....

e. La police arrêta le voleur (Dieb) lorsqu'il sortit de la maison. (aus dem Haus herauskommen) ➜ ....
....
....

11 Reliez chaque expression avec sa traduction.

1. zum Glück   •   • **a.** en partie

2. zum Wohl   •   • **b.** Santé !

3. zum Teil   •   • **c.** pour la dernière fois

4. zum verrückt werden •   • **d.** à hurler

5. zum Schreien   •   • **e.** heureusement

6. zum letzten Mal   •   • **f.** à en devenir fou

Bravo, vous êtes venu à bout du chapitre 17 ! Il est maintenant temps de comptabiliser les icônes et de reporter le résultat en page 128 pour l'évaluation finale.

La possession

18

Adjectifs et pronoms possessifs

La possession peut être exprimée à l'aide de l'adjectif possessif ou du pronom possessif.

- L'adjectif possessif allemand mein, dein, sein... correspond en français à *mon*, *ton*, *son*... et se décline sur le modèle type III. Son radical est déterminé par le possesseur et la terminaison par le possédé : ich → mein Vater, meine Mutter, mein Kind, meine Eltern ; du → dein Vater, deine Mutter, dein Kind, deine Eltern...

Attention à la troisième personne du singulier : sein se réfère à un possesseur masculin (Paul → sein Vater, seine Mutter, sein Kind, seine Eltern) ou neutre (das Kind → sein Vater, seine Mutter, sein Buch, seine Eltern) ; ihr se réfère à un possesseur féminin (Sabine → ihr Vater, ihre Mutter, ihr Kind, ihre Eltern). Notez que les exemples ci-dessus se limitent au nominatif et que ihr correspond aussi à la troisième personne du pluriel.

- Les pronoms possessifs allemands meiner, deiner, seiner... *(voir tableau page 121)* correspondent à *le mien, le tien, le sien*... Il a pour radical l'adjectif possessif plus les marques de l'article défini der, die, das. Comme pour l'adjectif possessif, son radical est déterminé par le possesseur et la terminaison par le possédé : Mein Vater ist alt. → Meiner ist alt. / Meine Mutter ist alt. → Meine ist alt, etc. La règle pour la 3e personne du singulier (seiner, ihrer...) est la même que pour sein et ihr.

---

1 Complétez avec les adjectifs possessifs au nominatif.

a. ich → .... Bruder

b. ihr → .... Kinder

c. sie → .... Vater

d. du → .... Schwester

e. er → .... Tochter

f. wir → .... Kind

2 Complétez avec les adjectifs possessifs adéquats.

a. Der Junge spielt mit .... Freunden.

b. Ich besuche .... Freundin.

c. Sabine und .... Kinder kommen morgen an.

d. Hast du .... Klavierlehrerin angerufen?

e. Wie lange wart ihr bei .... Großeltern?

f. Wir können .... Tochter zum Bahnhof bringen.

3 Traduisez les phrases suivantes en tenant compte de qui est l'ami(e). ●●

a. Sabine est chez son ami. *(l'ami de Sabine)* ➜ ....

b. Paul est aussi chez son ami. *(l'ami de Sabine)* ➜ ....

c. Paul appelle son ami. *(l'ami de Paul)* ➜ ....

d. Paul appelle son amie. *(l'amie de Paul)* ➜ ....

e. Sabine appelle son amie. *(l'amie de Sabine)* ➜ ....

f. Sabine appelle son ami. *(l'ami de Paul)* ➜ ....

g. Sabine appelle son amie. *(l'amie de Paul)* ➜ ....

h. Paul est aussi chez son amie. *(l'amie de Sabine)* ➜ ....

4 Transformez les phrases suivantes selon l'exemple. ●●
Exemple : Das ist <u>mein Bruder</u>. ➜ Das ist <u>meiner</u>.

a. Das ist seine Schwester. ➜ Das ist ....

b. Das ist unser Sohn. ➜ Das ist ....

c. Das sind eure Eltern. ➜ Das sind ....

d. Das ist dein Kind. ➜ Das ist ....

e. Das ist meine Frau. ➜ Das ist ....

f. Das sind eure Eltern. ➜ Das sind ....

5 Complétez les phrases avec un pronom possessif comme suit. ●●
Exemple : Ich übernachte bei <u>meiner Tante</u>, und du bei <u>deiner</u>.

a. Er arbeitet mit seinem Lehrer, und sie mit ....

b. Ich mache es für meinen Sohn, und du für ....

c. Wir rufen unsere Eltern an, und ihr ....

d. Ich schreibe meiner Mutter, und Sie ....

e. Du bleibst bei deinem Bruder, und er bei ....

Traduire *ne… que*

Voici un autre exemple démontrant l'amour de l'allemand pour la précision. En fonction du contexte, on emploie erst ou nur qui, à eux seuls, peuvent modifier le sens de la phrase :

- **erst quantitatif** indique une restriction provisoire qui changera avec le temps :
  - Er ist erst fünf Jahre alt. *Il n'a que cinq ans. (Mais il va grandir.)*
  - Ich habe erst zehn Seiten gelesen. *Je n'ai lu que dix pages. (Mais je vais en lire plus.)*

- **nur quantitatif** indique une restriction définitive :
  - Ich kann nur einen Tag bleiben. *Je ne peux rester qu'un jour. (Et pas plus.)*
  - Ich habe nur zehn Seiten gelesen. *Je n'ai lu que dix pages. (Et je m'arrête là.)*

Dans le cas de ce dernier exemple, vous remarquerez la différence avec : Ich habe erst zehn Seiten gelesen *(voir ci-dessus)*.

- **erst temporel** fait référence à une certaine attente du locuteur et exprime l'idée de « *pas plus tôt que* » :
  - Er kommt erst am Sonntag. *Il n'arrive que dimanche. (Mais on l'aurait attendu plus tôt.)*

Notez l'expression pour indiquer l'heure : Es ist erst 10 Uhr. *Il n'est que 10 heures. / Il n'est pas plus de 10 heures.*

---

6 *Erst* ou *nur* ? À vous de jouer.

a. Wir haben Zeit. Es ist .... 7 Uhr.

b. Ich brauche .... 5 Minuten bis zur Schule.

c. Bist du mit dem Buch fertig? – Nein, ich habe .... ein Kapitel gelesen.

d. Leider habe ich .... eine Woche Urlaub.

e. Sie war .... 17, als sie ihn heiratete.

f. Ich habe .... 5 Euro bei mir.

7 Expliquez la différence de sens entre les phrases suivantes.

a. Wir sind erst 100 km gefahren. / Wir sind nur 100 km gefahren.
→ .... / ....

b. Er hat erst eine Seite geschrieben. / Er hat nur eine Seite geschrieben.
→ .... / ....

c. Er kommt erst morgen. / Er kommt nur morgen.
→ .... / ....

Traduire *début, mi / milieu* et *fin*

Der Anfang *(le début)*, die Mitte *(le milieu)* et das Ende *(la fin)* s'emploient différemment en fonction de ce qu'ils indiquent :

- seuls, sans préposition ni article, avec les dates, les noms de mois et pour indiquer un âge approximatif : Wir sind Ende 2011 umgezogen. / Ich komme Mitte Juni. / Er ist Anfang fünfzig.

- avec am ou in der lorsqu'ils sont associés avec un complément au génitif : am Anfang / in der Mitte / am Ende des Films. Combinés avec un complément de temps, ils peuvent aussi s'employer sans rien : Dies geschah (am) Anfang / (in der) Mitte / (am) Ende des Jahres.

- Anfang/Ende sans complément doivent être précédés de am. Ils correspondent aux tournures françaises *au début…* et *à la fin…* : Am Anfang war alles in Ordnung.

- Anfang, Mitte, Ende s'associent également avec d'autres prépositions comme gegen *(vers)*, seit *(depuis)*, etc. : Seit Anfang des Sommers ist er arbeitslos. / Es war gegen Ende der neunziger Jahre.

8 **Traduisez les phrases suivantes.** ◉◉

a. Je l'ai rencontré au début de la semaine. ➜ ....

b. Elle a environ 35 ans. ➜ ....

c. À la fin, c'était mieux. ➜ ....

d. Il travaille depuis mi-décembre. ➜ ....

e. Ils se sont mariés fin juin. ➜ ....

f. C'est (es steht) au début du livre. ➜ ....

9 **Traduisez les phrases suivantes.** ◉◉

a. Es ist zu Ende. ➜ ....

b. Ich war vom Anfang bis zum Ende da. ➜ ....

c. Ich bin am Ende meiner Kräfte. ➜ ....

d. Aller Anfang ist schwer. ➜ ....

e. Ich könnte ohne Ende essen. ➜ ....

f. Es nimmt kein Ende zu. ➜ ....

Autour de la famille

Certains termes vous seront déjà familiers d'autres le seront moins, d'où ces rappels !

Die Schwiegerfamilie est *la belle-famille* et la grande majorité des mots décrivant la belle-famille sont construits avec le préfixe Schwieger- ➔ die Schwiegertochter *la belle-fille*, etc. Deux d'entre eux sont des dérivés ➔ der Schwager *le beau-frère* et die Schwägerin *la belle-sœur*.

Die Enkelkinder sont *les petits-enfants*, d'où der Enkel(-) *le petit-fils* et die Enkelin(nen) *la petite-fille*. Der Neffe(n) est *le neveu* et die Nichte(n) *la nièce*. Le préfixe Ur- signifie *arrière*, par exemple, die Urgroßeltern *les arrière-grands-parents*.

10 Complétez les phrases avec les membres de la famille suivants :

die Schwiegereltern   die Kusine

die Schwägerin   der Onkel

der Enkel   der Schwiegervater

die Tante

der Schwager

DIE ENKELIN   die Enkelkinder

die Schwiegermutter   der Kusin

der Neffe (x2)   die Nichte

die Großeltern   der Urgroßvater

a. Die Tochter meiner Schwester ist meine .... und ihr Sohn ist mein .... Der Sohn meines Bruders ist auch mein ....

b. Die Mutter meines Mannes ist meine .... und der Vater ist mein .... Beide sind meine ....

c. Mein Mann hat eine Schwester. Das ist meine .... Er hat auch einen Bruder. Das ist mein ....

d. Der Bruder meiner Mutter ist mein .... und die Schwester meiner Mutter ist meine ....

e. Der Bruder meiner Mutter hat eine Tochter und einen Sohn. Das sind meine .... und mein ....

f. Die Eltern meiner Mutter und meines Vater sind meine ....

g. Der Vater des Vaters meines Vaters ist mein ....

h. Meine Tochter ist die .... meiner Mutter und mein Sohn ist ihr ....

i. Meine Tochter hat 3 Kinder und mein Sohn 2, also habe ich 5 ....

Autour du mariage

»**Verliebt, verlobt, verheiratet.**« (*Amoureux, fiancés, mariés*) est une expression allemande. Peut-être serait-elle plus d'actualité, si l'on ajoutait **geschieden** (*divorcés*) ? Mais avant de passer aux statistiques sur la vie conjugale, connaissez-vous les termes **das Brautpaar**, **der Bräutigam**, **die Braut**, **das Brautkleid** et **der Ehering** ? Complétez les cases en guise de test !

a. ....
b. ....
c. ....
d. ....

e. Hoch lebe das .... !
Vive les mariés !

Complétez ces statistiques en utilisant le vocabulaire ci-dessous.

a. 53% der Deutschen sind verheiratet. Männer .... im Schnitt *(en moyenne)* mit 33,2 Jahren und Frauen mit 30,3 Jahren.

b. 27,7% der Frauen wünschen sich, dass der Mann einen .... macht.

c. In den letzten 50 Jahren hat sich die .... stark erhöht *(fortement augmenter)*. In den fünfziger Jahren gab es im Schnitt 8 .... für 1 Scheidung, heute lassen sich 40 bis 50% der Ehepaare scheiden. Meistens lassen sie sich nach 10 bis 15 Jahren .... scheiden.

die Liebe auf den ersten Blick
(le coup de foudre)

Hochzeiten
(mariages)

heiraten
(se marier)

ihr erstes Kind bekommen
(avoir leur premier enfant)

die Scheidungsrate
(le taux de divorce)

der Heiratsantrag
(demande en mariage)

die Ehe
(la vie conjugale)

d. In 53% der Familien lebt nur ein minderjähriges *(mineur)* Kind, und die Frauen .... zwischen 28 und 29 Jahren. (im Schnitt)

e. Und nun eine wichtige Frage. Sind die Deutschen romantisch? Ja, denn 55% glauben an .... und 72% an die Liebe fürs Leben. Und Sie?

Bravo, vous êtes venu à bout du chapitre 18 ! Il est maintenant temps de comptabiliser les icônes et de reporter le résultat en page 128 pour l'évaluation finale.

19
Pronoms relatifs

Déclinaisons et emploi des pronoms relatifs (règle de base)

Le pronom relatif dérive de l'article défini **der**, **die**, **das** et reste très proche de ses formes. Seuls le datif pluriel et tous les cas du génitif présentent des différences (voir déclinaisons p. 121). Par ailleurs, la relative se construit comme une subordonnée et est systématiquement séparée de la proposition principale par des virgules.

Le pronom relatif s'accorde en genre et en nombre avec son antécédent et se met au cas correspondant à sa fonction dans la relative. Comme en français, il peut être précédé d'une préposition.

- Relative sans préposition :

    – **Der Junge, der bei uns wohnt, kommt aus Rom.** / der Junge = masc. sing. et **nominatif** dans la relative ➜ **der**

    – **Die Frau, der du das Buch geschenkt hast, hat angerufen.** / die Frau = fém. sing. et **datif** dans la relative ➜ **der**

- Relative avec préposition :

    – **Der Junge, mit dem du im Kino warst, ist mein Freund.** / der Junge = masc. sing. et **mit + datif** dans la relative ➜ **dem**

Attention : Lorsque l'antécédent est un nom géographique, on emploie obligatoirement **wo** (locatif), **wohin** (direction) et **woher** (provenance) : **Er arbeitet in Dresden, woher seine Familie kommt. / Er arbeitet in Dresden, wo auch ich gearbeitet habe.**

Le pronom relatif peut aussi (mais ce n'est pas obligatoire) être utilisé lorsque l'anté-cédent est un lieu en général :

- **Das ist das Restaurant, in dem wir gestern waren. Das ist das Restaurant, wo wir gestern waren.**

I Complétez les propositions relatives.

a. Der Anzug, ... du gestern getragen hast, ist sehr schön.

b. Er möchte nach München, ...auch seine Geschwister studieren.

c. Kennst du den Jungen, in .... Sabine verliebt ist?

d. Die Leute, mit .... ich gesprochen habe, waren sehr freundlich.

e. Wer ist das Mädchen, ... gestern bei dir war?

2 **Récrivez les exemples avec des propositions relatives introduites par *wo, wohin* ou *woher*.**

a. Das Bett, in dem ich schlafe, ist nicht breit.

→ ....

b. Die Stadt, aus der ich komme, liegt im Norden.

→ ....

c. Das Restaurant, in das ich gehen wollte, hat zu.

→ ....

d. Das ist ein kleines Kino, in dem gute Filme laufen.

→ ....

La relative au génitif

La relative au génitif est un peu particulière : les pronoms **dessen** (antécédent masculin et neutre) et **deren** (antécédent féminin et pluriel) se placent devant le nom dont ils sont le complément et, d'autre part, ce nom ne prend pas d'article. Ils se traduisent par *dont le, dont la…* ou bien *duquel…* → **Dieser Junge, dessen Vater Sportlehrer ist, hat das Rennen gewonnen.** *Le garçon dont le père est professeur de sport a gagné la course.*

3 **Ajoutez le pronom relatif qui convient dans ces propositions relatives au génitif.**

a. Sabine, ... Schwester du getroffen hast, spielt im Orchester.

b. Der Schriftsteller, ... Roman mir sehr gefallen hat, kommt heute in unsere Schule.

c. Die Kinder, ... Eltern kein Auto haben, können mit dem Bus fahren.

d. Peter, ... Vater als Übersetzer arbeitet, kann acht Sprachen.

4 **Traduisez ces phrases.**

a. Pierre est un élève dont je suis très content. (zufrieden mit)

→ ....

b. Connais-tu un acteur dont le nom commence par un D ? (der Schauspieler)

→ ....

c. C'est le film qui a gagné un oscar. (der Oscar)

→ ....

d. Il habite à Heidelberg où j'ai travaillé pendant 5 ans. (5 Jahre lang)

→ ....

Pronoms relatifs *wer* et *was*

- **Wer** et **was** correspondent à *(ce) qui/(ce) que* et s'emploient pour des personnes (wer) ou des choses (was) indéterminées. Leurs formes sont les mêmes que celles du pronom interrogatif et on ne peut pas les remplacer par **der**, **die**, **das** :

  – **Wer zu viel Alkohol trinkt, wird nicht mit dem Auto zurückfahren können.** *Qui boit trop d'alcool ne pourra pas rentrer en voiture.*
  – **Was du gesehen hast, gefällt mir nicht.** *Ce que tu as vu ne me plaît pas.*

- **Was** est obligatoire après les indéfinis **alles** *(tout)*, **nichts** *(rien)*, **vieles** *(beaucoup de)*, **etwas** *(quelque chose)* et après le démonstratif **das** : **Das ist alles, was ich habe. / Das ist nicht genau das, was ich brauche.**

- **Was** est également obligatoire après un superlatif lorsque celui-ci est directement placé avant la virgule :

  – **Das ist <u>das Schönste</u>, was ich gesehen habe.**
         1   2
  – Mais : **Das ist das <u>schönste</u> Bild, <u>das</u> ich gesehen habe.**
               1   2   3

5 Complétez avec *wer*, *was* ou un pronom relatif.

a. .... er da gemacht hat, gefällt mir nicht.

b. .... gehen will, kann gehen.

c. Das ist etwas, ... ich nicht verstehe.

d. Das, ... du siehst, ist der Eiffelturm.

e. Das ist das billigste Hotel, ... ich gefunden habe.

f. .... nicht wagt *(ose/tente)*, der gewinnt nicht.

g. Hast du alles, ... du brauchst?

Le pronom démonstratif *der, die, das*

Il se décline comme le pronom relatif et se traduit en fonction des cas par *celui-là, lui...* ou *il...* Il s'utilise généralement au nominatif, à l'accusatif et au datif, mais peu au génitif. Comme en français, il a pour fonction d'accentuer le nom auquel il se rapporte : **Den habe ich schon irgendwo gesehen.** ➜ *Celui-là/lui, je l'ai déjà vu quelque part.* / **Uta hat einen Rotwein gekauft; der schmeckt gut.** ➜ *Uta a acheté un vin rouge ; il est bon.*

6 **Complétez avec le pronom démonstratif qui convient.**

a. Heute kommt meine Freundin Susi. – .... kenne ich doch.

b. Unsere deutschen Freunde sind zu Besuch; .... haben wir heute Versailles gezeigt.

c. Soll ich Peter zum Essen einladen? – Bitte nicht! .... mag ich überhaupt nicht.

d. Ich habe seinen letzten Roman gelesen; .... empfehle ich dir.

e. Unser Nachbar ist zum Glück ausgezogen. .... war so unfreundlich.

Traduire *arriver*

Ce verbe a plusieurs significations en français et la traduction allemande variera en fonction de celles-ci. Voici plusieurs exemples :

- **ankommen** est la traduction au sens propre du terme *arriver* (dans un lieu) : **Wir sind spät abends in Paris angekommen.** *Nous sommes arrivés tard le soir à Paris.*

- **geschehen** ou **passieren** signifient *arriver* au sens de *se produire/se passer* : **Der Unfall ist vor meinen Augen passiert/geschehen.** *L'accident est arrivé sous mes yeux.*

Le verbe **passieren** se construit aussi avec le datif de la personne : **Ihm ist etwas Schlimmes passiert.** *Il lui est arrivé quelque chose de grave.*

- **etwas schaffen** signifie *réussir à faire qqch.* et se traduit souvent par *y arriver* : **Heute schaffe ich es nicht, alles zu machen.** *Aujourd'hui je n'arriverai pas à tout faire.* **/ Hast du es geschafft?** *Tu y es arrivé ? / Tu as réussi ?*

Attention : ne confondez pas **schaffen-schaffte-geschafft** *(réussir)* avec **schaffen-schuf-geschaffen** *(créer)* : **Und Gott schuf die Welt.** *Et Dieu créa le monde.*

- **Es kommt vor (, dass...)** correspond à l'expression. *Ça arrive (que...)* : **Es kommt vor, dass es sehr viel Stau gibt.** *Ça arrive qu'il y ait beaucoup de trafic.*

7 **Complétez avec l'une des variantes allemandes du verbe *arriver*.**

a. Ich habe leider eine schlechte Note. – Das ist nicht schlimm. Es ....

b. Als wir ...., waren alle Geschäfte zu.

c. Ihm ist sicher ein Unglück *(malheur)* ....

d. Ich werde es nie .... Das ist zu schwierig für mich.

e. Weißt du, um wie viel Uhr ihr .... ?

8 Traduisez les phrases suivantes.

a. Cela arrive qu'il neige en mai. → ....

b. Qu'est-ce qui t'est arrivé ? → ....

c. Quand est-ce que cela s'est passé ? → ....

d. Super, tu y es arrivé ! → ....

e. Ils ne sont pas encore arrivés. → ....

Autour de la météo, des mois et des saisons

Quelques phrases ou mots clés concernant la météo : **Wie ist das Wetter?** *Quel temps fait-il ?* **/ Habt ihr schönes Wetter?** *Avez-vous beau temps ?* **Der Wetterbericht** signi-fie *bulletin météorologique*, **die Wettervorhersage** *prévisions météorologiques* et **bei schechtem/schönem Wetter** *par mauvais/beau temps*. Si vous vous intéressez plus par-ticulièrement au temps qu'il fait généralement au mois de janvier en Autriche, sachez que *janvier* s'y dit **Jänner** alors que les Allemands emploient un mot légèrement différent que nous verrons dans l'un des exercices qui suivent.

9 Indiquez les numéros de phrases/expressions correspondant aux dessins. Certaines conviennent pour plusieurs dessins différents.

1. Die Sonne scheint.
2. Es ist kalt.
3. Es ist warm.
4. Es ist nebelig.
5. Es schneit.

6. Es ist windig.
7. Es regnet.
8. Es ist bewölkt
9. Es ist vereist.
10. Es ist heiß.

11. Es gibt ein Gewitter.
12. Er macht ein Gesicht wie drei Tage Regenwetter.
13. Bei diesem Wetter jagt man keinen Hund vor die Tür. *(chasser devant la porte)*

a. n° ....   **b**. n° ....   **c**. n° ....   **d**. n° ....

10 **Complétez les substantifs suivants avec *der*, *die*, *das* et donnez leur traduction.**

a. .... Hitze ➜ ....

b. .... Klima ➜ ....

c. .... Regen ➜ ....

d. .... Temperatur ➜ ....

e. .... Schnee ➜ ....

f. .... Glatteis ➜ ....

g. .... Hagel ➜ ....

h. .... Wind ➜ ....

i. .... Blitz ➜ ....

j. .... Wetter ➜ ....

k. .... Regenbogen ➜ ....

l. .... Donner ➜ ....

11 **Mots croisés : Traduisez.**

↓ Verticale
3J lune
5F soleil
6J air
8D terre
10A planète

➜ Horizontale
6D étoile
4G nuage
1J ciel

	1	2	3	4	5	6	7	8	9	10
A										
B										
C										A
D								E		
E										
F										
G				W						
H										
I						N				
J	H									
K						U				
L										
M			D							

12  **Complétez les mois puis les saisons avec les lettres qui conviennent.**

a. _ A _ U A _

b. _ E _ _ U A _

c. _ Ä _ _

d. A _ _ I _

e. _ A I

f. _ U _ I

g. _ U _ I

h. A U _ U _ _

i. _ E _ _ E _ _ E _

j. O _ _ O _ E _

k. _ O _ E _ _ E _

l. _ E _ E _ _ E _

m. F R _ H L _ N G

n. S _ M M _ R

o. H _ R B S T

p. W _ N T _ _

Bravo, vous êtes venu à bout du chapitre 19 ! Il est maintenant temps de comptabiliser les icônes et de reporter le résultat en page 128 pour l'évaluation finale.

20

La comparaison

Comparatif et superlatif

On distingue le comparatif d'égalité, le comparatif de supériorité et le superlatif. Par ailleurs, la règle varie légèrement entre un adjectif attribut ou adverbe et un adjectif épithète.

• Dans le cas d'un adjectif attribut ou d'un adverbe :

– le comparatif d'égalité se construit avec **so** + **adjectif attribut/adverbe** + **wie**… ➜ **Paul ist so groß wie ich.** *Paul est aussi grand que moi.*

– le comparatif de supériorité s'emploie pour comparer 2 (groupes de) personnes/choses et se construit avec un **adjectif attribut/adverbe** + **terminaison -er** + quelquefois une inflexion sur le **a**, **o** ou **u** ; *que* se traduit alors par **als** ➜ **Paul ist älter (als ich).** *Paul est plus âgé (que moi).*

– le superlatif s'emploie pour comparer 3 (groupes de) personnes/choses ou plus et se construit avec **am** + **adjectif attribut/adverbe** + **terminaison -sten**. Les adjectifs prenant l'inflexion au comparatif de supériorité la prennent également au superlatif ➜ **Am jüngsten (von allen) ist Paul./Paul ist am jüngsten (von allen).** *Paul est le plus jeune (de tous).*

• Dans le cas d'un adjectif épithète :

– le comparatif de supériorité se construit avec l'**adjectif** + **-er** + **désinence** de l'adjectif épithète ➜ **Ich nehme die kleinere Tasche.** *Je prends le plus petit sac. (sous-entendu des deux).*

– le superlatif se construit avec l'**adjectif** + **-st** + **désinence** de l'adjectif épithète ➜ **Ich nehme die kleinste Tasche.** *Je prends le plus petit sac. (sous-entendu des trois ou plus).*

klein	kleiner	am kleinsten
jung	jünger	am jüngsten
gern	lieber	am liebsten
gut	besser	am besten
hoch	höher	am höchsten
nah	näher	am nächsten
viel	mehr	am meisten

• Attention aux irrégularités suivantes : **gern, gut, hoch, nah** et **viel.**

1 **Complétez le tableau.**

Comparatif d'égalité	Comparatif de supériorité	Superlatif
.... wie ich.	.... als ich.	Paul ist am dicksten von allen.
Sabine ist so schlank wie ich.	.... als ich.	.... von allen.
.... wie ich.	Ana ist schneller als ich.	.... von allen.

2 Mettez les adjectifs au comparatif de supériorité ou au superlatif.

a. Es gibt viele Modelle. Welches möchte er? – Er möchte das .... Modell. (klein)

b. Fahren wir mit dem Bus oder dem Zug? – Was ist ....? (billig)

c. Der Nil ist mit 6671 Km der .... Fluss der Welt. (lang)

d. Mit 828 Metern ist der Burj Khalifa der .... Turm der Welt. (hoch)

e. Es gibt einen Zug um 9 Uhr oder um 11 Uhr. Ich nehme den .... Zug. (früh)

f. Von uns allen hast du .... gegessen. (viel)

Particularités phonétiques

- Les adjectifs en **-el**, et certains en **-er** perdent le **e** au comparatif de supériorité : **edel → edler** (noble)…

- Les adjectifs ou adverbes en **-d, -t, -s, -ss, -ß, -z, -sch** prennent un **e** intercalaire au superlatif : **breit → am breitesten**. Il y a néanmoins des exceptions dont **groß** et **spannend** (intéressant/prenant) : **am größten / am spannendsten**.

3 Mettez les adjectifs au comparatif de supériorité ou au superlatif.

a. Die Zugfahrt war .... als der Flug. (teuer)

b. Sabine ist die .... Schülerin der Klasse. (hübsch)

c. Du musst leider am .... fahren. (weit)

d. Ich nehme die .... Schuhe. (dunkel) *(choix entre 2 paires)*

e. Mit 104 Jahren ist sie eine der .... Frauen der Welt. (alt)

f. Es ist einer der .... Weißweine. (süß)

gern, lieber, am liebsten

Ils se combinent avec de nombreux verbes et permettent d'exprimer un goût, une préférence ou un sentiment d'affection.

- **jn/etw. gern / lieber / am liebsten** + **haben** signifie *bien aimer qn/qch. / préférer / préférer (le plus)*. Là aussi, il faut faire la distinction entre une comparaison portant sur 2 (groupes de) personnes/choses **(lieber)** et une comparaison portant sur 3 (groupes de) personnes/choses ou plus **(am liebsten)**.

    → **Ich habe Susi gern.** *J'aime bien Susi.* / **Ich habe Ana lieber (als Susi).** *Je préfère Ana (à Susi)* / **Am liebsten habe ich Paula.** *Je préfère Paula (à toutes les autres filles).* Il s'agit là d'une nuance grammaticale que le français ne possède pas.

- **gern/lieber/am liebsten** + autre verbe que **haben**.

    → **Ich esse gern spät.** *J'aime (bien) manger tard* / **Ich trinke lieber Bier als Weißwein.** *Je préfère boire de la bière que du vin blanc.* / **Aber am liebsten trinke ich Rotwein.** *(Ce que) Je préfère boire (c'est) du vin rouge.* (préférence entre 3 boissons minimum)

Notez bien ceci concernant la syntaxe :

- **am liebsten** est fréquemment en tête de phrase.

- le complément d'objet se place généralement après **gern** ou **lieber** s'il s'agit d'un nom et avant **gern** ou **lieber** s'il s'agit d'un pronom personnel. Dans le cas de **gern/lieber haben**, le complément se place presque toujours devant.

- **nicht** se place devant **gern** et **lieber**, rares sont les phrases négatives avec **am liebsten**
    → **Ich trinke nicht gern Bier.**

4 **Traduisez les phrases suivantes.**

a. J'aime bien marcher à pied. (zu Fuß gehen)

→ ....

b. Préfères-tu prendre le train ou la voiture ? (mit dem Zug/dem Auto fahren)

→ ....

c. J'aime bien lire.

→ ....

d. Je préfère rester à la maison. *(sous-entendu au lieu d'aller au cinéma, au restaurant…)*

→ ....

5 *Gern, lieber* ou *am liebsten* ? À vous de jouer.

a. Ich habe Kino .... als Theater, aber .... habe ich Ballett.

b. Hast du Fußball ....?

c. Welches Land in Europa hast du ....?

d. Was hast du ....? Tee oder Kaffee

6 Mots croisés autour de la notion d'aimer.

↓ Verticale
1D aimé, apprécié
3C bien aimer
5F amour
7A haïr

→ Horizontale
1F chéri(e) (substantif)
3J aimer
5A trésor

	1	2	3	4	5	6	7	8	9	10
A					S					Z
B							A			
C										
D	B									
E										
F	L							G		
G										
H										
I										
J	T									

Traduire *Plus…, plus… / Moins…, moins…*

Je mehr…, desto/umso mehr… signifie *plus…, plus…*

Je weniger…, desto/umso weniger… signifie *moins…, moins…*

Ils peuvent se construire seuls ou avec un substantif ➜ **Je mehr ich esse, desto/umso mehr möchte ich essen. / Je mehr Schokolade er isst, desto/umso weniger Schokolade haben wir**.

Attention à la syntaxe : dans la première partie de la phrase, le verbe conjugué est à la fin et, dans la 2e partie, après **desto/umso mehr ou weniger (+ substantif)**.

7 Complétez les phrases avec *mehr* ou *weniger*.

a. Je mehr du arbeitest, desto/umso .... Zeit hast du.

b. Je mehr Leute du einlädst, desto/umso .... musst du kochen.

c. Je .... Geld du verdienst, umso mehr gibst du aus.

d. Je mehr du heute arbeitest, desto/umso .... musst du morgen arbeiten.

Traduire *quelle(s) sorte(s) de... ?*

Was für ein(e)...? au singulier, **was für...?** au pluriel et **ein(e)** se décline comme l'article indéfini. Attention, ici **für** n'est pas une préposition ; donc le cas du groupe nominal qui suit **was für** dépend de sa fonction dans la proposition et non de ce **für** qui devrait engendrer un accusatif :

– **Was für <u>ein Wagen</u> ist das?** → le groupe nominal est sujet donc au nominatif masculin car **Wagen** est masculin.

– **<u>Mit</u> was für <u>einem Wagen</u> seid ihr gefahren?** → **mit** implique un groupe nominal au datif, ici un datif masculin.

– **Was für Wagen sind das? / Mit was für Wagen seid ihr gefahren?** → **ce** sont les mêmes exemples, mais au pluriel.

8 Formez des questions avec *was für...* comme suit.

Exemple : Ich habe alte Filme gern.
→ Was für Filme hast du gern?

a. Ich habe ein kleines Auto.

→ ....

b. Ich lese gern Geschichtsbücher.

→ ....

c. Ich bin mit einer kleinen Maschine geflogen.

→ ....

d. Ich gehe lieber in ein typisches Restaurant.

→ ....

Traduire *quel... ? / lequel... ?*

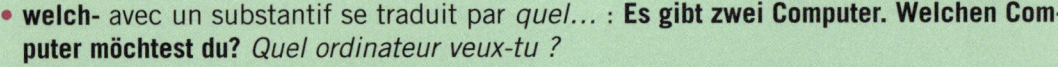

• **welch-** avec un substantif se traduit par *quel...* : **Es gibt zwei Computer. Welchen Computer möchtest du?** *Quel ordinateur veux-tu ?*

• **welch-** sans substantif se traduit par *lequel...* : **Welchen möchtest du?** *Lequel veux-tu ?*

Dans les deux cas, ils se déclinent sur le même modèle de l'article défini *(voir page 121)*.

Comme en français, **welch-** peut être précédé d'une préposition : **Mit welchem Computer arbeitest du? / Mit welchem arbeitest du?** *Avec quel ordinateur travailles-tu ? / Avec lequel travailles-tu ?*

Notez que **welch-** n'est pratiquement pas employé au génitif.

9 Formez des questions avec *welch-* comme suit.
Exemple : Ich kenne den jüngeren Sohn → Welchen (Sohn) kennst du?

a. Ich nehme meistens die Linie 5. → ....

b. Ich war auf der deutschen Schule. → ....

c. Ich lese oft die Süddeutsche Zeitung. → ....

d. Ich gehe oft zum Bäcker in der Wilhelmstraße. → ....

 **Traduisez les phrases suivantes.**

a. Pour quel journal travailles-tu ? ➜ ....

b. Avec quel professeur apprends-tu l'allemand ? ➜ ....

c. Dans quelle société travaille-t-il ? (die Firma) ➜ ....

d. Je ne sais pas quel train il a pris. ➜ ....

e. Quels livres sont pour moi ? ➜ ....

Après cette révision du comparatif et du superlatif, voici l'occasion de réviser certains adjectifs.

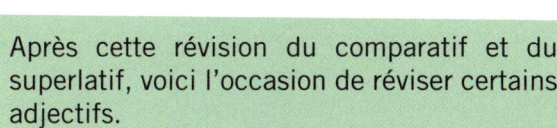 **Quel est le contraire de :**

schnell – sauer – böse – trocken – glücklich – dick – leicht – leise

a. lieb ≠ ....

b. langsam ≠ ....

c. schlank ≠ ....

d. nass ≠ ....

e. laut ≠ ....

f. süß ≠ ....

g. traurig ≠ ....

h. schwer ≠ ....

 Quels adjectifs se cachent derrière :

a. die Gesundheit / die Krankheit

➜ ....

b. die Stärke / die Schwäche

➜ ....

c. der Fleiß / die Faulheit

➜ ....

d. die Intelligenz / die Dummheit

➜ ....

Bravo, vous êtes venu à bout du chapitre 20 ! Il est maintenant temps de comptabiliser les icônes et de reporter le résultat en page 128 pour l'évaluation finale.

21

Nombres ordinaux et cardinaux

Nombres cardinaux

0 null	21 einundzwanzig
1 eins	22 zweiundzwanzig
2 zwei	30 dreißig
3 drei	40 vierzig
4 vier	50 fünfzig
5 fünf	60 sechzig
6 sechs	70 siebzig
7 sieben	80 achtzig
8 acht	90 neunzig
9 neun	100 (ein)hundert
10 zehn	101 einhunderteins
11 elf	200 zweihundert
12 zwölf	350 dreihundertfünfzig
13 dreizehn	1 000 (ein)tausend
14 vierzehn	1 500 tausendfünfhundert
15 fünfzehn	10 000 zehntausend
16 sechzehn	100 000 hunderttausend
17 siebzehn	1 000 000 eine Million
18 achtzehn	1 000 100 000 eine Milliard
19 neunzehn	hunderttausend
20 zwanzig	

Remarquez que l'on indique d'abord l'unité puis la dizaine, et que les chiffres s'écrivent attachés jusqu'à 999 999. Par ailleurs, virgule se dit **Komma**.

Nombres ordinaux

- De 1 à 19 : chiffre/nombre + **t** + marque de l'adjectif ➜ 2. = **der zweite** ; 4. = **der vierte** ; 19. = **der neunzehnte**. Il existe quelques irrégularités ➜ **der erste** (1.), **der dritte** (3.), **der siebte** (7.) et **der achte** (8.)

- À partir de 20 : nombre + **st** + marque de l'adjectif ➜ **der zwanzigste** ; **der fünfundvierzigste** ; **der tausendste…**

Attention : pour les dates, les siècles et les titres (roi, pape…), on emploie aussi les nombres ordinaux ➜ **Ludwig XIV. = Ludwig der Vierzehnte.**

1 Écrivez ces nombres en lettres.

a. 17,25

➜ ....

b. 860

➜ ....

c. 1.400 000

➜ ....

2 Écrivez en toutes lettres.

a. zum 10. Mal

➜ ....

b. im 21.Jahrhundert

➜ ....

c. Papst Paul VI.

➜ ....

La date

- Il existe plusieurs tournures de phrases pour demander **das Datum** *(la date)* ; celles-ci peuvent aussi bien se formuler au nominatif qu'à l'accusatif et toujours avec les nombres ordinaux : **Welcher Tag/Der Wievielte ist heute? Heute ist Montag, der 2. Mai. / Welchen Tag/Den Wievielten haben wir heute? Heute haben wir Montag, den 2. Mai.**

- Pour préciser la date d'un événement, on utilise la préposition **am** : **Wann/Am Wievielten ist er geboren? Er ist am 3. Mai geboren.** Et pour préciser le jour, on utilise la préposition **am** suivie de **den** ou **dem** (les deux étant grammaticalement justes) : **Er ist am Montag, den/dem 3. Mai geboren.**

- Pour indiquer le mois ou la saison, on utilise la préposition **im** : **Es war im Juli/im Sommer.**

- Pour indiquer l'année, on dit juste **zweitausendzwölf** ou bien **im Jahr 2012** bien que l'anglicisme **in 2012** soit de plus en plus courant.

- Pour indiquer les fêtes, on utilise aussi bien la préposition **an** que **zu** : **Wo seid ihr an/zu Ostern?**

3 Complétez les jours de la semaine.

a. **M** · · · · ·

b. **D** _ _ _ _ _ _ _

c. **M** _ _ _ _ _ _

d. **D** _ _ _ _ _ _ _ _

e. **F** _ _ _ _ _ _

f. **S** _ _ _ _ _ _

g. **S** _ _ _ _ _ _ _

4 Répondez aux questions avec les dates indiquées en toutes lettres.

a. Wann bist du angekommen? (16. Juli)

→ ....

b. Was für ein Datum ist heute? (29. Februar)

→ ....

c. Wann warst du in Berlin? (Mai 2012)

→ ....

d. Wann haben sie geheiratet? (Samstag, 15. Mai)

→ ....

e. Wann fahrt ihr weg? (Weihnachten)

→ ....

Bravo, vous êtes venu à bout du chapitre 21 ! Il est maintenant temps de comptabiliser les icônes et de reporter le résultat en page 128 pour l'évaluation finale.

Tableaux de conjugaison

Auxiliaires, verbes faibles et forts

	Présent		Prétérit		Parfait		Futur		Impératif	
S E I N	bin bist ist	sind seid sind	war warst war	waren wart waren	bin gewesen bist gewesen ist gewesen	sind gewesen seid gewesen sind gewesen	werde sein wirst sein wird sein	werden sein werdet sein werden sein	sei! seien wir!	seid! seien Sie!
H A B E N	habe hast hat	haben habt haben	hatte hattest hatte	hatten hattet hatten	habe gehabt hast gehabt hat gehabt	haben gehabt habt gehabt haben gehabt	werde haben wirst haben wird haben	werden haben werdet haben werden haben	hab(e)! haben wir!	habt! haben Sie!
W E R D E N	werde wirst wird	werden werdet werden	wurde wurdest wurde	wurden wurdet wurden	bin geworden bist geworden ist geworden	sind geworden seid geworden sind geworden	werde werden wirst werden wird werden	werden werden werdet werden werden werden	werde! werden wir!	werdet! werden Sie!
L E R N E N	lerne lernst lernt	lernen lernt lernen	lernte lerntest lernte	lernten lerntet lernten	habe gelernt hast gelernt hat gelernt	haben gelernt habt gelernt haben gelernt	werde lernen wirst lernen wird lernen	werden lernen werdet lernen werden lernen	lern(e)! lernen wir!	lernt! lernen Sie!
F A H R E N	fahre fährst fährt	fahren fahrt fahren	fuhr fuhrst fuhr	fuhren fuhrt fuhren	bin gefahren bist gefahren ist gefahren	sind gefahren seid gefahren sind gefahren	werde fahren wirst fahren wird fahren	werden fahren werdet fahren werden fahren	fahr(e)! fahren wir!	fahrt! fahren Sie!

Présent des verbes de modalité

mögen		können		müssen		dürfen		wollen		sollen		wissen	
mag magst mag	mögen mögt mögen	kann kannst kann	können könnt können	muss musst muss	müssen müsst müssen	darf darfst darf	dürfen dürft dürfen	will willst will	wollen wollt wollen	soll sollst soll	sollen sollt sollen	weiß weißt weiß	wissen wisst wissen

Prétérit des verbes de modalité

mögen		können		müssen		dürfen		wollen		sollen		wissen	
mochte mochtest mochte	mochten mochtet mochten	konnte konntest konnte	konnten konntet konnten	musste musstest musste	mussten musstet mussten	durfte durftest durfte	durften durftet durften	wollte wolltest wollte	wollten wolltet wollten	sollte solltest sollte	sollten solltet sollten	wusste wusstest wusste	wussten wusstet wussten

Prétérit des verbes faibles irréguliers

bringen	brennen	denken	kennen	nennen	rennen	senden	wenden
brachte	brannte	dachte	kannte	nannte	rannte	sandte/sendete	wandte/wendete

… / …

Participe passé des verbes de modalité

mögen	können	müssen	dürfen	wollen	sollen	wissen
gemocht	gekonnt	gemusst	gedurft	gewollt	gesollt	gewusst

.../...

Participe passé des verbes faibles irréguliers

bringen	brennen	denken	kennen	nennen	senden	wenden
gebracht	gebrannt	gedacht	gekannt	genannt	gesandt/gesendet	gewandt/gewendet

.../...

SUBJONCTIF

Subjonctif II hypothétique (forme composée)

kommen	
würde kommen	würden kommen
würdest kommen	würdet kommen
würde kommen	würden kommen

Subjonctif II irréel

kommen	lernen
wäre gekommen	hätte gelernt
wärst gekommen	hättest gelernt
wäre gekommen	hätte gelernt
wären gekommen	hätten gelernt
wärt gekommen	hättet gelernt
wären gekommen	hätten gelernt

Subjonctif II hypothétique (forme simple)

sein		haben		mögen		können		müssen	
wäre	wären	hätte	hätten	möchte	möchten	könnte	könnten	müsste	müssten
wärst	wärt	hättest	hättet	möchtest	möchtet	könntest	könntet	müsstest	müsstet
wäre	wären	hätte	hätten	möchte	möchten	könnte	könnten	müsste	müssten

dürfen		wollen		sollen		wissen	
dürfte	dürften	wollte	wollten	sollte	sollten	wüsste	wüssten
dürftest	dürftet	wolltest	wolltet	solltest	solltet	wüsstest	wüsstet
dürfte	dürften	wollte	wollten	sollte	sollten	wüsste	wüssten

PASSIF

	Présent	Prétérit	Parfait
einladen	werde eingeladen wirst eingeladen wird eingeladen werden eingeladen werdet eingeladen werden eingeladen	wurde eingeladen wurdest eingeladen wurde eingeladen wurden eingeladen wurdet eingeladen wurden eingeladen	bin eingeladen worden bist eingeladen worden ist eingeladen worden sind eingeladen worden seid eingeladen worden sind eingeladen worden

Tableaux de déclinaisons

Déclinaison faible (type I) : avec articles définis et adjectifs démonstratifs

	Masculin	Féminin	Neutre	Pluriel
Nominatif	der dieser gute Wein	die diese gute Limonade	das dieses gute Bier	die diese guten Weine
Accusatif	den diesen guten Wein	die diese gute Limonade	das dieses gute Bier	die diese guten Weine
Datif	dem diesem guten Wein	der dieser guten Limonade	dem diesem guten Bier	den diesen guten Weinen
Génitif	des dieses guten Weins	der dieser guten Limonade	des dieses guten Biers	der dieser guten Weine

Déclinaison forte (type II) : sans déterminatif

	Masculin	Féminin	Neutre	Pluriel
Nominatif	guter Wein	gute Limonade	gutes Bier	gute Weine
Accusatif	guten Wein	gute Limonade	gutes Bier	gute Weine
Datif	gutem Wein	guter Limonade	gutem Bier	guten Weinen
Génitif	guten Weins	guter Limonade	guten Biers	guter Weine

Déclinaison mixte (type III) : avec articles indéfinis et adjectifs possessifs

	Masculin	Féminin	Neutre	Pluriel
Nominatif	ein mein guter Wein	eine meine gute Limonade	ein mein gutes Bier	— * meine guten Weine
Accusatif	einen meinen guten Wein	eine meine gute Limonade	ein mein gutes Bier	— * meine guten Weine
Datif	einem meinem guten Wein	einer meiner guten Limonade	einem meinem guten Bier	— * meinen guten Weinen
Génitif	eines meines guten Weins	einer meiner guten Limonade	eines meines guten Biers	— * meiner guten Weine

*Le pluriel de ein guter Wein/eine gute Limonade... correspond à la déclinaison forte (type II) au pluriel : gute Weine, gute Limonaden...

Pronoms personnels

Nominatif	ich	du	er	sie	es	wir	ihr	sie	Sie
Accusatif	mich	dich	ihn	sie	es	uns	euch	sie	Sie
Datif	mir	dir	ihm	ihr	ihm	uns	euch	ihnen	Ihnen

Pronoms réfléchis

Nominatif	ich	du	er	sie	es	wir	ihr	sie	Sie
Accusatif	mich	dich	sich	sich	sich	uns	euch	sich	sich
Datif	mir	dir	sich	sich	sich	uns	euch	sich	sich

Adjectifs possessifs

	Masculin	Féminin	Neutre	Pluriel
1re pers. sing.	mein	meine	mein	meine
2e pers. sing.	dein	deine	dein	deine
3e pers. sing. (possesseur masculin/neutre)	sein	seine	sein	seine
3e pers. sing. (possesseur féminin)	ihr	ihre	ihr	ihre
1e pers. plur.	unser	unsere	unser	unsere
2e pers. plur.	euer	eure	euer	eure
3e pers. plur.	ihr	ihre	ihr	ihre
Vouvoiement	Ihr	Ihre	Ihr	Ihre

Pronoms possessifs

	Masculin	Féminin	Neutre	Pluriel
1re pers. sing.	meiner	meine	mein(e)s	meine
2e pers. sing.	deiner	deine	dein(e)s	deine
3e pers. sing. (possesseur masculin/neutre)	seiner	seine	sein(e)s	seine
3e pers. sing. (possesseur féminin)	ihrer	ihre	ihr(e)s	ihre
1e pers. plur.	uns(e)rer	uns(e)re	uns(e)res	uns(e)re
2e pers. plur.	eu(e)rer	eu(e)re	eu(e)res	eu(e)re
3e pers. plur.	ihrer	ihre	ihres	ihre
Vouvoiement	Ihrer	Ihre	Ihres	Ihre

Pronoms et adjectifs interrogatifs

	Qui ?	Que/quoi ?
Nominatif	wer	was
Accusatif	wen	was
Datif	wem	— *
Génitif	wessen	— *

Masculin	Féminin	Neutre	Pluriel
welcher	welche	welches	welche
welchen	welche	welches	welche
welchem	welcher	welchem	welchen
—	—	—	—

Was s'utilise essentiellement au nominatif et à l'accusatif.
s autres cas de was, on utilise la forme wo(r) + préposition.

Pronoms indéfinis

	Masculin	Féminin	Neutre	Pluriel
Nominatif	einer / keiner	eine / keine	ein(e)s / kein(e)s	– / keine
Accusatif	einen / keinen	eine / keine	ein(e)s / kein(e)s	– / keine
Datif	einem / keinem	einer / keiner	einem / keinem	– / keinen

Pronoms relatifs

	Masculin	Féminin	Neutre	Pluriel
Nominatif	der	die	das	die
Accusatif	den	die	das	die
Datif	dem	der	dem	denen
Génitif	dessen	deren	dessen	deren

* (e) = e facultatif, le plus souvent élidé.

1. Présent de l'indicatif

1 wohnen : wohne, wohnst, wohnt, wohnen, wohnt, wohnen. **beginnen** : beginne, beginnst, beginnt, beginnen, beginnt, beginnen. **fragen** : frage, fragst, fragt, fragen, fragt, fragen. **fahren** : fahre, fährst, fährt, fahren, fahrt, fahren. **laufen** : laufe, läufst, läuft, laufen, lauft, laufen. **nehmen** : nehme, nimmst, nimmt, nehmen, nehmt, nehmen.

2 **a.** (IR) er sieht. **b.** (R). **c.** (IR) er schläft. **d.** (IR) er fällt. **e.** (R). **f.** (R). **g.** (R). **h.** (IR) er trifft.

3 **1re ligne** : bin, bist, ist, sind, seid, sind. **2e ligne** : habe, hast, hat, haben, habt, haben. **3e ligne** : werde, wirst, wird, werden, werdet, werden.

4 **a.** finde. **b.** lesen. **c.** bitte. **d.** spricht. **e.** grüßt. **f.** empfiehlst.

5 **a.** sprechen ➔ er/sie/es spricht. **b.** schreiben ➔ er/sie/es schreibt. **c.** trinken ➔ er/sie/es trinkt. **d.** lieben ➔ er/sie/es liebt. **e.** fliegen ➔ er/sie/es fliegt. **f.** reparieren ➔ er/sie/es repariert.

6 **baden** : bade, badest, badet, baden, badet, baden. **reisen** : reise, reist, reist, reisen, reist, reisen. **wechseln** : wechs(e)le, wechselst, wechselt, wechseln, wechselt, wechseln.

7 **a.** ihr antwortet. **b.** er/sie/es zeichnet. **c.** sie verändern. **d.** du liest.

8 **a.** Haben Sie Zeit? **b.** Habt ihr Zeit? **c.** Haben sie Zeit? **d.** Sie haben Zeit.

9 **1re ligne** : Hallo, wer seid ihr? / Guten Tag, wer sind Sie? **2e ligne** : Wie heißt ihr? – Paul und Sabine, und ihr? / Wie heißen Sie? – Paul (und Sabine), und Sie? **3e ligne** : Woher kommt ihr? / Woher kommen Sie? **4e ligne** : Wo wohnt ihr? / Wo wohnen Sie? **5e ligne** : Wie lange seid ihr schon in Berlin? / Wie lange sind Sie schon in Berlin? **6e ligne** : Schön, dass ihr gekommen seid. / Schön, dass Sie gekommen sind. **7e ligne** : Tschüss! / Auf Wiedersehen!

10 **a.** bald. **b.** morgen. **c.** später. **d.** Nacht. **e.** gleich.

11 **a.** Und ihr? **b.** Mich auch! **c.** Dir nicht? **d.** Du auch? **e.** Und Ihnen?

2. Impératif

1 **a.** Kommt! **b.** Sing(e) nicht zu laut! **c.** Rufen wir an! **d.** Lest das Buch! **e.** Gehen wir spazieren! **f.** Bleiben Sie da! **g.** Kommt mit! **h.** Kauf(e) Blumen!

2 **a.** Sei bitte pünktlich! **b.** Seien wir ehrlich! **c.** Seid nett zu ihr! **d.** Seien Sie nicht traurig! **e.** Sei vorsichtig!

3 1f – 2e – 3c – 4d – 5b – 6a – 7g

4 **1b** (aus). **2e** (rückwärts). **3d** (runter). **4a** (weniger). **5c** (zu)

5 **1re ligne** : Arbeite schneller! **2e ligne** : Verändert nichts! **3e ligne** : Badet nicht jetzt! **4e ligne** : Ärgere mich nicht! **5e ligne** : Wechs(e)le 100 Euros! **6e ligne** : Ladet ihn ein!

6 **a.** Find(e) / Findet. **b.** Schreib(e) / Schreibt. **c.** Lass(e) / Lasst. **d.** Schneid(e) / Schneidet. **e.** Steig(e) / Steigt. **f.** Hab(e) / Habt.

7 1g – 2a – 3f – 4b – 5d – 6e – 7c.

8 1g – 2a – 3b – 4f – 5c – 6d – 7e.

9 **a.** RUHE! **b.** ACHTUNG! **c.** RAUS! **d.** LOS!

10 **a.** Wald. **b.** Baum. **c.** Blatt. **d.** Blume. **e.** Meer. **f.** la plage. **g.** Sand. **h.** la vague. **i.** Berg. **j.** le ruisseau. **k.** l'herbe. **l.** la pierre. **m.** la ferme. **n.** Tier. **o.** l'étable. **p.** le champ.

11 1c – 2f – 3e – 4b – 5a – 6d.

12 **a.** der Löwe. **b.** die Katze. **c.** das Schwein. **d.** das Schaf **e.** der Schmetterling. **f.** die Mücke. **g.** der Vogel. **h.** die Maus. **i.** die Kuh. **j.** der Wolf. **k.** die Giraffe. **l.** die Ameise. **m.** das Pferd. **n.** der Hase. **o.** der Fisch. **p.** die Biene. **q.** die Spinne. **r.** die Wespe.

13 **a.** bellen. **b.** miauen. **c.** schwimmen. **d.** fliegen. **e.** brüllen. **f.** stechen.

14 **a.** Avoir un chat dans la gorge. **b.** Avoir une faim de loup. **c.** Être connu comme le loup blanc. **d.** Faire d'une pierre deux coups.

3. Parfait

1 **a.** gesucht. **b.** gekauft. **c.** gepackt. **d.** geduscht. **e.** gehört.

2 **a.** gesehen. **b.** getrunken. **c.** gefunden. **d.** gelaufen. **e.** genommen. **f.** springen. **g.** helfen. **h.** essen. **i.** bleiben. **j.** gehen.

3 **a.** telefoniert. **b.** abgeschickt. **c.** eingeladen. **d.** angekommen. **e.** versucht. **f.** gehört. **g.** verboten. **h.** repariert.

4 **a.** habe. **b.** sind. **c.** haben. **d.** seid. **e.** hat. **f.** hat.

5 **a.** Er hat viel getrunken. **b.** Er ist schnell gelaufen. **c.** Er hat sich gewaschen. **d.** Es hat geschneit. **e.** Er ist bei mir gewesen. **f.** Er ist gekommen.

6 **a.** Ich habe kein neues Auto. **b.** Sie ist nicht zu schnell gefahren. **c.** Ich habe keine Arbeit. **d.** Ich liebe dich nicht. **e.** Das ist kein Gold. **f.** Ich denke nicht an die Arbeit.

7 1g – 2e – 3f – 4a – 5d – 6b – 7c.

8 geboren / gemacht / gegangen / gelernt / gegeben / gewesen / studiert / gemacht / kennen gelernt.

9 **1.** Schmitt. **2.** Robert. **3.** 5.09.1982. **4.** Köln. **5.** deutsch. **6.** verheiratet. **7.** Medizin. **8.** Kinderarzt. **9.** Deutsch, Englisch, Spanisch, Portugiesisch. **10.** Sprachen, Reisen.

10 **a.** couleur des yeux. **b.** sexe. **c.** date d'expiration. **d.** domicile. **e.** signature du titulaire. **f.** taille.

11

T	M	A	L	E	N	P	S
U	U	T	O	A	O	F	P
K	S	A	K	S	T	G	O
M	I	N	O	H	E	V	R
B	K	Z	C	I	S	E	T
V	U	E	H	U	A	S	E
O	K	N	E	K	L	A	R
I	S	I	N	G	E	N	U
H	C	E	R	I	S	U	T
R	H	H	S	M	E	I	D
E	A	N	K	I	N	O	D
B	C	M	V	L	H	O	S
B	U	L	M	K	U	L	V

musique : Musik
dessiner/peindre : malen
sport : Sport
cuisiner : kochen
cinéma : Kino
danser : tanzen
échecs : Schach
chanter : singen
lire : lesen

4. Prétérit

1 **1re ligne** : baute, bautest, baute, bauten, bautet, bauten. **2e ligne** : sagte, sagtest, sagte, sagten, sagtet, sagten.

2 **1re ligne** : lief, liefst, lief, liefen, lieft, liefen. **2e ligne** : log, logst, log, logen, logt, logen.

3 **Infinitif** : tragen, helfen, schreiben, geben. **1re pers. sing.** : nahm, ging, las, flog.

4 **1re ligne** : war, warst, war, waren, wart, waren. **2e ligne** : hatte, hattest, hatte, hatten, hattet, hatten. **3e ligne** : wurde, wurdest, wurde, wurden, wurdet, wurden.

5 **a.** fandet. **b.** zeichnetest. **c.** last. **d.** redeten.

6 **a.** landen → atterrir. **b.** beten → prier (faire sa prière). **c.** raten → conseiller. **d.** (sich) streiten → se disputer. **e.** bitten → prier, demander. **f.** empfinden → ressentir.

7 **a.** kennt. **b.** brennt. **c.** nennen. **d.** rennt. **e.** denke.

8 **a.** brannte → gebrannt. **b.** brachte → gebracht. **c.** dachte → gedacht. **d.** kannte → gekannt. **e.** nannte → genannt.

9 **a.** Wenn. **b.** wenn. **c.** wann. **d.** Als.

10 **a.** Quand il est né. **b.** Quand il a eu 20 ans. **c.** Quand il a passé le bac. **d.** Quand il s'est marié. **e.** Quand il a eu son premier enfant. **f.** Quand il est décédé.

11 **a.** Viertel vor sechs / fünf Uhr fünfundvierzig. **b.** zehn nach acht / acht Uhr zehn. **c.** halb drei / vierzehn Uhr dreißig. **d.** Viertel nach fünf / siebzehn Uhr fünfzehn. **e.** fünf nach acht / acht Uhr fünf. **f.** zehn nach drei / fünfzehn Uhr zehn.

12 **a.** um. **b.** gegen. **c.** am. **d.** am. **e.** am. **f.** am. **g.** am. **h.** in der. **i.** Um wie viel Uhr?

13 **a.** heute Abend. **b.** morgen Nachmittag. **c.** gestern Morgen. **d.** heute Nachmittag.

14

5. Futur

1 **a.** Du wirst nach Berlin fliegen. **b.** Wir werden dir helfen. **c.** Er wird anrufen. **d.** Sie werden einen Brief bekommen.

2 **a.** Morgen schreibt sie dir eine Mail. **b.** Am Dienstag machen sie das. **c.** Am Wochenende schneit es.

3 **a.** hell / dunkel. **b.** Elektriker. **c.** spät. **d.** Zeit. **e.** gelb.

4 **a.** Vor dem Essen gehe ich ins Schwimmbad. **b.** correct. **c.** Wenn der Film bis 22 Uhr dauert, gehe ich lieber davor etwas essen. **d.** Essen wir vor oder nach dem Film?

5 **a.** gemacht habe. **b.** gelebt hatte. **c.** ging. **d.** putze.

6 **a.** artisan. **b.** policier. **c.** avocat. **d.** informaticien. **e.** pompier. **f.** jardinier. **g.** acteur. **h.** mécanicien. **i.** médecin. **j.** infirmière. **k.** coiffeur. **l.** assureur.

7 **a.** die Köchin. **b.** die Sängerin. **c.** die Musikerin. **d.** die Bäckerin. **e.** die Verkäuferin. **f.** die Tänzerin. **g.** die Lehrerin. **h.** die Putzfrau.

8 **a.** Arzt / Krankenschwester. **b.** Lehrer. **c.** Musiker. **d.** Koch. **e.** Mechaniker, Handwerker. **f.** Rechtsanwalt. **g.** Arzt / Krankenschwester. **h.** Verkäufer. **i.** Bäcker. **j.** Fischer.

9 **a.** Ça peut attendre demain. / On peut le faire demain. **b.** Pourquoi faire aujourd'hui ce qu'on peut faire le lendemain ? / Pourquoi remettre au lendemain ce qu'on peut faire le jour même ? (contraire). **c.** L'avenir appartient à celui qui se lève tôt.

6. Subjonctif II

1 **a.** ich würde schlafen. **b.** er würde lernen. **c.** ihr würdet gehen. **d.** du würdest anrufen. **e.** wir würden lesen. **f.** Sie würden warten.

2 **a.** wir wüssten. **b.** du könntest. **c.** ihr wolltet. **d.** sie wären. **e.** du dürftest. **f.** er müsste. **g.** ihr wüsstet. **h.** ich wäre. **i.** Sie hätten.

3 **a.** ich wäre gekommen. **b.** wir wären geblieben. **c.** du hättest gesagt. **d.** ihr hättet gefragt. **e.** er hätte geschrieben. **f.** Sie wären gegangen.

4 **a.** hätte. **b.** gewesen wären. **c.** hast. **d.** geregnet hätte. **e.** könnte. **f.** lieben würdest.

5 1d – 2e – 3b – 4a – 5c.

6 **a.** ob. **b.** Wenn. **c.** ob. **d.** wenn. **e.** Ob. **f.** ob. **g.** ob / wenn.

7 1a – 2b / 3c – 4d / 5f – 6e / 7g – 8h / 9j – 10i / 11l – 12k / 13n – 14m.

8 **a.** HOSE. **b.** HEMD. **c.** ROCK. **d.** MANTEL. **e.** KLEID. **f.** JACKE. **g.** PULLI. **h.** SCHUHE. **i.** HUT. **j.** UNTERHOSE. **k.** STRÜMPFE. **l.** STRUMPFHOSE.

9 **a.** Größe. **b.** Farbe. **c.** anprobieren. **d.** klein / kurz. **e.** groß / lang. **f.** Paar. **g.** passt.

10

11 **a.** Handtasche → sac à main. **b.** Gürtel → ceinture. **c.** Hosenträger → bretelles. **d.** Geldbeutel → porte-monnaie. **e.** Taschentuch → mouchoir. **f.** Regenschirm → parapluie. **g.** Sonnenbrille → lunettes de soleil.

7. Voix passive

1 **a.** Der Rasen ist vom Gärtner gemäht worden. **b.** Die Maschinen werden oft von den Technikern kontrolliert. **c.** Der Brief wurde von der Sekretärin geschrieben. **d.** 1906 malte Picasso dieses Bild. **e.** Wer komponierte die Zauberflöte? **f.** Eine Wespe hat mich gestochen. **g.** Die Geschenke werden von den Kindern eingepackt. **h.** Mein Vater baute das Haus.

2 **a.** Um 21 Uhr ist das Geschäft geschlossen. **b.** Um 13 Uhr ist das Essen gekocht. **c.** Am Abend war alles vorbereitet. **d.** Für die Feier war das ganze Haus geputzt.

3 **a.** Das Auto ist repariert worden. **b.** Es wird viel getanzt. **c.** Die Fassade wird renoviert. **d.** Damals wurden Briefe geschrieben. **e.** Im Sommer wurde später gegessen. **f.** Ich bin zum Essen eingeladen worden.

4 **a.** gefunden. **b.** empfangen. **c.** bestellt. **d.** angehalten. **e.** untersucht. **f.** unterbrochen.

5 **a.** angeschaut. **b.** angesehen / angeschaut. **c.** ansehen / anschauen. **d.** sehen. **e.** geschaut.

6 **a.** Nachspeise. **b.** Fleisch / Gemüse. **c.** Getränke. **d.** Kuchen / Obstsalat. **e.** Rechnung / Trinkgeld.

7 1b – 2d – 3e – 4c – 5a.

8 KARTOFFEL / KAROTTE / SALAT / BOHNE / GEMÜSE / APFEL / TOMATE / ORANGE / ERDBEEREN / FRÜCHTE, OBST.

⑨ Tisch / Personen / Uhr / Uhr / Namen / Terrasse / frei / voll / Uhr / Tisch / drinnen / Name.

⑩

						S	A	L	Z	
						E				
	T	E	L	L	E	R				
				ö		V				
				F		I				
	G		P	F	E	F	F	E	R	
	L			E		T				
G	A	B	E	L		T				
	S						M	E	S	S	E	R

⑪ 1d – 2a – 3b – 4c – 5f – 6e.

8. Nominatif

❶ a. Dieser kleine Junge. **b.** ein schönes Instrument. **c.** Diese alte Dame. **d.** Weiße Schuhe. **e.** Dieser junge Mann.

❷ a. das Paket ➔ Was ist für Paul? **b.** Paul ➔ Wer sucht den Hausschlüssel? **c.** der Ausweis ➔ Was liegt hier? **d.** Sie ➔ Wer ist die neue Deutschlehrerin? / die neue Deutschlehrerin. ➔ Wer ist sie?

❸ a. die. **b.** die. **c.** das. **d.** die. **e.** das. **f.** der. **g.** das. **h.** die. **i.** der. **j.** der. **k.** das. **l.** die. **m.** die. **n.** das. **o.** das. **p.** das.

❹ a. die Lehrerin. **b.** der Freund. **c.** das Mädchen. **d.** die Mutter. **e.** der Verkäufer. **f.** der Arzt. **g.** die Bäuerin. **h.** die Schwester.

❺ a. die Wagen. **b.** die Blumen. **c.** die Sängerinnen. **d.** die Fotos. **e.** die Stühle. **f.** die Vögel.

❻ a. das Buch. **b.** die Frucht. **c.** der Tisch. **d.** der Gott. **e.** das Heft. **f.** das Büro.

❼ 1b – 2a / 3d – 4c / 5e – 6f / 7h – 8g.

❽ a. der Onkel. **b.** das Mädchen. **c.** die Übung. **d.** das Essen. **e.** das Instrument. **f.** der Strauß. **g.** der Tag. **h.** der Eingang.

❾ a. der Badeanzug. **b.** der Bademeister. **c.** die Badehose. **d.** das Badetuch. **e.** der Sommerurlaub. **f.** die Sommernacht. **g.** die Sommersprossen. **h.** das Sommerkleid. **i.** der Sonnenstich. **j.** der Sonnenschirm. **k.** die Sonnenkreme. **l.** der Sonnenbrand.

❿ 1d Eingangstür – 2h non composé – 3f Schlafzimmer – 4b Badezimmer – 5c Wohnzimmer – 6e Esszimmer – 7g Briefkasten – 8a Kinderzimmer.

⓫ a. der Esstisch. **b.** der Schreibtisch. **c.** das Kinderbett. **d.** der Kleiderschrank. **e.** non composé. **f.** non composé. **g.** non composé. **h.** die Spülmaschine. **i.** die Waschmaschine. **j.** der Kühlschrank. **k.** non composé. **l.** das Bücherregal.

⓬ a. geklopft. **b.** geklingelt. **c.** aufmachen. **d.** herein. **e.** Platz. **f.** anbieten. **g.** Besuch.

⓭

W	N	M	K	O	U	J	I	S
A	S	K	M	C	A	V	K	P
S	X	L	L	T	S	X	O	I
C	T	O	I	L	E	T	T	E
H	C	R	K	L	H	W	N	G
B	A	D	E	W	A	N	N	E
E	Z	U	D	F	E	E	B	L
C	L	S	S	X	C	X	A	P
K	L	C	A	F	K	D	A	M
E	H	H	Y	O	E	F	E	J
N	N	E	I	U	N	O	D	B
R	D	V	P	G	R	U	C	V

baignoire : Badewanne
lavabo : Waschbecken
miroir : Spiegel
douche : Dusche
toilettes : Toilette ou Klo

⓮ HAUSNUMMER / POSTLEITZAHL / HAUSMEISTER / ADRESSE / TELEFONNUMMER / HAUSSCHLÜSSEL / ANSCHRIFT.

9. Accusatif

❶ a. diesen jungen Schauspieler. **b.** dieses neue Theaterstück. **c.** diese russische Tänzerin. **d.** diese französischen Filme.

❷ a. frische Brötchen. **b.** die neue Schulreform. **c.** einen kleinen Test. **d.** kein schöner Film. **e.** ein kleines Hotel. **f.** der Briefträger.

❸ a. sie. **b.** ihn. **c.** euch. **d.** dich.

❹ a. keine. **b.** ein(e)s. **c.** keiner. **d.** ein(e)s.

❺ a. diesen Samstag. **b.** die ganze Woche. **c.** Nächsten Monat. **d.** ein ganzes Jahr. **e.** Letztes Mal.

❻ a. viel. **b.** sehr. **c.** Viele. **d.** viel. **e.** vielen. **f.** sehr. **g.** sehr.

❼ a. Du trinkst viel. **b.** Er trinkt viel Wasser. **c.** Es gibt viele Leute. **d.** Er liebt dich sehr. **e.** Es ist sehr schön. **f.** Sie hat sehr viel Geld.

❽ a. Amuse-toi/Amusez-vous bien ! **b.** (Je te/vous souhaite) beaucoup de succès ! **c.** Bonne chance ! **d.** (Je te/vous souhaite) beaucoup de plaisir ! **e.** Merci beaucoup ! **f.** Très volontiers ! **g.** Cher Monsieur…

❾ 1c – 2e – 3f – 4a – 5b – 6d.

❿ a. alt. **b.** lang / breit. **c.** schwer. **d.** hoch. **e.** weit.

⓫ a. breit. **b.** lang. **c.** alt. **d.** schnell. **e.** schwer. **f.** groß.

⓬ a. GEWICHT. **b.** ALTER. **c.** GESCHWINDIGKEIT. **d.** HÖHE. **e.** LÄNGE.

⓭

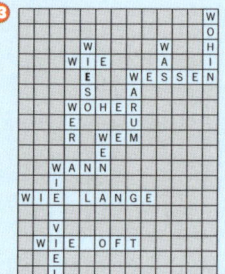

10. Datif

❶ a. einer kleinen Stadt. **b.** den Kindern. **c.** dem Bruder. **d.** dieser Dame. **e.** einem alten Mann. **f.** diesem Mann. **g.** einem Monat.

❷ a. mir. **b.** ihr. **c.** Ihnen. **d.** dir. **e.** uns.

❸ a. einer einzigen Schülerin. **b.** kleinen Kindern. **c.** einem armen Mann. **d.** einer alten Dame.

❹ 1c – 2f – 3e – 4b – 5a – 6d.

❺ a. Ich habe euch ein Päckchen geschickt. **b.** Ich schenke dir die Uhr. **c.** Ich habe es ihr gesagt. **d.** Ich habe deinem Bruder das Geld gegeben.

❻ a. Ich habe ihr eine Mail geschrieben. **b.** Ich habe sie Paul geschrieben. **c.** Wir schenken es ihnen.

❼ a. Er hat zu viel Arbeit. **b.** Es ist zu weit. **c.** Ich sehe sie wenig. **d.** Er schläft zu wenig. **e.** Er ärgert mich zu sehr. **f.** Er macht zu wenig Sport.

❽ 1d – 2e – 3b – 4f – 5c – 6g – 7a.

❾ 1er schéma : ② Ohr, ③ Auge, ⑥ Kinn, ⑤ Mund, ❶ Stirn, ④ Nase, ⑧ Schulter, ⑦ Hals. **2e schéma :** ❶ Kopf, ③ Arm, ⑤ Hand, ⑦ Bein, ⑥ Finger, ⑧ Knie, ④ Bauch, ⑨ Fuß, ② Brust, ❿ Zeh.

⑩

⑪ a. Tais-toi ! **b.** J'en ai ras le bol. **c.** Se dit d'une personne riche qui dépense beaucoup d'argent. **d.** Mentir ne sert à rien car on découvrira la vérité. **e.** Ne te casse pas la tête.

11. Génitif

① **a.** die Tasche des kleinen Mädchens. **b.** das Auto eines reichen Mannes. **c.** die Schulbücher der neuen Schüler. **d.** der Stock einer alten Frau

② **a.** die Koffer von den deutschen Touristen. **b.** das Fahrrad von dem kleinen Mädchen. **c.** die Sporthalle von der neuen Schule. **d.** der Plan von einem alten Flughafen.

③ **a.** Peters Buch liegt auf dem Tisch. **b.** Kennst du Sabines neuen Freund? **c.** Der kleine Bruder von Paul ist in meiner Klasse. **d.** Ich habe der Frau von Richard eine Mail geschrieben.

④ **a.** Trotz. **b.** Wegen. **c.** während. **d.** Wegen.

⑤ **1ʳᵉ colonne :** der Student, den Studenten, dem Studenten, des Studenten. **2ᵉ colonne :** der Löwe, den Löwen, dem Löwen, des Löwen.

⑥ **1ʳᵉ colonne :** die Studenten, die Studenten, den Studenten, der Studenten. **2ᵉ colonne :** die Löwen, die Löwen, den Löwen, der Löwen.

⑦ **a.** le prince. **b.** l'homme (être humain). **c.** l'ours. **d.** le policier. **e.** le garçon. **f.** le singe. **g.** le compositeur. **h.** le corbeau. **i.** le héros.

⑧ **a.** in die. **b.** in. **c.** nach. **d.** in.

⑨ **a.** der Engländer. **b.** Afrika. **c.** der Franzose. **d.** Asien. **e.** der Europäer. **f.** Irland. **g.** der Italiener. **h.** Griechenland.

⑩ **a.** Spanisch. **b.** Chinesisch. **c.** Englisch. **d.** Japanisch. **e.** Italienisch. **f.** Russisch.

12. Accusatif – datif

① **a.** in die. **b.** in der. **c.** am. **d.** ans. **e.** im. **f.** auf der.

② **a.** an. **b.** auf. **c.** in. **d.** neben. **e.** zwischen. **f.** über.

③ **a.** im Kino. **b.** ins Bett. **c.** ins Schwimmbad. **d.** in der Zeitung. **e.** in den falschen Bus. **f.** im Internet. **g.** in der Schule.

④ **a.** gelegt. **b.** setzen. **c.** stehen. **d.** hängt. **e.** liegt.

⑤ **a.** Häng. **b.** gesessen. **c.** stehe. **d.** lag. **e.** standen.

⑥ **a.** du kämmst dich. **b.** er freut sich. **c.** wir machen uns einen Tee. **d.** ich setze mich.

⑦ **a.** Ich habe keine Zeit, ich muss mich vorbereiten. **b.** Dreh dich nicht um! Er ist da. **c.** Sie hat sich sehr gut benommen. **d.** Wir haben uns im Urlaub (in den Ferien) gut erholt. **e.** Beeil(e) dich! Der Film beginnt in 5 Minuten / fängt in 5 Minuten an. **f.** Ich habe mich noch nicht angezogen.

⑧ **1g – 2b – 3f – 4e – 5c – 6a – 7h – 8d.**

⑨ **a.** oben. **b.** Drinnen / nach draußen. **c.** links / rechts. **d.** von rechts. **e.** nach hinten.

⑩ **a.** komme. **b.** geradeaus. **c.** Biegen. **d.** Nehmen. **e.** verlaufen / verfahren. **f.** Richtung.

⑪

13. Syntaxe

① **a.** Mein Sohn zieht im Mai um. / Im Mai zieht mein Sohn um. **b.** Er ist heute losgefahren. / Heute ist er losgefahren. **c.** Du kannst nächste Woche bei mir wohnen. / Nächste Woche kannst du bei mir wohnen.

② **a.** (…), ob das Wetter am Wochenende schön wird. **b.** (…), ob ihr Bruder am Samstag mitkommen kann. **c.** (…), ob er deine Mutter angerufen hat.

③ **a.** Wenn es keinen Verkehr gibt, kommen wir pünktlich an. **b.** Ich möchte meine Mutter anrufen, bevor wir anfangen. **c.** Nachdem wir Sabine zum Bahnhof gebracht haben, können wir dich nach Hause fahren.

④ **a.** obwohl. **b.** bevor. **c.** dass. **d.** damit. **e.** bis. **f.** wenn. **g.** ob.

⑤ **a.** weil. **b.** Da. **c.** denn. **d.** weil.

⑥ **a.** schneeweiß (*blanc comme neige*). **b.** hellgrün (*vert clair*). **c.** rabenschwarz (*noir jais*). **d.** hausgemacht (*fait maison*). **e.** lebensfroh (*heureux de vivre*). **f.** seekrank (*avoir le mal de mer*).

⑦ **1g.** Stroh / dumm. **2d.** Kinder (pl.) / leicht. **3b.** Riese / groß. **4f.** pflegen (Pflege) / leicht. **5c.** Farben (pl.) / blind. **6a.** Bild / hübsch **7e.** Feder / leicht.

⑧ **a.** am Apparat. **b.** zurückrufen. **c.** verwählt. **d.** Telefonnummer / Vorwahl. **e.** Nachricht. **f.** Hallo. **g.** Auf Wiederhören

⑨ **a.** FERNSEHEN. **b.** RADIO. **c.** BUCH. **d.** BRIEF. **e.** ZEITUNG. **f.** ZEITSCHRIFT. **g.** NACHRICHTEN. **h.** TAGESSCHAU.

⑩ **a.** das. **b.** das. **c.** der. **d.** die / das. **e.** die. **f.** die / das. **g.** der. **h.** die. **i.** die. **j.** das. **k.** der / das. **l.** die. **m.** das. **n.** das.

⑪ **1d – 2e – 3f – 4a – 5b – 6g – 7c.**

14. Verbes de modalité

① **a.** soll. **b.** musste. **c.** Darf. **d.** dürfen. **e.** kann. **f.** Möchten. **g.** kann. **h.** Weißt.

② **a.** darf. **b.** kann. **c.** will. **d.** möchte. **e.** muss. **f.** soll.

③ **a.** wiederholen. **b.** rufen. **c.** ausfüllen. **d.** buchstabieren. **e.** warten. **f.** halten.

④ **1c – 2e – 3b – 4a – 5f – 6d.**

⑤ **a.** Sie darf weder ausgehen noch Freunde einladen. **b.** Du musst ihn entweder heute Abend oder morgen Mittag anrufen. **c.** Sie kann sowohl Italienisch als auch/wie auch Englisch. **d.** Ich möchte entweder ein Schokoladeneis oder einen Schokoladenkuchen.

⑥ **a.** der Zug. **b.** das Flugzeug. **c.** der Wagen. **d.** das Schiff.

⑦ **a.** le croisement. **b.** l'accident. **c.** la circulation. **d.** les embouteillages. **e.** le feu de circulation. **f.** la pompe à essence.

⑧ **a.** HALTESTELLE. **b.** AUTOBUS. **c.** U-BAHN. **d.** STATION. **e.** MOTORRAD. **f.** STRAßENBAHN. **g.** AUTOBAHN. **h.** STRAßE.

9
```
F
L A U F E N
I         R
E    G E H E N
E         N   S
N         N   E
          E   G
    L A N D E N
          E   L
F A H R E N
```

15. Verbes à particules

1 **a.** verstanden. **b.** gewonnen. **c.** verboten. **d.** empfehlen. **e.** erzählt. **f.** bekommst. **g.** entdeckt. **h.** benommen.

2 **a.** einladen. **b.** aufgeräumt. **c.** Bringen (…) mit. **d.** angerufen. **e.** steigen (…) aus. **f.** vorbeigegangen. **g.** zurückgekommen.

3 **a.** l. **b.** S. **c.** S. **d.** l. **e.** l. **f.** S. **g.** l. **h.** l. **i.** l. **j.** S. **k.** S. **l.** l.

4 **a.** aufmachen. **b.** angefangen. **c.** vergeht. **d.** hören. **e.** besuchen. **f.** durchgefallen.

5 **Verbe :** abfahren, ankommen, bestellen, unterschreiben. **Substantif :** die Erklärung, die Erzählung, der Anfang, die Wiederholung.

6 **a.** an. **b.** um. **c.** aus. **d.** zugenommen. **e.** abnehmen.

7 **a.** her. **b.** hin. **c.** hin. **d.** her. **e.** her. **f.** hin.

8 **a.** aber. **b.** aber. **c.** sondern. **d.** sondern. **e.** aber. **f.** sondern.

9 1d – 2e – 3a – 4f – 5g – 6c – 7b.

10 1e – 2g – 3f – 4b – 5d – 6c – 7a.

11 1d – 2e – 3c – 4g – 5a – 6b – 7f.

12 1a <u>ausg</u>egeben – 2d – 3e be<u>zahl</u>t – 4b <u>über</u>wiesen – 5c <u>ver</u>dient.

13
```
    R   G E L D
    E   E
B I L L I G
    C   D         B
    H   B         A
    R E C H N U N G
    U           K
    T   A
    T E U E R
    L   M
```

14 **a.** Le temps, c'est de l'argent. **b.** Mieux vaut avoir un homme et pas d'argent que de l'argent et pas d'homme. **c.** L'argent ne fait pas le bonheur. **d.** Il roule sur l'or.

16. Verbes à régime prépositionnel

1 **a.** für. **b.** nach. **c.** um. **d.** von. **e.** zu. **f.** über. **g.** über. **h.** für.

2 **a.** dich. **b.** dich. **c.** den. **d.** meine. **e.** dich. **f.** eine. **g.** dich. **h.** der.

3 **a.** danach. **b.** daran. **c.** an ihn. **d.** An sie. **e.** daran.

4 **a.** Woran. **b.** An wen. **c.** Wofür. **d.** In wen. **e.** Womit.

5 **a.** stolz. **b.** einverstanden. **c.** zufrieden. **d.** fertig. **e.** weit. **f.** freundlich.

6 1g – 2e – 3b – 4a – 5f – 6d – 7h – 8c.

7 **a.** Ich habe gehört/erfahren, dass Sabine geheiratet hat. **b.** Ich möchte Deutsch lernen. **c.** Sie lehrt ihn Tennis spielen. / Sie bringt ihm Tennis spielen bei. **d.** Ich lerne besser am Morgen als am Nachmittag. **e.** Sie lehrt die Ausländer Deutsch. / Sie bringt den Ausländern Deutsch bei.

8 1f – 2e – 3b – 4c – 5d – 6a.

9 **a.** Flughafen. **b.** Gepäck. **c.** Fenster / Gang. **d.** Flug. **e.** Bahnhof / Gleis. **f.** Ermäßigung. **g.** Fahrkarte.

10
```
    L
    A
    N
    G
    D O R F   A
    E         U
    N         S
    Z O L L   A
    E         N
F   S         N
A   N         A
H A U P T S T A D T
N   A         D
E   D
    T O U R I S T
```

11 **a.** la Forêt Noire. **b.** le lac de Constance. **c.** la cathédrale de Cologne. **d.** la forêt de Bavière. **e.** Aix-la-Chapelle. **f.** Ratisbonne. **g.** la mer Baltique. **h.** la mer du Nord.

12 **a.** REISE. **b.** FERIEN. **c.** URLAUB. **d.** AUSWEIS. **e.** REISEPASS. **f.** ZUSCHLAG. **g.** FLUGTICKET. **h.** AUFENTHALT.

17. Infinitives

1 **a.** ø. **b.** ø. **c.** zu. **d.** zu. **e.** zu. **f.** zu. **g.** ø.

2 **a.** anstatt (…) zu. **b.** um zu / um zu. **c.** Ohne (…) zu. **d.** ohne (…) zu. **e.** Um (…) zu. **f.** ohne zu.

3 1f – 2d – 3g – 4h – 5b – 6e – 7a – 8c.

4 **a.** Stundenlanges <u>Warten</u>… **b.** Wundermedikament zum <u>Abnehmen</u>… **c.** Wenig <u>Essen</u>… **d.** Das <u>Einkaufen</u> ist… **e.** Beim <u>Fahren</u> eingeschlafen.

5 **a.** Ich brauche ein Glas zum Trinken. **b.** Das ist eine schöne Wiese zum Spielen. **c.** Vor dem Laufen mache ich ein paar Sportübungen. **d.** Ich komme nach dem Trainieren. **e.** Er braucht einen Stock zum Gehen.

6 1h – 2e – 3f – 4c – 5a – 6g – 7d – 8b.

7 **a.** fallen. **b.** schlagen. **c.** brechen. **d.** heben. **e.** springen. **f.** verlieren. **g.** ziehen. **h.** schneiden. **i.** steigen.

8 **a.** Wir sind nach Berlin gefahren, um meine Tante zu besuchen. **b.** Wir planen, nach Indien zu reisen. **c.** Ich werde früher aus dem Büro gehen, um ihn abzuholen. **d.** Ich freue mich, mit der ganzen Familie eine Woche in Wien zu verbringen. **e.** Er betrat den Raum, ohne mich zu grüßen. **f.** Anstatt ein Geschenk zu kaufen, werde ich ihm Geld geben. **g.** (pas de virgule).

9 **a.** Hör auf b. anhalten. **c.** hielt (…) an. **d.** blieb (…) stehen. **e.** hört (…) auf.

10 **a.** Ich höre auf zu spielen. **b.** Bleib stehen! Ich kann nicht so schnell gehen. **c.** Halt an! Es ist rot. **d.** Hör auf, Schokolade zu essen. **e.** Die Polizei verhaftete den Dieb (nahm den Dieb fest), als er aus dem Haus herauskam.

11 1e – 2b – 3a – 4f – 5d – 6c.

18. La possession

1 **a.** mein. **b.** eure. **c.** ihr. **d.** deine. **e.** seine. **f.** unser.

2 **a.** seinen. **b.** meine. **c.** ihre. **d.** deine. **e.** euren. **f.** unsere.

3 **a.** Sabine ist bei ihrem Freund. **b.** Paul ist auch bei ihrem Freund. **c.** Paul ruft seinen Freund an. **d.** Paul ruft seine Freundin an. **e.** Sabine ruft ihre Freundin an. **f.** Sabine ruft seinen Freund an. **g.** Sabine ruft seine Freundin an. **h.** Paul ist auch bei ihrer Freundin.

4 **a.** seine. **b.** uns(e)rer. **c.** eu(e)re. **d.** dein(e)s. **e.** meine. **f.** eu(e)re.

5 **a.** ihrem. **b.** deinen. **c.** eu(e)re. **d.** Ihrer. **e.** seinem.

6 **a.** erst. **b.** nur. **c.** erst. **d.** nur. **e.** erst. **f.** nur.

7 **a.** Il nous reste encore de la route. / Nous nous sommes limités à 100 Km. **b.** Il va écrire d'autres pages. / Son texte se limite à une page. **c.** Il n'arrivera pas avant demain. / Il ne sera là qu'un seul jour, demain.

8 **a.** Ich habe ihn (am) Anfang der Woche getroffen. **b.** Sie ist Mitte dreißig. **c.** Am Ende war es besser. **d.** Er arbeitet seit Mitte Dezember. **e.** Sie haben Ende Juni geheiratet. **f.** Es steht am Anfang des Buches.

9 **a.** C'est fini. **b.** J'étais là du début jusqu'à la fin. **c.** Je suis à bout de forces. **d.** Tout début est difficile. **e.** Je pourrais manger sans fin. **f.** Ça n'a pas de fin.

10 **a.** Nichte / Neffe / Neffe. **b.** Schwiegermutter / Schwiegervater / Schwiegereltern. **c.** Schwägerin / Schwager. **d.** Onkel / Tante. **e.** Kusine / Kusin. **f.** Großeltern. **g.** Urgroßvater. **h.** Enkelin / Enkel. **i.** Enkelkinder.

Encadré **a.** die Braut (la mariée). **b.** der Bräutigam (le marié). **c.** der Ehering (l'alliance). **d.** das Brautkleid (la robe de mariée). **e.** das Brautpaar (les mariés).

11 **a.** heiraten. **b.** Heiratsantrag. **c.** die Scheidungsrate / Hochzeiten / Ehe. **d.** bekommen ihr erstes Kind. **e.** die Liebe auf den ersten Blick.

19. Pronoms relatifs

1 **a.** den. **b.** wo. **c.** den. **d.** denen. **e.** das.

2 **a.** Das Bett, wo ich schlafe, ist nicht breit. **b.** Die Stadt, woher ich komme, liegt im Norden. **c.** Das Restaurant, wohin ich gehen wollte, hat zu. **d.** Das ist ein kleines Kino, wo gute Filme laufen.

3 **a.** deren. **b.** dessen. **c.** deren. **d.** dessen.

4 **a.** Peter ist ein Schüler, mit dem ich sehr zufrieden bin. **b.** Kennst du einen Schauspieler, dessen Name mit D anfängt (beginnt)? **c.** Das ist der Film, der einen Oscar gewonnen hat. **d.** Er wohnt in Heidelberg, wo ich 5 Jahre lang gearbeitet habe.

5 **a.** Was. **b.** Wer. **c.** was. **d.** was. **e.** das. **f.** Wer. **g.** was.

6 **a.** Die. **b.** denen. **c.** Den. **d.** den. **e.** Der.

7 **a.** kommt vor. **b.** ankamen. **c.** passiert. **d.** schaffen. **e.** ankommt.

8 **a.** Es kommt vor, dass es im Mai schneit. **b.** Was ist dir passiert? **c.** Wann ist das passiert/geschehen? **d.** Super (Toll), du hast es geschafft! **e.** Sie sind noch nicht angekommen.

9 **a.** 1, 10. **b.** 2, 4, 5, 9, 13. **c.** 7, 8, 11, 12, 13. **d.** 3, 6, 8, 13.

10 **a.** die ➔ canicule, grosse chaleur. **b.** das ➔ climat. **c.** der ➔ pluie. **d.** die ➔ température. **e.** der ➔ neige. **f.** das ➔ verglas. **g.** der ➔ grêle. **h.** der ➔ vent. **i.** der ➔ éclair. **j.** das ➔ temps. **k.** der ➔ arc-en-ciel. **l.** der ➔ tonnerre.

11

12 **a.** JANUAR. **b.** FEBRUAR. **c.** MÄRZ. **d.** APRIL. **e.** MAI. **f.** JUNI. **g.** JULI. **h.** AUGUST. **i.** SEPTEMBER. **j.** OKTOBER. **k.** NOVEMBER. **l.** DEZEMBER. **m.** FRÜHLING. **n.** SOMMER. **o.** HERBST. **p.** WINTER.

20. La comparaison

1 **1re ligne :** Paul ist so dick wie ich. Paul ist dicker als ich. Paul ist am dicksten von allen. **2e ligne :** Sabine ist so schlank wie ich. Sabine ist schlanker als ich. Sabine ist am schlanksten von allen. **3e ligne :** Ana ist so schnell wie ich. Ana ist schneller als ich. Ana ist am schnellsten von allen.

2 **a.** kleinste. **b.** billiger. **c.** längste. **d.** höchste. **e.** früheren. **f.** am meisten.

3 **a.** teurer. **b.** hübscheste. **c.** weitesten. **d.** dunkleren. **e.** ältesten. **f.** süßesten.

4 **a.** Ich gehe gern zu Fuß. **b.** Fährst du lieber mit dem Zug oder mit dem Auto? **c.** Ich lese gern. **d.** Am liebsten bleibe ich zu Hause.

5 **a.** lieber / am liebsten. **b.** gern. **c.** am liebsten. **d.** lieber.

6

7 **a.** weniger. **b.** mehr. **c.** mehr. **d.** weniger.

8 **a.** Was für ein Auto hast du? **b.** Was für Bücher liest du gern? **c.** Mit was für einer Maschine bist du geflogen? **d.** In was für ein Restaurant gehst du lieber?

9 **a.** Welche (Linie) nimmst du (meistens)? **b.** Auf welcher (Schule) warst du? **c.** Welche (Zeitung) liest du? **d.** Zu welchem (Bäcker) gehst du (oft)?

10 **a.** Für welche Zeitung arbeitest du? **b.** Mit welchem Lehrer lernst du Deutsch? **c.** In welcher Firma arbeitet er? **d.** Ich weiß nicht, welchen Zug er genommen hat. **e.** Welche Bücher sind für mich?

11 **a.** böse. **b.** schnell. **c.** dick. **d.** trocken. **e.** leise. **f.** sauer. **g.** glücklich. **h.** leicht.

12 **a.** gesund / krank. **b.** stark / schwach. **c.** fleißig / faul. **d.** intelligent / dumm.

21. Nombres ordinaux et cardinaux

1 **a.** siebzehn Komma fünfundzwanzig. **b.** achthundert-sechzig. **c.** eine Million vierhunderttausend.

2 **a.** zum zehnten Mal. **b.** im einundzwanzigsten Jahrhundert. **c.** Papst Paul der Sechste

3 **a.** MONTAG. **b.** DIENSTAG. **c.** MITTWOCH. **d.** DONNERSTAG. **e.** FREITAG. **f.** SAMSTAG. **g.** SONNTAG.

4 **a.** Ich bin am sechzehnten Juli angekommen. **b.** Heute ist der neunundzwanzigste Februar. **c.** Ich war im Mai 2012 in Berlin. **d.** Sie haben am Samstag, den/dem fünfzehnten Mai geheiratet. **e.** Wir fahren an/zu Weihnachten weg.

Bravo, vous êtes venu à bout de ce cahier ! Il est temps à présent de faire le point sur vos compétences et de comptabiliser les icônes afin de procéder à l'évaluation finale. Reportez le sous-total de chaque chapitre dans les cases ci-dessous puis additionnez-les afin d'obtenir le nombre final d'icônes dans chaque couleur. Puis découvrez vos résultats !

	😊	😐	☹️		😊	😐	☹️
1. Présent de l'indicatif				13. Syntaxe			
2. Impératif				14. Verbes de modalité			
3. Parfait				15. Verbes à particules			
4. Prétérit				16. Verbes à régime prépositionnel			
5. Futur				17. Infinitives			
6. Subjonctif II				18. La possession			
7. Voix passive				19. Pronoms relatifs			
8. Nominatif				20. La comparaison			
9. Accusatif				21. Nombres ordinaux et cardinaux			
10. Datif							
11. Génitif							
12. Accusatif — Datif							

	😊	😐	☹️
Total, tous chapitres confondus			

Vous avez obtenu une majorité de…

😊   😐   ☹️

Gratuliere! Vous maîtrisez maintenant les bases de l'allemand, vous êtes fin prêt pour passer au niveau 2 !

Nicht schlecht! Mais vous pouvez encore progresser ! Refaites les exercices qui vous ont donné du fil à retordre en jetant un coup d'œil aux leçons !

Noch einmal! Vous êtes un peu rouillé… Reprenez l'ensemble de l'ouvrage en relisant bien les leçons avant de refaire les exercices.

Crédits : Illustrations / © MS.

Création et réalisation : MediaSarbacane

© 2014, Assimil

Imprimé en Roumanie par Master Print - juin 2023

Allemand

Débutants

Bettina Schödel

À propos de ce cahier

Ce cahier, de niveau débutant, vous permettra d'aborder les bases de la grammaire allemande et de découvrir du vocabulaire et des tournures idiomatiques nécessaires à des échanges simples : demander le nom, l'âge de quelqu'un, mais aussi l'heure... et répondre. Vous saurez aussi compter, nommer les couleurs, les vêtements, etc.

En plus de 170 exercices répartis en 30 courts chapitres, vous apprendrez les bases de l'allemand. Selon l'apprenant et le point de grammaire abordé, chaque chapitre demande 20 à 40 minutes de travail. Après une présentation méthodique d'un point de grammaire ou de conjugaison, des exercices et mises en situation permettent de les assimilier de façon ludique ou déductive.

Enfin, ce cahier vous permet d'effectuer votre autoévaluation : après chaque exercice, dessinez l'expression de vos icônes (☺ pour une majorité de bonnes réponses, 😐 pour environ la moitié et 😟 pour moins de la moitié). À la fin de chaque chapitre, reportez le nombre d'icônes relatives à tous ces exercices et, en fin d'ouvrage, faites les comptes en reportant les icônes des fins de chapitres dans le tableau général prévu à cet effet !

Sommaire

Prononciation et particularités

La prononciation et l'alphabet

- La prononociation allemande est, contrairement au français, assez hachée et les mots sont très articulés, comme dans **in** *dans* où le **i** et le **n** se prononcent distinctement.

- L'alphabet, quant à lui, comporte une lettre de plus, par rapport à l'alphabet français : le **ß** (**èss tssèt**). Ce caractère se prononce comme **deux s** et la voyelle qui le précède est longue.
Exemple : groß *grand* → se prononce **grooss**.

La graphie

- En allemand, tous les noms, aussi bien propres que communs, prennent une majuscule : Mein Name ist ... *Mon nom est ...*

- Il s'agit d'un point très important de la langue à ne pas négliger. En effet, mettre une minuscule à la place d'une majuscule est... une faute d'orthographe !

Les voyelles et diphtongues

- Les **a**, **o** et **u** peuvent prendre un **Umlaut** (un tréma), et se prononcent alors comme suit :

a → **a**	ä → **è**
o → **o**	ö → **euh**
u → **ou**	ü → **u**

- Notez aussi les diphtongues suivantes :
ai / ei → **aïe**
au → **aô**
äu / eu → **oï**
-e final → **œ**
ie → **i long**

1 Voici des mots transcrits phonétiquement. Déduisez-en leur orthographe. Attention, car pour certains, il n'y a aucun changement à apporter !

a. scheuhn *beau*

b. gout *bien*

c. spèt *tard*

d. fruh *tôt*

e. bald *bientôt*

f. schon *déjà*

g. maïn *mon*

h. fraô *femme*

i. noï *nouveau*

j. dankœ *merci*

Les consonnes et les groupes de consonnes

lettre	prononciation	place dans le mot
ch	chuinté comme pour sourire.	Lorsqu'il est précédé de **e, i, ä, ö ou ü**. → exemple : ich *je*
	rh, raclé du fond de la gorge.	Lorsqu'il est précédé de **a, o ou u**. → exemple : Achtung! *Attention !*
h	une légère expiration, comme dans Hello!	En début de mot → exemple : Hallo! *Salut !*
j	comme le **y** de **yoyo**.	→ exemple : ja *oui*
s	comme le **s** de **rose**.	Devant une voyelle → exemple : also *alors*
	comme **ss**.	En fin de mot. → exemple : Bus *bus*
	comme **ch** de **chou**.	Dans le groupe de consonnes **sch** → exemple : schön *beau*
v	comme le **f** de **faux**.	→ exemple : viel *beaucoup*
w	comme le **v** de **vie**.	→ exemple : was *que/quoi*
z/tz	comme le **tss** de **tsar**.	→ exemple : zu *fermé*

2 **Premières phrases en allemand : indiquez la prononciation des lettres en bleu.**

a. Guten Tag. Mein Name ist Sarah.
Bonjour. Mon nom est Sarah.

u → .... ein → .... s → ....

b. Ich bin 23 Jahre alt.
J'ai 23 ans (litt., Je suis 23 ans âgée).

ch → .... in → .... J → ....

c. Ich bin Deutsche und wohne in Berlin.
Je suis allemande et j'habite à Berlin.

eu → .... sch → .... w → ....
in → ....

d. Ich muss los. Auf Wiedersehen!
Il faut que j'y aille (tournure idiomatique).
Au revoir !

u → ....
s → ....
auf → ....
w → ....
s → ....

1

Présent de l'indicatif

Emploi et conjugaison

Comme en français, le présent exprime une vérité générale, un événement, une habitude.

- **La terminaison infinitive** de tous les verbes, à l'exception de **sein,** est **-en**.

- **Les pronoms personnels allemands** présentent plusieurs différences avec le français (voir chapitre 2, p. 8). Pour l'instant, notez juste que **ich** = *je*, **du** = *tu*, **er** = *il*, **sie** = *elle*, **wir** = *nous,* **ihr** = *vous* (pour tutoyer plusieurs personnes), **sie** = *ils/elles*.

Le présent se conjugue donc ainsi :

	kommen	**geb**en	**fahr**en
ich	komme	gebe	fahre
du	kommst	gibst	fährst
er/sie(/es)	kommt	gibt	fährt
wir	kommen	geben	fahren
ihr	kommt	gebt	fahrt
sie(/Sie)	kommen	geben	fahren

- **Verbes réguliers :** radical de l'infinitif + terminaisons → **komm**en (*venir*).

- **Verbes irréguliers :** certains verbes (pas tous !) ayant un radical infinitif en **a** ou **e** subissent une alternance vocalique aux 2e et 3e personnes du singulier, les autres personnes se conjuguent comme des verbes réguliers :
  - le **a** devient **ä,** comme pour **fahr**en (*aller en voiture, conduire, rouler*),
  - le **e** devient **i** ou **ie** → **geb**en (*donner*).

I **Complétez par les terminaisons adéquates.**

a. Hallo, was mach...... du?
Salut, que fais-tu ?

c. Das ist sehr gut. Und Paul? Was mach...... er?
C'est très bien. Et Paul ? Que fait-il ?

b. – Leise! Ich lern...... Deutsch.
Silence, j'apprends l'allemand !

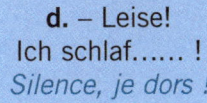

d. – Leise! Ich schlaf...... !
Silence, je dors !

Complétez le tableau en conjuguant les verbes au présent de l'indicatif.

	ich	du	er/sie/(es)	wir	ihr	sie/(Sie)
wohnen *habiter*	wohne		wohnt			
sprechen *parler*		sprichst			sprecht	
machen *faire*			macht			machen
sehen *voir*			sieht	sehen		
sagen *dire*		sagst			sagt	
gehen *aller*	gehe				geht	

Quelques particularités phonétiques

- **Les verbes réguliers** dont le radical de l'infinitif se termine entre autres par **-d** ou **-t** prennent un **e** euphonique aux 2ᵉ et 3ᵉ personnes du singulier et à la 2ᵉ personne du pluriel. Exemple : **baden** *(se) baigner* → ich bade, du bad**e**st, er/sie bad**e**t, wir baden, ihr bad**e**t, sie baden.

- **Les verbes réguliers et irréguliers** dont le radical de l'infinitif se termine entre autres par **-s**, **-z** ou **-ß** prennent juste un **t** à la 2ᵉ personne du singulier. Exemple : **blasen** *(souffler)* → ich blase, du bläs**t**, er/sie bläs**t**, wir blasen, ihr blast, sie blasen.

 Complétez le tableau au présent de l'indicatif.

	ich	du	er/sie/(es)	wir	ihr	sie/(Sie)
arbeiten *travailler*	arbeite					arbeiten
heißen *s'appeler**				heißen	heißt	
lesen *lire*			liest			lesen

** Attention, **heißen** n'est pas un verbe pronominal, comme c'est le cas en français.*

Sein et haben

	sein	**haben**
ich	bin	habe
du	bist	hast
er/sie/(es)	ist	hat
wir	sind	haben
ihr	seid	habt
sie/(Sie)	sind	haben

Être et avoir ont une conjugaison irrégulière.

4 Complétez par le verbe **SEIN** *être* ou **HABEN** *avoir*, conjugué au présent.

a. Wer .... du ? – Ich .... Paula.
Qui es-tu ? – Je suis Paula.

b. Wo .... ihr? – Wir .... hier.
Où êtes-vous ? – Nous sommes ici.

c. Du .... Glück, ich .... Pech.
Tu as de la chance, j'ai la poisse.

d. .... ihr alles? – Ja, wir .... alles.
Avez-vous tout ? – Oui, nous avons tout.

5 Traduisez les phrases suivantes.

a. Quel âge avez-vous ? (vouvoiement)
➜ ....

b. J'ai 19 ans.
➜ ....

c. Quel âge a-t-elle ?
➜ ....

d. Elle a 19 ans.
➜ ....

Dire son âge

• *Quel âge as-tu ?* se dit **Wie alt bist du?** (Littéralement : *Comment vieux/âgé es-tu ?*).
• On répond par **Ich bin** + chiffre/nombre. **Ich bin 19 (neunzehn).** *J'ai 19 ans.* (Littéralement : *Je suis 19.*)

Bravo, vous êtes venu à bout du chapitre 1 ! Il est maintenant temps de comptabiliser les icônes et de reporter le résultat en page 128 pour l'évaluation finale.

2
Pronoms personnels

Emploi

ich	du	er/sie/es	wir	ihr	sie/Sie

Observez bien les similitudes et les différences entre les pronoms personnels allemands et français :

- **Ich**, **du** et **wir** correspondent à *je*, *tu* et *nous*.

- **3ᵉ personne du singulier** : en plus de **er** *(il)* et **sie** *(elle)*, il existe le pronom **es** qui correspond au **neutre** et se traduit selon le cas par *il* ou *elle*.

- **2ᵉ personne du pluriel** : **ihr** se traduit par *vous*, mais attention ! il s'emploie pour tutoyer plusieurs personnes.

- **Forme de politesse** : **Sie** avec une **majuscule** *(vous)* s'emploie pour vouvoyer une ou plusieurs personne(s) et le verbe se conjugue, comme à la 3ᵉ personne du pluriel.

- **3ᵉ personne du pluriel** : **sie** avec une **minuscule** correspond aussi bien à *ils* qu'à *elles*. Au pluriel, il n'y a pas de distinction de genres. Vous remarquerez que le pronom est le même que pour le féminin singulier, seule la conjugaison change.

 Complétez par le pronom personnel adéquat.

a. Ja, ... kommt. *Oui, elle vient.*

b. Ja, ... kommt. *Oui, il vient.*

c. .... kommen nicht. *Elles ne viennent pas.*

d. Kommen .... ? *Vous venez ?*

e. Kommen .... auch? *Ils viennent aussi ?*

f. Kommt .... ? *Vous venez ?*

2 Complétez par les pronoms personnels adéquats. Attention, certains verbes conjugués correspondent à plusieurs personnes : indiquez-les toutes.

a. fahren →
.... fährt
.... fahre
.... fährst

c. sein →
.... bin
.... bist
..............................seid

b. sprechen →
..........................sprechen
.... spricht
.... sprichst

d. haben →
.... hat
.... habt
..........................haben

3 Révisez tous les verbes que vous avez appris jusqu'ici, puis complétez les mots croisés par la version française des verbes suivants.

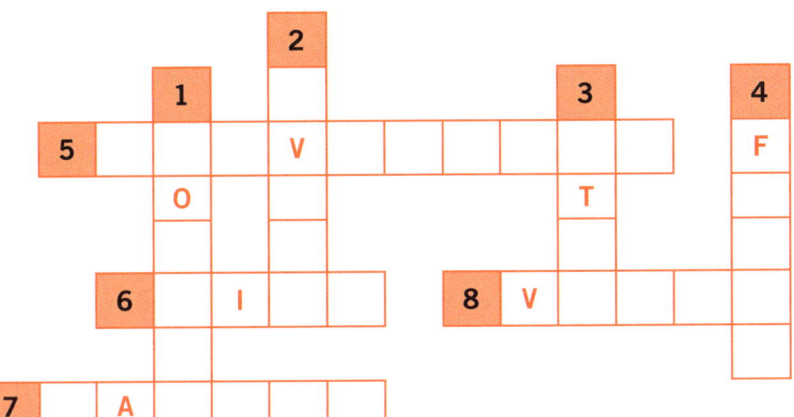

Verticale :
1. fahren
2. haben
3. sein
4. machen

Horizontale :
5. arbeiten
6. lesen
7. sprechen
8. kommen

Sie ou du/ihr

- Les règles d'usage entre le tutoiement et le vouvoiement sont à peu près les mêmes en allemand et en français. Comme en français, les formules de salutation diffèrent selon si vous vouvoyez ou tutoyez votre interlocuteur.

- **Guten Tag!** *Bonjour !* et **Auf Wiedersehen!** *Au revoir !* vont avec **Sie**. **Hallo!** *Salut !* et **Tschüss!** *Salut !* s'emploient avec **du/ihr**.

- **Guten Morgen!** se dit le matin, il correspond au *Good morning!* anglais et **Gute Nacht!** *Bonne nuit !* valent aussi bien pour le tutoiement que pour le vouvoiement.

4 Voici deux dialogues qui alternent le vouvoiement et le tutoiement. Complétez-les à l'aide des verbes suivants correctement conjugués.

kommen gehen wohnen heißen

Le tutoiement

a. Hallo, ich .... Paul!

Und wie .... du?

Salut, je m'appelle Paul ! Et [toi], comment t'appelles-tu ?

b. Woher .... du?

– Ich .... aus Lyon.

D'où viens-tu ? – Je viens de Lyon.

c. Wo .... du?

– Ich .... in Berlin.

Où habites-tu ? – J'habite à Berlin.

d. Wohin .... du?

– Nach Hause. Tschüss!

Où vas-tu ? – À la maison. Salut !

Le vouvoiement

e. Guten Tag, wie .... Sie.

– Paul Schmidt. Und Sie?

Bonjour, comment vous appelez-vous ?

– Paul Schmidt. Et vous ?

f. Woher .... Sie?

– Ich .... aus Marseille.

D'où venez-vous ? – Je viens de Marseille.

g. Wo .... Sie?

– Ich .... in Berlin.

Où habitez-vous ? – J'habite à Berlin.

h. Wohin .... Sie?

– Nach Hause. Auf Wiedersehen.

Où allez-vous ? – À la maison. Au revoir.

Man *on*

Il s'agit d'une formule impersonnelle. Elle correspond au *on* français et introduit un verbe conjugué à la 3ᵉ personne du singulier
→ **man macht** *on fait*.

5 Traduisez les phrases suivantes en utilisant les verbes ci-dessous conjugués.

a. On dit.
→ ....

b. On a.
→ ....

c. On voit.
→ ....

d. On donne.
→ ....

e. On lit.
→ ....

f. On va.
→ ....

geben   gehen   lesen   sagen   sehen   haben

Bravo, vous êtes venu à bout du chapitre 2 ! Il est maintenant temps de comptabiliser les icônes et de reporter le résultat en page 128 pour l'évaluation finale.

Où ? D'où ? – Noms géographiques

Demander où l'on est, où l'on va et d'où l'on vient

Il est important de bien faire la distinction entre le lieu où l'on est et le lieu où l'on va.

Contrairement au français, les pronoms interrogatifs et les prépositions sont différents dans ces deux cas.

- **Wo** traduit un « **où** » **locatif** et pose la question du lieu où l'on se trouve.
- → **Wo bist du?** *Où es-tu ?*

- **Wohin** traduit un « **où** » **directionnel** et marque la question sur le lieu où l'on va.
- → **Wohin fährst du?** *Où vas-tu ?*

- **Woher** équivaut à **d'où** et marque la question sur le lieu d'où l'on vient.
- → **Woher kommst du?** *D'où viens-tu ?*

I Traduisez en utilisant le pronom interrogatif adapté : **WO, WOHIN** ou **WOHER.**

a. Où vont-ils ? *(« aller » dans le sens de « aller en voiture »)*

→ ....

b. Où habitez-vous ? *(vouvoiement)*

→ ....

c. D'où venez-vous ? *(tutoiement pluriel)*

→ ....

d. Où travailles-tu ?

→ ....

e. D'où vient-elle ?

→ ....

Répondre aux questions de lieu

La règle avec **in/nach/aus** concerne les lieux géographiques (pays, villes, etc.). Attention, la grande majorité des noms de pays ne prennent pas d'article ! Voir les exceptions p. 14.

- **In** (*à/en*) est la préposition en réponse à la question **wo?** et indique le lieu où l'on se trouve.
  → Ich bin **in Berlin.** *Je suis à Berlin.*

- **Nach** (*à/en*) est la préposition en réponse à la question **wohin?** et indique le lieu où l'on va.
  → Ich fahre **nach Berlin.** *Je vais à Berlin.*

- **Aus** (*de*) est la préposition en réponse à la question **woher?** et indique le lieu d'où l'on vient.
  → Ich komme **aus Berlin.** *Je viens de Berlin.*

2 Complétez par les prépositions adéquates.

a. Ich bin .... Berlin.

b. Ich fliege morgen .... Paris. *(aller en avion/voler)*

c. Wann fliegen Sie .... New York?

d. Sabine wohnt .... Paris.

e. Wir arbeiten .... Berlin.

f. Fährst du .... Paris?

g. Uta kommt .... New York.

Exceptions

- Certains noms de pays sont précédés d'un article et, dans ce cas, la règle concernant les prépositions change.

- Parmi les pays qui prennent un article, notez **die Schweiz** *la Suisse*, **die Türkei** *la Turquie* et **die USA** *les États-Unis*. Vous observerez aussi que les articles changent. Nous aborderons ces déclinaisons par la suite.
Wo bist du? – Ich bin **in der Schweiz/in der Türkei/in den USA**. *Où es-tu ? Je suis en Suisse/en Turquie/aux États-Unis.*

Wohin fährst du? – Ich fahre **in die Schweiz/in die Türkei/in die USA**. *Où vas-tu ? Je vais en Suisse/en Turquie/aux États-Unis.*
Woher kommst du? – Ich komme **aus der Schweiz/aus der Türkei/aus den USA**. *D'où viens-tu ? Je viens de Suisse/de Turquie/des États-Unis.*

3 **Traduisez les phrases suivantes.**

a. Elle travaille en Suisse.

➜ ....

b. Il habite aux États-Unis.

➜ ....

c. Nous venons de Turquie.

➜ ....

d. Il va en Suisse (aller en voiture).

➜ ....

Villes et pays

Les noms de villes et de pays ont souvent la même racine en allemand qu'en français. Sachez que « *la ville* » se dit en allemand **die Stadt**, et « *le pays* » **das Land**. Vous remarquerez que plusieurs noms de pays se terminent par le suffixe **-land**. Quant à **Frankreich** *la France*, son suffixe **-reich** signifie « *empire* », **das Reich**.

4 Les noms cités ci-dessous sont très proches du français. Reliez chaque ville à son pays et à la langue qui y est parlée. Une langue peut avoir plusieurs combinaisons et méfiez-vous des intrus !

Berlin •   • Spanien •   • Italienisch

London •   • Frankreich •   • Japanisch

Paris •   • China •   • Griechisch

Athen •   • Irland •   • Russisch

Madrid •   • England •   • Chinesisch

Peking •   • Deutschland •   • Französisch

Tokyo •   • Brasilien •   • Deutsch

Moskau •   • Japan •   • Baskisch

Rom •   • Russland •   • Arabisch

Lissabon •   • Österreich •   • Holländisch

Rio de Janeiro •   • Griechenland •   • Dänisch

Wien •   • Italien •   • Portugiesisch

Bonn •   • Portugal •   • Englisch

Dublin •   • Schweden •   • Spanisch

Le saviez-vous ?

Regensburg se traduit en français par Ratisbonne et **Aachen** par Aix-la-Chapelle !

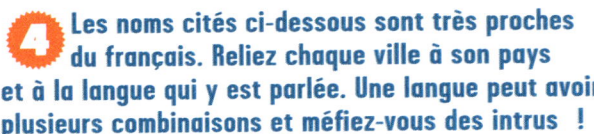

5 Dans cette liste, les noms allemands de ces lieux sont différents des noms français. Connaissez-vous leur traduction ?

a. München → ....

b. Bayern → ....

c. Lothringen → ....

d. die Donau → ....

e. der Rhein → ....

f. das Elsass → ....

Bravo, vous êtes venu à bout du chapitre 3 ! Il est maintenant temps de comptabiliser les icônes et de reporter le résultat en page 128 pour l'évaluation finale.

Impératif

Emploi et conjugaison

L'usage de l'impératif est le même qu'en français : il sert à donner des ordres. Il se conjugue à la 2ᵉ personne du singulier et du pluriel et à la forme de politesse **Sie**. Notez que cette dernière se forme avec le pronom personnel placé derrière le verbe. L'impératif se conjugue aussi à la 1ʳᵉ personne du pluriel, mais celle-ci est moins fréquente et ne sera pas abordée dans ce chapitre.

	gehen	**geben**	**fahren**	**arbeiten**	**sein**
du	Geh(e)!	Gib!	Fahr(e)!	Arbeite	Sei…!
ihr	Geht!	Gebt!	Fahrt!	Arbeitet!	Seid…!
Sie	Gehen Sie!	Geben Sie!	Fahren Sie!	Arbeiten Sie!	Seien Sie…!

• La majorité des verbes forment leur impératif comme suit : **radical de l'infinitif + terminaisons de l'impératif**. Souvenez-vous que **-en** et, exceptionnellement, **-n**, équivalent à la terminaison infinitive. Concernant le **-e** à la 2ᵉ personne du singulier, il est notamment obligatoire pour les verbes se terminant par **-d** ou **-t** comme **arbeiten**, mais il est facultatif pour les verbes sans alternance vocalique comme **gehen** ou **fahren**. Cependant, de nos jours, on emploie plutôt la forme sans **-e** → Geh! Fahr!

• Les verbes qui présentent l'alternance vocalique **e → i** ou **ie** au présent de l'indicatif gardent cette même alternance vocalique à la 2ᵉ personne du singulier de l'impératif → **geben**.
Par contre, ceux qui présentent l'alternance vocalique **a → ä** au présent de l'indicatif perdent l'inflexion à l'impératif → **fahren**.

• Notez que **sein** prend un **d** et non un **t** à la 2ᵉ personne du pluriel.

1 Conjuguez ces verbes à toutes les personnes de l'impératif.

a. kommen : ....
....
....
....

b. sprechen : ....
....
....
....

2 Complétez le tableau.

2ᵉ personne du singulier	2ᵉ personne du pluriel	Forme de politesse
....	....	Passen Sie auf! *Faites attention !*
....	Geht weg! *Partez !*	....
Bleib nicht da! *Ne reste pas là !*	....	....
....	Macht das! *Faites-le !*	....

3 Complétez les phrases suivantes en conjuguant **SEIN.**

a. .... pünktlich! *Soyez ponctuels ! (tutoiement)*

b. .... nicht traurig! *Ne sois pas triste !*

c. .... leise! *Soyez silencieux ! (vouvoiement)*

d. .... ehrlich! *Sois sincère !*

Demander ou indiquer le chemin

• Pour demander son chemin, une des phrases courantes est : **Entschuldigung! Wie komme ich zum Bahnhof/zur Post/ zum Krankenhaus/zum Schwimmbad/ zum Marktplatz/zum Kino?** *Pardon ! Pour aller à la gare/à la poste/à l'hôpital/à la piscine/au marché/au cinéma ? (Littérale- ment : Comment arrivai-je à... ?)*
Pour l'instant, ne prêtez pas attention à la différence entre **zum** et **zur**.

• Pour répondre, voici les différentes pos- sibilités : vous remarquerez l'emploi de l'impératif :
Nehmen Sie die erste Straße links... dann die zweite rechts. *Prenez la première rue à gauche... puis la deuxième à droite.*
Geh (immer) geradeaus bis zum Kino. *Va (toujours) tout droit jusqu'au cinéma.*

4 Traduisez les indications suivantes.

a. Allez (vouvoiement) tout droit jusqu'au marché et prenez la deuxième rue à gauche.
→ ....

b. Prends la deuxième rue à droite et continue toujours tout droit jusqu'au cinéma.
→ ....

c. Prenez (vouvoiement) la première rue à droite, puis la deuxième à gauche,
puis la première à droite.
→ ....

5 **DORT IST...** *Là-bas se trouve (est)...* Mémorisez les différents lieux d'une ville (liste ci-dessus)
et replacez chaque mot sous le dessin correspondant. Les articles seront abordés p. 20.

a. ....

b. ....

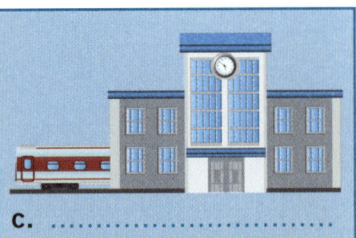

c. ....

d. ....

e. ....

f. ....

Traduisez les verbes à l'impératif dans cette grille de mots croisés.

	1	2	3	4	5	6	7	8
A								
B							A	
C								
D					L			
E								
F								
G				G				
H								
I							B	
J								
K			I					
L								
M		G						

Verticale :
3G Travaille !
5D Lisez !
7A Roule !

Horizontale :
5D Apprends !
2G Dites ! (tutoiement pluriel)
3I Restez ! (tutoiement pluriel)
2K Lis !
2M Va !

Bravo, vous êtes venu à bout du chapitre 4 ! Il est maintenant temps de comptabiliser les icônes et de reporter le résultat en page 128 pour l'évaluation finale.

Les cas allemands

L'allemand est une langue à déclinaisons, c'est-à-dire que le nom, l'adjectif, le pronom ou le déterminant peuvent varier morphologiquement en fonction du cas. La déclinaison allemande comporte 4 cas : le nominatif, l'accusatif (voir p. 36), le datif (voir p. 48) et le génitif (voir p. 84). Le cas à utiliser est défini selon la fonction du groupe nominal/pronom au sein de la phrase ou de la préposition qui le précède.

Emploi et déclinaison

	Article défini le/la/les	Article indéfini un/une/des	Sans article
Masculin	der junge Mann	ein junger Mann	junger Mann
Féminin	die junge Frau	eine junge Frau	junge Frau
Neutre	das junge Mädchen	ein junges Mädchen	junges Mädchen
Pluriel	die jungen Männer/Frauen/Mädchen	junge Männer/Frauen/Mädchen	junge Männer/Frauen/Mädchen

- Le **nominatif** exprime le **sujet et l'attribut du sujet**.

- **Masculin singulier** : **Der junge Mann** kommt aus Berlin. *Le jeune homme vient de Berlin.*

- **Féminin singulier** : **Die junge Frau** heißt Sabine Müller. *La jeune femme s'appelle Sabine Müller.*

- **Neutre singulier** : **Das junge Mädchen** ist hübsch. *La jeune fille est jolie.*

- **Pluriel :** Il est le même pour les 3 genres → **die** *les*. **Die Mädchen sprechen gut Deutsch.** *Les filles parlent bien allemand.* Pour l'article indéfini, il n'existe pas de pluriel → **Es sind junge Frauen.** *Ce sont des jeunes femmes.*

- En plus des différents articles, notez bien les différentes terminaisons des adjectifs, qui varient selon le genre du substantif et de l'article.

1 Les moyens de locomotion : complétez par l'article défini ou indéfini. Le genre des noms est indiqué entre parenthèses : M = masculin, N = neutre et F = féminin.

a. .... Zug **(M)** *le train*

b. .... Flugzeug **(N)** *un avion*

c. .... Bahnhof **(M)** *la gare*

d. .... Flughafen **(M)** *l'aéroport*

e. .... U-Bahn **(F)** *le métro*

f. .... Auto **(N)** *une auto*

g. .... Fahrrad **(N)** *un vélo*

h. .... Wagen **(M)** *la voiture*

i. ...... Motorrad **(N)** *la moto*

j. ...... Schiff **(N)** *le bateau*

2 Complétez par les désinences si nécessaire. Le genre est indiqué entre parenthèses (M = masculin, F = féminin, N = neutre, P = pluriel).

a. D...... nächst...... Zug **(M)** fährt um 10 Uhr.
Le prochain train part à 10 heures.

b. Da kommt ein...... Taxi **(N)**.
Voici un taxi. (Littéralement : Là vient un taxi)

c. Wie viel kostet ein...... Fahrkarte **(F)** nach Bonn?
Combien coûte un billet pour Bonn ? (Littéralement : à/vers Bonn)

d. Wo ist d...... nächst...... Bushaltestelle **(F)**?
Où est l'arrêt de bus le plus proche ? (Littéralement : Où est le prochain arrêt de bus ?)

e. Das sind billig...... Plätze **(P)**.
Ce sont des places bon marché/pas chères.

3 Complétez par les désinences adéquates.

a. singulier : d..... alt..... Flugzeug
➔ **ein altes Flugzeug** *un vieil avion*
b. pluriel : d..... alt..... Flugzeuge
➔ alt..... Flugzeuge

c. singulier : d..... alt..... Bahnhof
➔ **ein alter Bahnhof** *une vieille gare*
d. pluriel : d..... alt..... Bahnhöfe
➔ alt..... Bahnhöfe

e. singulier : die neue U-Bahn
➔ ein..... neu..... U-Bahn *le nouveau métro*
f. pluriel : d..... neu..... U-Bahnen
➔ neu..... U-Bahnen

g. singulier : der große Flughafen
➔ ein..... groß..... Flughafen *le grand aéroport*
h. pluriel : d..... groß..... Flughäfen
➔ groß..... Flughäfen

Les pronoms interrogatifs

Les pronoms interrogatifs *qui* et *que/quoi* correspondent à **wer** et **was** au nominatif : Wer ist da? *Qui est là ?* et Was ist das? *Qu'est-ce que c'est ?*

4 Complétez par WER ou WAS.

a. .... ist das? ➜ Das ist der neue Flughafen.

b. .... ist das? ➜ Das ist der Briefträger. *(facteur)*

c. .... ist das? ➜ Das ist Paul Maier.

d. .... ist das? ➜ Das ist ein Buch. *(livre)*

L'adjectif démonstratif (ce/cet/cette/ces)

Masculin	dieser junge Mann
Féminin	diese junge Frau
Neutre	dieses junge Mädchen
Pluriel	diese jungen Männer/Frauen/Mädchen

L'adjectif démonstratif suit la même déclinaison que **der, die, das** (voir tableau p. 20).

5 Remplacez les articles définis ou indéfinis par l'adjectif démonstratif et modifiez si nécessaire la marque de l'adjectif :

Exemple : **der** jung**e** Mann ➜ **dieser** junge Mann/**ein** junge**r** Mann ➜ **dieser** junge Mann.

a. **die** jung**e** Frau ➜ ....

b. **ein** klein**es** Mädchen ➜ ....

c. **die** klein**en** Kinder ➜.. ....

22

Accord de l'adjectif

En allemand, contrairement au français, l'adjectif attribut est invariable.
Seul l'adjectif épithète s'accorde.

- **Adjectif attribut :**
  Der Tisch ist <u>groß</u>.
  La table est grande.
  Die Tische sind <u>groß</u>.
  Les tables sont grandes.

- **Adjectif épithète :**
  Der <u>groß</u>e Tisch ist…
  La grande table est…
  Die <u>groß</u>en Tische sind…
  Les grandes tables sont…

6 Transformez l'adjectif attribut en adjectif épithète selon les exemples ci-contre.

a. Das Flugzeug ist alt. → ....

b. Der Zug ist neu. → ....

c. Die Kinder sind klein → ....

d. Die Frau ist hübsch. (*jolie*) → ....

7 DAS IST/DAS SIND… C'EST/CE SONT… Ajoutez les terminaisons aux articles et adjectifs épithètes. Le genre est indiqué entre parenthèses, M = masculin, F = féminin, N = neutre, P = pluriel.

a. Das ist ein .... gut .... Tipp **(M)**! *C'est un bon conseil/tuyau !*

b. Das ist ein .... toll .... Idee **(F)**. *C'est une très bonne/super idée.*

c. Das ist d .... letzt .... Mal **(N)**. *C'est la dernière fois.*

d. Das sind alt .... Geschichten **(P)**. *Ce sont des histoires anciennes.*
(*Littéralement : de vieilles histoires*)

Bravo, vous êtes venu à bout du chapitre 5 ! Il est maintenant temps de comptabiliser les icônes et de reporter le résultat en page 128 pour l'évaluation finale.

6
Nombres cardinaux

0 **null**	10 **zehn**	20 **zwanzig**	30 **dreißig**	100 **hundert**
1 **eins**	11 **elf**	21 **einundzwanzig**	40 **vierzig**	200 **zweihundert**
2 **zwei**	12 **zwölf**	22 **zweiundzwanzig**	45 **fünfundvierzig**	1 000 **tausend**
3 **drei**	13 **dreizehn**	23 **dreiundzwanzig**	50 **fünfzig**	10 000 **zehntausend**
4 **vier**	14 **vierzehn**	24 **vierundzwanzig**	60 **sechzig**	100 000 **hunderttausend**
5 **fünf**	15 **fünfzehn**	25 **fünfundzwanzig**	70 **siebzig**	1 000 000 **eine Million**
6 **sechs**	16 **sechzehn**	26 **sechsundzwanzig**	78 **achtundsiebzig**	
7 **sieben**	17 **siebzehn**	27 **siebenundzwanzig**	80 **achtzig**	
8 **acht**	18 **achtzehn**	28 **achtundzwanzig**	90 **neunzig**	
9 **neun**	19 **neunzehn**	29 **neunundzwanzig**	99 **neunundneunzig**	

- Les nombres s'écrivent attachés jusqu'à **999 999**, selon la règle ci-dessous. Attention à l'ordre unité/dizaine : il est inversé par rapport au français.

- **De 0 à 12**. Les chiffres sont à mémoriser, car ils représentent la base pour les autres nombres.

- **De 13 à 19.** On indique d'abord l'unité puis la dizaine. Notez les irrégularités suivantes pour 16 et 17 : 6 = sech<u>s</u>, 26 = sech<u>s</u>undzwanzig… mais 16 = sechzehn <u>sans s</u> / 7 = sieb<u>en</u>, 27 = sieb<u>en</u>undzwanzig… mais 17 = siebzehn <u>sans en</u>.

- **De 21 à 99.** Même principe que de 13 à 19, sauf que l'on intercale **und** → 28 = acht**und**zwanzig.

- **Centaines et milliers.** L'ordre est le même qu'en français. On indique les milliers puis les centaines → 4 500 viertausendfünfhundert ; 4 563 viertausendfünfhundertdreiundsechzig.

1 **Wie viel kostet es?** signifie *Combien ça coûte ?* Écrivez ces prix en toutes lettres. **Es kostet...** *Ça coûte...*

a. 25 € : ....

b. 560 € : ....

c. 78 € : ....

d. 6 396 € : ....

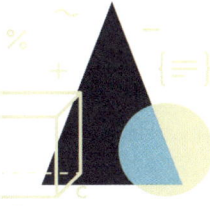

2 Écrivez ces nombres en chiffres.

a. siebenhundertzweiunddreißig : ....

b. dreitausendfünf : ....

c. viertausendachthundertzweiundachtzig :......................

d. eine Million achthunderttausendsechshundertzwölf :
....

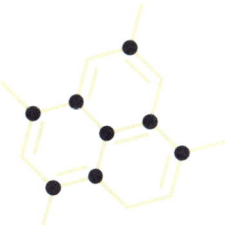

Symboles mathématiques

+ plus   **/** durch
– minus   **=** gleich
x mal

3 Écrivez ces calculs en toutes lettres.

a. 72 / 6 = ...
....

b. 2 367 – 500 = ...
....

c. 1 243 + 305 = ...
....

d. 7 x 9 = ...

L'heure

08:00	acht Uhr
08:10	zehn nach acht
08:15	Viertel nach acht
08:30	halb neun
08:45	Viertel vor neun
08:50	zehn vor neun

- **Pour demander l'heure :** *Quelle heure est-il ?* se dit **Wie spät ist es?** *(Littéralement : comment tard est-il ?)* ou **Wie viel Uhr ist es?** *(Littéralement : combien heure est-il ?).*

  Pour répondre : Il est … heures se dit **Es ist … (Uhr). Notez** que l'on utilise Uhr uniquement pour les heures entières.

- Comme en français, on utilise généralement les chiffres/nombres de 1 à 12 pour les heures, mais on indique **d'abord les minutes, puis l'heure**.

- **Jusqu'à la demie,** on emploie **nach** *après* en comptant par rapport à l'heure entamée.
  Au-delà de la demie, on emploie **vor** *avant* en comptant par rapport à l'heure à venir.
  Viertel nach et **Viertel vor** équivalent à *et quart* et *moins le quart*.
  Halb correspond *à demie,* mais ATTENTION, vous devez compter par rapport à l'heure à venir et non entamée.

- Pour indiquer les horaires officiels (trains, bus, etc.), la règle est la même qu'en français. On emploie les chiffres/nombres de 0 à 24, en donnant d'abord l'heure puis les minutes : **acht Uhr zehn** *huit heures dix*, **acht Uhr fünfundvierzig** *huit heures quarante-cinq.*

  Mittag *midi* et **Mitternacht** *minuit* s'emploient pour les heures entières.

4 Indiquez l'heure sur les réveils suivants.

a.  Es ist halb sieben. (*matin*)   **c.** Es ist Viertel nach acht. (*soir*)

b.  Es ist zwanzig vor zehn. (*matin*)   **d.**  Es ist Mitternacht.

5 **Écrivez les heures en toutes lettres et des deux manières différentes.**
Exemples : 16 h 20 ➔ zwanzig nach vier ➔ sechzehn Uhr zwanzig.

a. 7 h 20 ➔ ....
➔ ....

b. 19 h 10 ➔ ....
➔ ....

c. 9 h 15 ➔ ....
➔ ....

d. 22 h 15 ➔ ....
➔ ....

e. 5 h 30 ➔ ....
➔ ....

Bravo, vous êtes venu à bout
du chapitre 6 ! Il est maintenant
temps de comptabiliser les icônes
et de reporter le résultat en
page 128 pour l'évaluation finale.

7

Nombres ordinaux

Formation

Les nombres ordinaux se forment comme suit :

- **De 1 à 19. Chiffre/nombre + -t + marque de l'adjectif épithète.**
  Exemples : zwei 2 → der/die/das zweite *le/la 2ᵉ* ; siebzehn 17 → der/die/das siebzehnte *le/la 17ᵉ*.

- **Attention aux irrégularités :** eins 1 → der/die/das erste *le/la 1ᵉʳ/ʳᵉ* ; drei 3 → der/die/das dritte *le/la 3ᵉ* ; sieben 7 → der/die/das siebte *le/la 7ᵉ* ; acht 8 → der/die/das achte *le/la 8ᵉ*.

- **À partir de 20. Nombre + -st + marque de l'adjectif épithète.**
  Exemples : zwanzig 20 → der/die/das zwanzigste *le/la 20ᵉ* ; vierzig 40 → der/die/das vierzigste *le/la 40ᵉ*.

---

1 Traduisez en écrivant en toutes lettres.
Exemple : le 12ᵉ → der zwölfte.

a. Le 4ᵉ → ....

b. Le 13ᵉ → ....

c. Le 9ᵉ → ....

d. Le 22ᵉ → ....

e. Le 50ᵉ → ....

f. Le 61ᵉ → ....

La date

- **La date** s'exprime avec les nombres ordinaux, selon la règle suivante :
  am + nombre ordinal + mois → am zweiten. Mai *le 2 mai* ; am fünften. August *le 5 août*.

  - Notez que, dans ce cas, le nombre ordinal se termine par **-en**. Par ailleurs, on peut juste indiquer le nombre sans l'écrire en toutes lettres mais il est alors obligatoire de mettre un point. Exemples : am 2. Mai ; am 3. August.

- Les mois sont : **Januar, Februar, März, April, Mai, Juni, Juli, August, September, Oktober, November, Dezember**.

2 **Complétez la traduction de ces phrases avec les dates en toutes lettres.**

a. Wir fahren ....los.
→ *Nous partons le premier janvier.*

b. Wir feiern Weihnachten ....
→ *Nous fêtons Noël le 24 décembre.*

c. Wir arbeiten nicht ....
→ *Nous ne travaillons pas le 14 juillet.*

d. Dieses Jahr ist Ostern ....
→ *Cette année, Pâques tombe (Littéralement : est) le 17 avril.*

3 **Retrouvez les 12 mois cachés dans cette grille.**

J	A	U	G	U	S	T	F	R	A	O
B	R	E	I	S	A	T	B	M	M	K
I	Z	R	F	E	B	R	U	Ä	R	T
D	E	Z	E	M	B	E	R	R	U	O
U	J	U	N	I	M	U	I	Z	R	B
M	A	I	F	E	V	D	I	U	A	E
F	N	S	E	P	T	E	M	B	E	R
E	U	D	T	B	H	Z	J	U	L	I
O	A	P	R	I	L	I	R	P	A	G
L	R	E	N	O	V	E	M	B	E	R

Jours de la semaine

- Si on indique également le **jour de la semaine**, la règle est la suivante : **am + jour de la semaine + den + nombre ordinal + mois.**
Exemple : am Montag, den zweiten Mai *le lundi 2 mai.* N'oubliez pas la virgule après le jour de la semaine.

- **Les jours de la semaine : Der Tag** signifie *le jour* et vous noterez que tous les jours de la semaine se terminent par **-tag**, à l'exception du mercredi.

- Les jours sont : **Montag, Dienstag, Mittwoch, Donnerstag, Freitag, Samstag, Sonntag**.
Notez aussi la tournure **Heute ist Montag, der 2. (zweite) April.** *Aujourd'hui, nous sommes le lundi 2 avril.* (Littéralement : Aujourd'hui est lundi le 2ᵉ avril.)

4 Complétez les traductions de ces phrases avec les chiffres/nombres en toutes lettres.

a. *Mon anniversaire est le mardi 5 juin.*
➜ Mein Geburtstag ist ....

b. *L'école commence le jeudi 18 avril.*
➜ Die Schule beginnt ....

c. *Viens-tu le mercredi 22 novembre ?*
➜ Kommst du .... ?

d. *Que faites-vous le samedi 11 mars ?*
➜ Was macht ihr .... ?

5 Traduisez les phrases suivantes en vous référant à l'exemple ci-dessus :

a. Aujourd'hui, nous sommes le jeudi 29 octobre.
➜ ....

b. Aujourd'hui, nous sommes le dimanche 10 mai.
➜ ....

c. Aujourd'hui, nous sommes le lundi 20 mars.
➜ ....

Siècles et titres

Pour les **siècles** et les **titres** (roi, pape, empereur, etc.), on emploie toujours les nombres ordinaux :

- **Siècle :** im + nombre ordinal + Jahrhundert (*siècle*).
  Exemple : *au XVIIIe siècle* → im achtzehnten Jahrhundert → im 18. Jahrhundert.

- **Titres :** Louis XVI → Ludwig XVI. → Ludwig der Sechzehnte (Littéralement, Louis le XVIe).
  Vous remarquerez les différentes terminaisons du chiffre/nombre ordinal et la majuscule pour les titres.

6 Traduisez les phrases en les écrivant en toutes lettres.

a. Au XXIe siècle →...

b. Louis XIV →...

c. Jean-Paul II → **Johannes Paul** ....

d. Au XVe siècle →...

e. Napoléon Ier → **Napoleon** ....

7 ZUM ERSTEN MAL signifie *pour la première fois.* Traduisez ou complétez les phrase suivantes.

a. Pour la deuxième fois →...................................

b. Pour la troisième fois →...................................

c. Pour la dernière fois (letzten) →...................................

Bravo, vous êtes venu à bout du chapitre 7 ! Il est maintenant temps de comptabiliser les icônes et de reporter le résultat en page 128 pour l'évaluation finale.

8

Genre et pluriel des substantifs

Le genre

Comme pour (presque) toutes les langues, la répartition des genres est en grande majorité aléatoire. De ce fait, mieux vaut apprendre les substantifs par cœur avec leur article et ne pas faire de rapprochement avec le français, car le genre varie souvent d'une langue à l'autre. Néanmoins, il existe des points de repère permettant de classer plusieurs noms par genre. En voici quelques-uns.

- **Masculins.** Ils regroupent les êtres de sexe masculin (exceptés les diminutifs en **-chen** ou **-lein**), les noms des jours, la plupart des moments de la journée (sauf die Nacht *la nuit*), les mois, les saisons, les points cardinaux ainsi que de nombreux substantifs en **-er** (ces derniers concernent les professions et les nationalités).

- **Féminins.** Ils regroupent les êtres de sexe féminin (excepté les diminutifs en **-chen** ou **-lein**), les chiffres/nombres, la plupart des noms de fleurs, arbres et fruits, ainsi que les noms en **-ung**, **-heit**, **-in**, **-schaft**.

- **Neutres.** Ils regroupent les êtres jeunes, les lettres, les couleurs, les langues, les verbes substantivés, les diminutifs en **-chen** et **-lein** et beaucoup de noms en **-um**, **-ium** et **-ment**.

 Expliquez le genre de ces termes.
Exemple : <u>das Grün</u>, *vert* → neutre, car <u>couleur</u>.

a. die Sieben → féminin, car...

b. das Datum *date* → neutre, car...

c. der Sohn *fils* → masculin, car..

d. die Freiheit *liberté* → féminin, car...

e. das Kind *enfant* → neutre, car...

f. der Mittag → masculin, car..

g. die Banane *banane* → féminin, car...

h. der Sonntag → masculin, car..

2 Classez les substantifs ci-dessous par genre.

Mutter
mère

B
(lettre)

Mann

Rot
rouge

Mädchen

Drei

Wohnung
appartement

Übung
exercice

Kalb
veau

Juli

Rose
rose

Junge

Frau

Sommer
été

Morgen

Deutsch

Museum
musée

Essen
nourriture

Bäckerei
boulangerie

der	die	das

Pluriel

Là aussi, les exceptions peuvent donner du fil à retordre, mais voici quelques grandes lignes (pas toutes !) pour la formation du pluriel.

Masculin pluriel

• **pas de terminaison ou juste une inflexion sur a, o, u pour la plupart des masculins terminés en -er, -en, -el.**
Exemples : der V**a**ter/die V**ä**ter ; der Br**a**ten/die Br**a**ten *rôti*.
Cette règle vaut aussi pour 2 féminins : die M**u**tter/die M**ü**tter et die T**o**chter/die T**ö**chter *fille*.

• **e et éventuellement une inflexion sur a, o, u** pour de nombreux masculins.
Exemples : der Mon**a**t/die Mon**a**t**e**, der S**o**hn/S**ö**hne.

• **n notamment pour les masculins se terminant par -e.**
Exemple : der Chinese/die Chinese**n** *chinois*.

3 Indiquez le pluriel. Les substantifs qui ne prennent pas d'inflexion sont marqués par *.

a. der Tag* ➜ ....

b. der Franzose* *français* ➜ ....

c. der Bruder *frère* ➜ ....

d. der Brief *lettre* ➜ ....

e. der Stuhl *chaise* ➜ ....

f. der Tisch ➜ ....

g. der Vogel *oiseau* ➜ ....

h. der Wagen* ➜ ....

i. der Beruf* *métier* ➜ ....

Féminin pluriel

- **-n pour de nombreux féminins.**
  Exemples : die Dame/die Damen ; die Tafel/die Tafeln *tableau/tableaux d'école.*

- **-en pour plusieurs féminins nécessitant un -e euphonique.**
  Exemples : die Jahreszeit/die Jahreszeiten *saison/saisons.*

- **-e et une inflexion sur a, o, u pour de nombreux monosyllabes féminins** (mais pas tous !).
  Exemple : die Bank/die Bänke *banc/bancs.*

- **-nen pour les féminins terminés en -in.**
  Exemple : die Studentin/die Studentinnen.

4 Indiquez le pluriel des mots suivants.

a. die Schwester *sœur* ➜ ....

b. die Freundin *amie* ➜ ....

c. die Hand *main* ➜ ....

d. die Stadt *ville* ➜ ....

e. die Tante *tante* ➜ ....

f. die Blume *fleur* ➜ ....

g. die Wohnung ➜ ....

h. die Sprache *langue* ➜ ....

i. die Lehrerin *(la) professeur* ➜ ....

Neutre pluriel

- **pas de terminaison ou juste une inflexion sur a, o, u pour la plupart des neutres en -er, -en, -el, -chen et -lein.**
Exemple : das Messer/die Messer *couteau/couteaux*.

- **-e et -en sont aussi la marque de plusieurs neutres.**
Exemples : das Heft/die Hefte *cahier/cahiers*.

- **-er et une inflexion sur a, o, u pour de nombreux monosyllabes neutres.**
Exemples : das Feld/die Felder *champ/champs*, das Dorf/die Dörfer *village/villages*.

5 **Indiquez le pluriel des mots suivants.**

a. das Kind ➜ ....

b. das Mädchen ➜ ....

c. das Buch ➜ ....

d. das Fenster *fenêtre* ➜ ....

e. das Bild *image* ➜ ....

f. das Zimmer *pièce* ➜ ....

6 **L'habillement : indiquez le singulier des noms suivants.**

a. die Hüte *chapeau* ➜ der ....

b. die Mäntel *manteau* ➜ der ....

c. die Röcke *jupe* ➜ der ....

d. die Kleider *robe* ➜ das ....

e. die Hosen *pantalon* ➜ die ....

f. die Schuhe *chaussures* ➜ der ....

g. die Strümpfe *chaussettes* ➜ der ....

h. die Hemden *chemise* ➜ das ....

i. die Blusen *corsage* ➜ die ....

Bravo, vous êtes venu à bout du chapitre 8 ! Il est maintenant temps de comptabiliser les icônes et de reporter le résultat en page 128 pour l'évaluation finale.

9

Accusatif

Emploi et déclinaison

	Article défini	Article indéfini	Sans article
Masculin	**den** jung**en** Mann	**einen** jung**en** Mann	jung**en** Mann
Féminin	**die** junge Frau	**eine** junge Frau	junge Frau
Neutre	**das** junge Mädchen	**ein** jung**es** Mädchen	jung**es** Mädchen
Pluriel	**die** jung**en** Männer/ Frauen/Mädchen	jung**e** Männer/ Frauen/ Mädchen	jung**e** Männer/ Frauen/ Mädchen

- L'accusatif est le 2ᵉ cas. On l'emploie pour marquer **le complément d'objet direct :** jemanden/etwas haben, kaufen, kennen, etc. (*avoir, acheter, connaître quelqu'un/ quelque chose, etc.*) → Wir haben einen kleinen Hund. *Nous avons un petit chien.*

- Remarquez que, par rapport au nominatif, seul le masculin change (voir tableau p. 20). En général, les verbes allemands construits avec un accusatif correspondent à des verbes français construits avec un complément d'objet direct. Il existe néanmoins des exceptions, notamment jemanden fragen + acc. *demander à quelqu'un*, jemanden/etwas brauchen + acc. *avoir besoin de quelqu'un/quelque chose.* → Frag den Mann. *Demande au monsieur.*

- On emploie l'accusatif après certaines prépositions, notamment : **durch** *à travers*, **für** *pour*, **gegen** *contre*, **ohne** *sans,* **um** *autour.* → Das ist für die junge Frau. *C'est pour la jeune femme.* Notez les contractions possibles avec das : durch das → durchs, für das → fürs, um das → ums.

- Les **pronoms interrogatifs** *qui* et *que/quoi* correspondent à **wen** et **was** à l'accusatif. Exemples : Wen kennst du? *Qui connais-tu ?* Was hast du? *Qu'est-ce que tu as ?*

- Particularité : certains noms masculins, dits **masculins faibles**, prennent un **-n** à l'accusatif. Il s'agit notamment des noms se terminant par **-e** au nominatif. Exemple : der/ein Junge → Kennst du den/einen Jungen? Notez aussi les particularités suivantes: der/ein Herr *le/un monsieur* → den/einen Herrn ; der/ein Polizist *le/un policier* → den/einen Polizisten ; der/ein Student *l'/un étudiant* → den/einen Studenten.

1 Le logement : ajoutez les marques de l'accusatif aux articles ou aux adjectifs.

a. den groß.........Schrank
armoire

b. ein.......... großen Tisch

c. ein klein .... Haus

d. ein groß .... Sofa
canapé

e. das groß .... Bett *lit*

f. ein .... großen Garten
jardin

g. d .... großen Stuhl
chaise

h. ein...... große Wohnung

i. ein .... großen Teppich
tapis

j. groß.............. Schlüssel
clés, pluriel

2 Complétez par les désinences adéquates. Le genre de certains mots est indiqué entre parenthèses : M = masculin, F = féminin, N = neutre, P = pluriel.

a. Ich nehme d .... klein .... Stuhl?

b. Wir brauchen ein ..... Lampe **(F)** *(lampe)* für d .... neu .... Wohnung.

c. Ich habe ein............. neu........ Telefon **(N)**. *(téléphone)*

d. Das Haus hat ein ..... groß .... Garten.

e. Wir sind gegen d ..... Reform. **(F)** *(réforme)*

f. W .... brauchst du? – Den Schlüssel. *(clé)*

g. Ich frage d .... Kinder.

h. W .... fragst du? – Ich frage d ..... Herr .... da. *(là)*

i. Suche möbliert ...... Zimmer. **(N)** *(cherche chambre meublée)*

Pronoms personnels

Ils se déclinent également, selon le tableau ci-dessous.

ich	du	er	sie	es	wir	ihr	sie	Sie
mich	**dich**	**ihn**	**sie**	**es**	**uns**	**euch**	**sie**	**Sie**

3 **Répondez en utilisant le pronom personnel.**

a) Brauchst du das Buch. → **Ja, ich brauche es.**

a. Brauchst du die Lampe?
– Ja, ich brauche ....

b. Kaufst du den Tisch?
– Ja, ich kaufe ....

c. Hast du das Telefon?
– Ja, ich habe ....

b) Siehst du uns ? → **Ja, ich sehe euch.**

d. Ist das für euch?
– Nein, das ist nicht für ....

e. Liebst du mich?
– Ja, ich liebe ....

f. Ist das für dich?
– Ja, das ist für ....

Pronoms indéfinis einen/keinen, etc.

Ils remplacent le groupe nominal et se traduisent par *en... un/...une/...pas*. Ils se déclinent à tous les cas, mais en débutant, vous les emploierez surtout à l'accusatif :

- **Masculin :** Hast du einen Ausweis? *As-tu une pièce d'identité ?* – Ja, ich habe einen./Nein, ich habe keinen. *Oui, j'en ai une./Non, je n'en ai pas.*

- **Féminin :** Hast du eine Uhr? *As-tu une montre ?* – Ja, ich habe eine./Nein, ich habe keine. *Oui, j'en ai une./Non, je n'en ai pas.*

- **Neutre :** Hast du ein Auto? *As-tu une voiture ?* – Ja, ich habe eins./Nein, ich habe keins. *Oui, j'en ai une./Non je n'en ai pas.*

- **Pluriel :** Hast du Zigaretten? *As-tu des cigarettes ?* – Ja, ich habe welche./Nein, ich habe keine. *Oui, j'en ai./Non, je n'en ai pas.*

4 **Remplacez le groupe nominal par le pronom indéfini EINEN, KEINEN, etc..**

a. Trinkst du auch *(aussi)* einen Kaffee *(café)*? – Ja, ich trinke auch ....

b. Ich brauche einen roten Stift. *(stylo rouge)* Hast du ....? – Nein, ich habe ....

c. Haben Sie ein Heft ? – Ja, ich habe ....

d. Hat sie Kinder? – Nein, sie hat ....

e. Ich reserviere *(réserver)* ein Zimmer. – Ich reserviere auch ....

Absence d'article

Dans le cas d'une **quantité indénombrable**, le groupe nominal se construit sans article. En français, au contraire, les substantifs désignant une quantité indénombrable se construisent, selon le cas, avec ou sans article.
Exemples : Ich habe Zeit. *J'ai le temps.* Ich habe Hunger. *J'ai faim.*

5 Quantité dénombrable ou indénombrable ? Traduisez ces phrases en utilisant les mots suivants :

das Pech
la malchance/poisse

das Glück
la chance

der Durst
la soif

die Tasche
le sac

der Schlüssel
la clé

das Geld
l'argent

a. As-tu de l'argent ? ➔...

b. Nous avons soif. ➔ ....

c. J'ai la poisse. ➔ ....

d. As-tu le sac ? ➔ ....

e. A-t-il la clé ? ➔ ....

f. Ils ont de la chance. ➔ ....

Bravo, vous êtes venu à bout du chapitre 9 ! Il est maintenant temps de comptabiliser les icônes et de reporter le résultat en page 128 pour l'évaluation finale.

Formation

wo	wer	wie
où (locatif)	*qui* (nom.)	*comment*
wohin	**wen**	**wann**
où (direction)	*qui* (acc.)	*quand*
woher	**was**	**warum**
d'où	*que/quoi*	*pourquoi*

La question peut, comme en français, se formuler avec ou sans pronom interrogatif.

- **Sans pronom interrogatif :** verbe conjugué + sujet + complément(s) éventuel(s).
  Exemple : Kommst du morgen? *Viens-tu/*

Tu viens demain ? En allemand, la question commence généralement par le verbe, alors qu'en français, le verbe peut être avant ou après le sujet. Par ailleurs, on ne met pas de tiret entre le verbe et le sujet.

- **Avec pronom interrogatif :** pronom interrogatif + verbe conjugué + sujet + complément(s) éventuel(s).
  Exemple : Warum kommst du morgen ? *Pourquoi viens-tu demain?/Pourquoi (est-ce que) tu viens demain ?*

1 Remettez les éléments dans l'ordre pour formuler des questions sans pronom interrogatif.

> aus
> kommt ? ihr
> München

> Film die ?
> sehen
> Kinder einen

> Buch du
> ein ?
> liest neues

a. ....
....
....

b. ....
....
....

c. ....
....
....

2 Complétez les phrases par le pronom interrogatif adéquat.

Warum   Was   **Wohin**   **Wer**
   Wie   Woher
Wo   **Wann**   **Wen**

a. .... wohnen Sie? – In Bonn.

b. .... machst du? – Ich arbeite.

c. .... heißen Sie? – Paula Fischer.

d. .... fragt ihr? – Den Lehrer.

e. .... geht er? – Nach Hause.

f. .... fährst du nach München?
– Morgen.

g. .... kommt er nicht? – Er ist krank. *(malade)*

h. .... ist sie? – Sehr hübsch.

i. .... sind Sie? – Ich bin der neue Deutschlehrer.

j. .... kommen sie? – Aus England.

Traduire quel/quels/quelle/quelles et quelle sorte de

	Masculin	Féminin	Neutre	Pluriel
Nominatif	welcher was für ein	welche was für eine	welches was für ein	welche was für
Accusatif	welchen was für einen	welche was für eine	welches was für ein	welche was für

Notez que ce tableau se limite aux deux premiers cas de la déclinaison allemande.

- **Welch- + substantif** correspond à *quel* + substantif : Welchen Mantel kaufst du? *Quel manteau achètes-tu ?* (acc. masc.)

- **Was für ein-/was für (au pluriel) + substantif** correspond *à quelle sorte de*. Attention ! Ici, **für** n'a pas la valeur d'une préposition et la déclinaison de ein dépend de la fonction de son groupe nominal dans la phrase.
→ Nominatif masculin : Was für ein Film ist das? *Quelle sorte de film est-ce ?*

→ Accusatif masculin : Was für einen Wagen kaufst du? *Quelle sorte de voiture achètes-tu ?*

3 Complétez par les désinences si nécessaire.

a. Welch .... Sprache ist das?

b. Welch .... Buch liest du?

c. Welch .... Land kennst du?

d. Welch .... Zug nimmst du?

e. Welch .... Plätze sind frei?

f. Was für ein...................................... Wagen ist das?

g. Was für .... Bücher liest du?

4 Vous souvenez-vous des tournures **WIE ALT... ? / WIE SPÄT ... ? / WIE VIEL ...?** Testez vos connaissances et complétez les questions suivantes.

a. .... ist es? Es ist 10 Uhr.

b. .... bist du? Ich bin 18.

c. .... kostet es? 35 Euros.

5 Complétez les phrases par le pronom interrogatif adéquat.

a. .... nicht? *Pourquoi pas ?*

b. .... ist es möglich? *Comment est-ce possible ?*

c. .... bist du? Und .... machst du?
Qui es-tu ? Et que fais-tu ?

Les questions indirectes

Elles sont introduites par :

- **un pronom interrogatif** : Ich weiß nicht, **wann** ich nach Hause gehe. *Je ne sais pas quand je rentre à la maison.* Ich sage dir nicht, **wer** kommt. *Je ne te dis pas qui vient.*

- **la conjonction ob** *si*. À ne pas confondre avec le si conditionnel (voir p. 78) celle-ci est souvent précédée des verbes (nicht) wissen *(ne pas) savoir*, ou fragen *demander*. Exemple : Wissen Sie, ob er kommt? *Savez-vous s'il vient (ou non) ?*

- **Attention à la syntaxe** : le verbe est rejeté en fin de phrase. Vous noterez aussi la virgule obligatoire après la proposition principale.

- Le verbe **wissen** *savoir* a une conjugaison particulière : ich weiß, du weißt, er/sie/es weiß, wir wissen, ihr wisst, sie/Sie wissen.

6 Complétez les phrases par WO, OB, WOHER, WANN, WOHIN, WIE ou WARUM.

a. Wissen Sie, ... er Kinder hat?
Savez-vous s'il a des enfants ?

b. Ich weiß nicht, ... ich kommen soll.
Je ne sais pas quand je dois venir.

c. Weißt du, ... seine Familie kommt?
Sais-tu d'où vient sa famille ?

d. Wisst ihr, ... ich ein Hotel finden kann?
Savez-vous où je peux trouver un hôtel ?

e. Wir wissen nicht, ... Peter fährt.
Nous ne savons pas où va Peter.

f. Weißt du, ... es ist?
Sais-tu comment c'est ?

g. Wissen Sie, ... er nicht kommt?
Savez-vous pourquoi il ne vient pas ?

Bravo, vous êtes venu à bout du chapitre 10 ! Il est maintenant temps de comptabiliser les icônes et de reporter le résultat en page 128 pour l'évaluation finale.

Réponses

Ja *oui*, nein *non*, doch *si*

• Kommst du morgen? *Viens-tu demain ?*
– Ja, ich komme. *Oui, je viens.*
– Nein, ich komme nicht. *Non, je ne viens pas.*

• Kommst du morgen nicht? *Ne viens-tu pas demain ?*
– Doch, ich komme. *Si, je viens.*
– Nein, ich komme nicht. *Non, je ne viens pas.*

❶ Complétez les phrases par JA, NEIN ou DOCH.
Exemple : Ist sie hübsch? ➜ Ja, sie ist hübsch.

a. Ist es nicht gut? ➜ .... , es ist nicht gut.

b. Ist es gut? ➜.................................... , es ist nicht gut.

c. Ist es nicht gut? ➜ .... , es ist gut.

d. Ist es gut? ➜ .... , es ist gut.

e. Ist die Übung schwer? *(difficile)* ➜ Oh .... ,
sie ist sehr schwer.

f. Verstehst du die Übung? *(comprendre)* ➜ .... ,
ich verstehe nicht.

❷ Complétez les réponses par les mots suivants :

Pech Dienstag März Hunger

a. Hat er Glück? – Nein, er hat ....

b. Ist heute Mittwoch? -Nein, heute ist ....

c. Kommt er im April? -Nein, er kommt im ....

d. Hast du Durst? –Nein, ich habe ....

3 **Complétez le reste de la phrase en remplaçant le groupe nominal souligné par le pronom personnel adéquat.**

Exemple : Kennst du <u>die Dame</u>? → Ja, ich kenne <u>sie</u>.

a. Siehst du <u>die Sonne</u> nicht? *(soleil)*
➜ Doch, ...

b. Kennst du <u>den Herrn</u>?
➜ Ja, ...

c. Kennt er <u>die Leute</u>? *(gens)*
➜ Nein, ...

La négation

Elle s'exprime soit avec **kein** soit avec **nicht**. **Kein** est un pronom qui se décline, **nicht** en revanche est un adverbe, il est donc invariable.

	Masculin	Féminin	Neutre	Pluriel
Nominatif	kein	keine	kein	keine
Accusatif	keinen	keine	kein	keine

Notez que ce tableau se limite aux deux premiers cas de la déclinaison allemande.

- **Kein** est la négation de l'article indéfini ein et il suit la même déclinaison.
  – **Accusatif masculin** → Ich habe <u>einen</u> Wagen./Ich habe <u>keinen</u> Wagen.
  – **Nominatif neutre** → Es ist <u>ein</u> Problem./ Es ist <u>kein</u> Problem.
  – Contrairement à ein, kein a une **forme plurielle :** accusatif pluriel → Ich habe Kinder./Ich habe <u>keine</u> Kinder.

- **Nicht** est la négation pour les autres cas et, selon le contexte, son emplacement dans la phrase peut varier. En règle générale, nicht se place :
  → **devant le mot / groupe nominal** à nier quand il s'agit d'un adjectif, d'un adverbe, d'un attribut du sujet ou d'un complément d'objet avec préposition. Il occupe la même place que « pas ».
  Exemples : Er ist nicht groß. *Il n'est pas grand.* Er fährt nicht schnell. *Il ne roule pas vite.* Ich bin nicht Sabine. *Je ne suis pas Sabine.* Er wohnt nicht in Berlin. *Il n'habite pas à Berlin.*

  → **derrière les adverbes de temps** comme gestern *hier*, heute *aujourd'hui*, morgen *demain*, jetzt *maintenant* et derrière le complément d'objet sans préposition.
  Exemples : Er kommt heute nicht. Ich kenne die Stadt nicht. *Il ne vient pas aujourd'hui. Il ne connaît pas la ville.*

  Attention, il s'agit d'une partie de la règle sur la place de nicht.

4 Mettez ces phrases à la forme négative en utilisant **NICHT** ou **KEIN**.

a. Ich arbeite gut.
→ Ich arbeite .... gut.

b. Ich kaufe das Buch.
→ Ich kaufe das Buch...

c. Ich heiße Petra.
→ Ich heiße .... Petra.

d. Das ist für dich.
→ Das ist ....für dich.

e. Er ist ein guter Freund.
→ Er ist .... guter Freund.

f. Ich habe Zigaretten. (*cigarettes*)
→ Ich habe .... Zigaretten.

5 Selon la règle p. 45, cochez la phrase où **NICHT** est correctement placé.

1. a. ◯ Ich liebe dich **nicht**.
   b. ◯ Ich liebe **nicht** dich.

2. a. ◯ Ich arbeite heute **nicht**.
   b. ◯ Ich arbeite **nicht** heute.

3. a. ◯ Ich kenne ihn **nicht**.
   b. ◯ Ich kenne **nicht** ihn.

4. a. ◯ Das ist mein Mann **nicht**.
   b. ◯ Das ist **nicht** mein Mann.

Particularité de KEIN

Kein est aussi la négation d'une proposition nominale sans article (voir chapitre Accusatif, p. 36)

- Ich habe Glück. → Ich habe <u>kein</u> Glück. *Je n'ai pas de chance.* Das Glück est un nom neutre singulier et il est à l'accusatif dans cette phrase, d'où **kein**.

- Ich habe Hunger. → Ich habe <u>keinen</u> Hunger. *Je n'ai pas faim.* Der Hunger est un nom masculin singulier et il est à l'accusatif dans cette phrase, d'où **keinen**.

6 Mettez les phrases suivantes à la forme négative. Le genre est indiqué entre parenthèses (M = masculin, F = féminin, N = neutre, P = pluriel).

a. Ich brauche Geld. **(N)**
→ ....

b. Ich habe Zeit. **(F)**
→ ....

c. Ich trinke Bier. **(N)**
→ ....

d. Ich habe Durst. **(M)**
→ ....

e. Ich esse Fleisch. **(N)** *(manger/viande)*
→ ....

f. Sie hat Salz. **(N)** *(sel)*
→ ....

Bravo, vous êtes venu à bout du chapitre 11 ! Il est maintenant temps de comptabiliser les icônes et de reporter le résultat en page 128 pour l'évaluation finale.

Datif

Emploi et déclinaison

	Article défini	Article indéfini	Sans article
Masculin	**dem** jung**en** Mann	**einem** jung**en** Mann	jung**em** Mann
Féminin	**der** jung**en** Frau	**einer** jung**en** Frau	jung**er** Frau
Neutre	**dem** jung**en** Mädchen	**einem** jung**en** Mädchen	jung**em** Mädchen
Pluriel	**den** jung**en** Männer**n**/ Frauen/Mädchen	jung**en** Männer**n**/ Frauen/Mädchen	jung**en** Männer**n**/ Frauen/Mädchen

- Le datif est le 3e cas. Il s'emploie pour marquer le **complément d'objet indirect**. Exemples : jemandem schreiben, gefallen, gehören *écrire, plaire, appartenir à quelqu'un.* Der Ball gehört dem kleinen Mädchen. *La balle appartient à la petite fille.*

- Notez que jemandem danken, gratulieren, helfen *remercier, féliciter, aider quelqu'un* se construisent en allemand avec **un datif**, alors qu'en français, ils impliquent un complément d'objet direct.
Par ailleurs, tous les substantifs pluriels prennent un **-n** au datif, exceptés ceux dont la marque du pluriel se termine déjà par **-n**.

- Le datif s'emploie après des prépositions, dont **aus** *de/hors de*, **mit** *avec*, **nach** *après**, **seit** *depuis*, **von** *de (la part de)* et les prépositions spatiales **zu, bei, von** *chez, de.*
Exemples : Was machst du **nach** der Schule? *Que fais-tu après l'école ?* Quant à la règle du **-n** pour les masculins faibles, elle vaut aussi pour le datif : Es gehört **dem** Jung**en**. *Ça appartient au garçon.*

- Le pronom interrogatif *à qui* correspond à **wem**. Exemple : Wem schreibst du? *À qui écris-tu ?*

* À ne pas confondre avec le directionnel **nach** qui se construit sans article : Ich gehe nach Berlin/nach Hause. *Je vais à Berlin/à la maison.*

 Indiquez le datif des groupes nominaux suivants.

a. eine gute Bäckerei *une bonne boulangerie*
➜ ....

b. der große Supermarkt *le grand supermarché*
➜ ....

c. das neue Geschäft *le nouveau magasin*
➜ ....

d. die kleinen Geschäfte *les petits magasins*
➜ ....

2 Complétez les phrases par les désinences. Le genre est indiqué pour les nouveaux substantifs.

a. Das Buch gefällt d .... Herr ....

b. W .... gehört das Buch?

c. Ich schreibe d .... Deutschlehrer eine Mail.

d. Das Buch ist von ein.............. klein........... Mädchen.

e. Der Kuchen schmeckt d .... Kinder ....
(plaire, être bon – aliment)

f. Ich arbeite viel mit d .... neu .... Computer.
(M) *(ordinateur)*

g. Wir kommen nach d.............. Arbeit. **(F)** *(travail)*

h. Wir wohnen seit ein .... Jahr in Berlin. **(N)** *(an)*

i. Fatima kommt aus d.............. Türkei.

j. Es gehört d......... klein .... Kinder.......

Les prépositions spatiales zu, bei, von

Zu, **bei**, et **von** s'emploient avec les personnes et les lieux. Il existe plusieurs contractions possibles avec l'article défini, dem ou der, précisés ci-dessous.

- **Zu pour la direction**
Contractions possibles : zu + dem → **zum** ou zu + der → **zur**
Exemple : Ich gehe **zum** Bäcker / **zur** Bäckerei. *Je vais chez le boulanger/à la boulangerie.*

- **Bei pour le locatif**
Contraction possible : bei + dem → **beim**
Exemple : Ich bin **beim** Bäcker/**bei der** Bäckerei. *Je suis chez le boulanger/à la boulangerie.*

- **Von provenance**
Contraction possible : von + dem → **vom**
Exemple : Ich komme **vom** Bäcker /**von der** Bäckerei. *Je viens de chez le boulanger/de la boulangerie.*

3 **Complétez les phrases par ZU, BEI ou VON. Notez que dans les occurrences b, e et f, il s'agit d'articles contractés.**

a. Morgen fahre ich .... meinen Eltern. *(mes parents)*

b. Kannst du bitte schnell .... r Metzgerei *(charcuterie)* gehen.

c. Wir wohnen .... unseren Freunden. *(nos)*

d. Sie kommt............................... ihrem Freund. *(son)*

e. Gehst du morgen ....r Schule?

f. Wir kommen gerade ....m Arzt. *(médecin)*

Les pronoms personnels au datif

ich	du	er	sie	es	wir	ihr	sie	Sie
mir	dir	ihm	ihr	ihm	uns	euch	ihnen	Ihnen

4 **Complétez les réponses par le pronom personnel adéquat au datif.**
Exemple : Schreibst du uns? — Ja, ich schreibe _euch_. (tutoiement pluriel)

a. Schreibst du mir?
– Ja, ich schreibe ....

b. Hilft dir das?
– Ja, das hilft ....

c. Gefällt euch das?
– Ja, das gefällt ....

d. Passt mir das gut?
Ça me va bien ?
– Ja, das passt .... gut.
(tutoiement singulier)

e. Gehört uns das?
– Ja, das gehört ....
(tutoiement pluriel)

f. Schmeckt euch das?
– Ja, das schmeckt ....

Constructions au datif

- Mir ist kalt! Mir ist warm! Mir ist heiß! *J'ai froid ! J'ai chaud ! J'ai très chaud !* Ce genre de constructions au datif est assez fréquent en allemand. Notez bien la syntaxe : **complément au datif + ist + kalt/warm/heiß**.

- Dans une interrogative, le complément au datif et le verbe sont inversés : Ist dir kalt? *As-tu froid ?*

- Notez aussi la tournure suivante. Elle est sûrement la plus connue des constructions au datif : **Wie geht es Ihnen ? – Gut danke. Und Ihnen?** *Comment allez-vous ? Bien merci. Et vous ? (Littéralement : Comment ça va à vous ? Bien merci. Et à vous ?)*

---

5 **Traduisez les phrases suivantes.**

a. Nous avons chaud. → ....

b. Elles ont froid. → ....

c. Avez-vous chaud ? → *(tutoiement pluriel)* ....

d. A-t-elle froid ? → ....

e. Avez-vous froid ? → *(vouvoiement)* ....

f. Il a chaud. → ....

6 **Traduisez les échanges suivants.**

a. Comment allez-vous ? Bien merci. Et vous ? (tutoiement pluriel)
→ ....

b. Comment vas-tu ? Bien merci. Et toi ?
→ ....

Bravo, vous êtes venu à bout du chapitre 12 ! Il est maintenant temps de comptabiliser les icônes et de reporter le résultat en page 128 pour l'évaluation finale.

13

Les possessifs

Emploi et déclinaison

Possesseur	ich	du	er/es	sie	wir	ihr	sie	Sie
Masculin/Neutre	mein	dein	sein	ihr	unser	euer	ihr	Ihr
Féminin/Pluriel	mein**e**	dein**e**	sein**e**	ihr**e**	unser**e**	eu(e)r**e***	ihr**e**	Ihr**e**

*Le e est généralement élidé.

- **Mein, dein, sein,** etc. correspondent à *mon, ton, son*, etc. et se déclinent sur le modèle de ein/kein. Il est important de distinguer le radical, en noir dans le tableau, et la terminaison, en rouge. Notez aussi que ce tableau se limite au nominatif.

- **Le radical** change en fonction du possesseur : ich → mein, du → dein, etc.

- **La terminaison** change en fonction du possédé : masculin nominatif → mein Vater *mon père*, féminin nominatif → mein**e** Mutter *ma mère*, neutre nominatif → mein Kind *mon enfant*, pluriel nominatif → mein**e** Kinder *mes enfants*. Vous noterez que le masculin et le neutre au nominatif ne prennent pas de terminaison et que ces exemples se réfèrent au possesseur **ich**.

- **Attention**, la 3e personne du singulier prête souvent à confusion :

  – **un possesseur masculin ou neutre implique le radical sein.**
  Exemple : possesseur = Paul → sein Vater, sein**e** Mutter, sein Kind, sein**e** Eltern *Son père, sa mère, son enfant, ses parents (de Paul).*
  Possesseur = das Kind → sein Vater, sein**e** Mutter, sein**e** Eltern *Son père, sa mère, ses parents (de l'enfant).*

  – **un possesseur féminin implique le radical ihr.**
  Exemple : Sabine → ihr Vater, ihr**e** Mutter, ihr Kind, ihr**e** Eltern *Son père, sa mère, son enfant, ses parents (de Sabine).*

- Notez que l'adjectif possessif **ihr** équivaut aussi à la 3e personne du pluriel :
  Paul und Sabine → ihr Vater, ihr**e** Mutter.
  Paul et Sabine → *leur père, leur mère (de Paul et Sabine).*

1 Complétez les phrases en utilisant l'adjectif possessif adéquat, le possesseur étant toujours le nom ou le pronom personnel souligné.

Exemple : <u>Ich</u> arbeite in Frankreich, aber *(mais)* <u>meine</u> Frau arbeitet in Deutschland.

a. <u>Wir</u> wohnen in Berlin, aber..................... Sohn wohnt in München.

b. <u>Du</u> arbeitest in München. Und wo arbeitet .... Freundin?

c. <u>Sabine</u> kommt nicht, aber .... Freund kommt. *(ami)*

d. <u>Ihr</u> sagt ja, aber .... Vater sagt nein.

e. <u>Er</u> hat Geld und .... Frau hat auch Geld. *(femme)*

f. <u>Ich</u> arbeite viel, aber ....Chef arbeitet wenig *(peu)*.

2 Cochez le bon possessif.

a. Ist Paul krank? Nein, aber
- [ ] sein
- [ ] seine
- [ ] ihr

Bruder ist krank.

b. Kommt Paula heute? Nein, aber
- [ ] ihre
- [ ] seine
- [ ] ihr

Eltern kommen.

c. Ist Paula müde *(fatiguée)*? Nein, aber
- [ ] ihr
- [ ] seine
- [ ] sein

Bruder ist müde.

d. Sind die Kinder in Berlin? Nein, aber
- [ ] seine
- [ ] ihre
- [ ] ihr

Vater ist in Berlin.

e. Wohnt Peter in München? Nein, aber
- [ ] seine
- [ ] ihre
- [ ] sein

Schwester wohnt in München.

Déclinaisons à l'accusatif et au datif

Les terminaisons (en rose) sont communes à toutes les personnes. Notez aussi que le neutre accusatif n'en prend pas.

Kennt er mein**en** Vater? *Connaît-il mon père ?*
– Ja, er kennt dein**en** Vater. *Oui, il connaît ton père.*

Gehört es mein**em** Sohn oder dein**em** Sohn? *Cela appartient à mon fils ou à ton fils ?*

	Masculin	Féminin	Neutre	Pluriel
Accusatif	mein**en**	mein**e**	mein	mein**e**
Datif	mein**em**	mein**er**	mein**em**	mein**en**

3 Complétez les tableaux suivants.

	Masculin	Féminin	Neutre	Pluriel
Accusatif	dein**en**		dein	
Datif	dein**em**			

	Masculin	Féminin	Neutre	Pluriel
Accusatif				
Datif	unser**em**			unser**en**

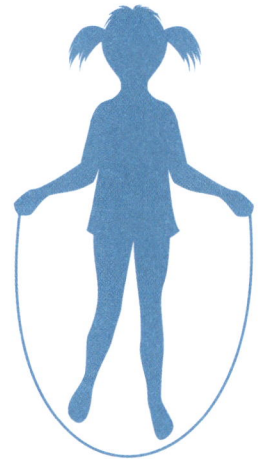

4 La famille : mémorisez les nouveaux mots et traduisez les mots déjà étudiés.

a. die Eltern ➜ *les parents*

b. der Vater ➜ ....

c. die Mutter ➜ ....

d. die Tochter ➜ ....

e. der Sohn ➜ ....

f. der Bruder ➜ ....

g. die Schwester ➜ ....

h. der Onkel ➜ *l'oncle*

i. die Tante ➜ ....

Die Großeltern signifient *les grands-parents*. À votre avis, comment dit-on :

j. la grand-mère ➜ ....

k. le grand-père ➜ ....

5 Complétez par les terminaisons adéquates.

a. Sabine ist bei ihr......................... Vater.

b. Kennst du ihr........................... Vater?

c. Das ist für dein .... Mutter.

d. Seid ihr bei eur .... Eltern?

e. Wir sagen es unser .... Lehrer.

f. Mein....... Schwester kommt heute nicht.

g. Morgen treffe ich eur .... Eltern.

h. Sie kommen mit ihr .... Kindern.

6 Complétez les phrases par l'adjectif possessif qui convient. Le genre est indiqué entre parenthèses :
M = masculin, F = féminin, N = neutre, P = pluriel.

a. Das ist nicht .... Problem **(N)**.
Ce n'est pas votre problème. (tutoiement pluriel)

b. Heute ist .... Geburtstag **(M)**.
Aujourd'hui, c'est mon anniversaire.

c. Und was ist .... Meinung **(F)**?
Et quel est votre avis ? (vouvoiement)

d. Wie ist .... Name **(M)**?
Quel est ton nom ?

e. Wie ist .... Telefonnummer **(F)**?
Quel est ton numéro de téléphone ?

f. Schwarz, Rot, Gold das sind .... Farben **(P)**.
Noir, rouge, or, ce sont nos couleurs.

Bravo, vous êtes venu à bout du chapitre 13 ! Il est maintenant temps de comptabiliser les icônes et de reporter le résultat en page 128 pour l'évaluation finale.

Verbes de modalité

Emploi et conjugaison

	ich	du	er/sie/es	wir	ihr	sie/Sie
müssen *devoir/falloir*	muss	musst	muss	müssen	müsst	müssen
sollen *devoir*	soll	sollst	soll	sollen	sollt	sollen
wollen *vouloir*	will	willst	will	wollen	wollt	wollen
mögen *bien aimer/ vouloir/désirer*	mag möchte	magst möchtest	mag möchte	mögen möchten	mögt möchtet	mögen möchten
dürfen *avoir le droit*	darf	darfst	darf	dürfen	dürft	dürfen
können *pouvoir/savoir*	kann	kannst	kann	können	könnt	können

- Pour les deux conjugaisons, voir le paragraphe concernant le verbe **mögen** en page de droite.
- Les verbes de modalité présentent une conjugaison particulière et se construisent géné-ralement avec un infinitif rejeté en fin de phrase. Comme nous le verrons dans les exemples à venir, l'infinitif peut quelquefois être sous-entendu.

❶ Avant de passer aux verbes de modalité, testez vos connaissances. Traduisez ces infinitifs.

a. travailler ➜ ....

b. faire .➜ ....

c. aller ➜ ....

d. apprendre ➜ ....

e. venir ➜ ....

f. écrire ➜ ....

g. habiter ➜ ....

h. conduire/aller en voiture ➜ ....

Müssen et sollen

- **Müssen** *devoir* a le sens d'un ordre, d'une obligation, du « *il faut* » fran-çais : Mein Zug ist um 10 Uhr, ich muss los. (sous-entendu losfahren) *Mon train est à dix heures, je dois par-tir/il faut que je parte.*

- **Sollen** *devoir* a le sens d'un conseil, d'une raison/obligation morale : Du sollst mehr schlafen. Du brauchst es. *Tu dois dormir plus. Tu en as besoin.*

2 Complétez par MÜSSEN ou SOLLEN.

a. Du .... nicht lügen.
Tu ne dois pas mentir./Tu ne mentiras point.

b. Er .... arbeiten, denn er hat kein Geld.
Il faut qu'il travaille car il n'a pas d'argent.

c. Schnell, wir .... in die Schule gehen.
Vite, il faut aller à l'école.

d. Am Abend .... du weniger essen.
Le soir, tu dois moins manger.

Wollen et mögen

- **Wollen** *vouloir* a le sens d'une forte volonté : Ich will es versuchen. *Je veux (absolument) essayer.*

- **Mögen** utilisé au présent se réfère généralement au goût alimentaire et se traduit par *(bien) aimer* → Ich mag den Kuchen. *J'aime bien le gâteau.* Utilisé au subjonctif, il exprime un souhait. → Ich möchte es versuchen. *J'aimerais/voudrais (l') essayer.* Il se traduit souvent par le verbe *aimer/ vouloir* au conditionnel.

3 Complétez par WOLLEN ou MÖGEN.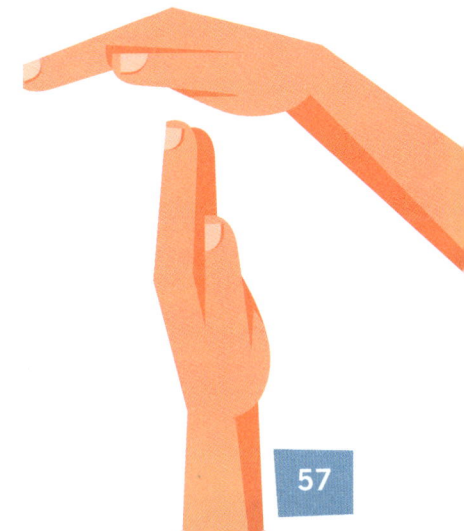

a. Nein! Wir .... nicht kommen.
Non ! Nous ne voulons pas venir.

b. .... du Schokolade?
Aimes-tu le chocolat ?

c. Ich .... eine Pause machen.
J'aimerais faire une pause.

d. .... ihr etwas essen?
Aimeriez-vous manger quelque chose ?

Können et dürfen

• **Können** *pouvoir/savoir* exprime une capacité, ou bien une (im)possibilité. Kannst du morgen kommen oder arbeitest du? *Peux-tu venir demain ou travailles-tu?* Ich kann nicht singen. *Je ne sais pas chanter.*

• **Dürfen** *pouvoir* a le sens de « avoir le droit/l'autorisation » : Darf man hier fotografieren? *A-t-on le droit de prendre des photos (Littéralement : de photographier) ici ?*

4 Complétez par KÖNNEN ou DÜRFEN.

a. .... Sie Tennis spielen?
Savez-vous jouer au tennis ?

b. Ich .... nicht bleiben. Mein Zug fährt in 20 Minuten.
Je ne peux pas rester. Mon train part dans 20 minutes.

c. Er .... nicht kommen! Seine Eltern wollen nicht.
Il ne peut pas/n'a pas le droit de venir. Ses parents ne veulent pas.

d. Mit 15 Jahren .... du keinen Alkohol trinken.
À 15 ans (Littéralement : Avec 15 ans), tu n'as pas le droit de boire de l'alcool.

5 Entourez le verbe adapté.

a. Kannst / darfst / musst du schwimmen?
Sais-tu nager ?

b. Du **musst / magst / sollst** für die Prüfung lernen.
Il faut que tu étudies pour l'examen.

c. Ihre Eltern **wollen / können / sollen** nicht.
Ses parents ne veulent pas.

d. Sie **darf / muss / möchte** nicht ins Kino gehen.
Elle n'a pas le droit d'aller au cinéma.

e. Dürft / könnt / möchtet ihr etwas trinken?
Aimeriez-vous boire quelque chose ?

6 Remettez les phrases dans l'ordre. Notez bien que certaines phrases sont des questions.

können wir Berlin nach fahren

wann essen möchtet ihr ?

Italien ich in möchte arbeiten

kommen ich nicht kann

darf rauchen hier man ?

a. ....
....
....

b. ....
....
....

c. ....
....
....

d. ....
....
....

e. ....
....
....

7 Sauriez-vous retrouver l'équivalent français de ces tournures allemandes ?

1. Wer will, der kann. •   • a. S'il le faut

2. Es kann sein. •   • b. C'est possible.

3. Ich kann nicht mehr. •   • c. Je n'en peux plus.

4. Wenn es sein muss. •   • d. Quand on veut, on peut.

Bravo, vous êtes venu à bout du chapitre 14 ! Il est maintenant temps de comptabiliser les icônes et de reporter le résultat en page 128 pour l'évaluation finale.

15
Parfait

Emploi et conjugaison

	machen	fahren	sprechen
ich	habe... gemacht	bin... gefahren	habe... gesprochen
du	hast... gemacht	bist... gefahren	hast... gesprochen
er/sie/es	hat... gemacht	ist... gefahren	hat... gesprochen
wir	haben... gemacht	sind... gefahren	haben... gesprochen
ihr	habt... gemacht	seid... gefahren	habt... gesprochen
sie/Sie	haben... gemacht	sind... gefahren	haben... gesprochen

Le parfait est un temps composé qui correspond au passé composé français. Il sert à exprimer un événement accompli ayant un rapport avec le présent. Il se construit avec les auxiliaires **haben** ou **sein** + le participe passé du verbe. Pour de nombreux verbes, le participe passé se forme comme suit :

- **Verbes faibles : ge + radical de l'infinitif + (e)t → ge**macht. Il s'agit de verbes réguliers dont le radical de l'infinitif reste identique à tous les temps. Le **(e)** euphonique est rajouté notamment aux verbes dont le radical se termine par **-d** ou **-t** : baden → gebad<u>e</u>t.

- **Verbes forts : ge + radical du verbe + en → ge**fahren/**ge**sprochen. Il s'agit de verbes irréguliers dont le radical de l'infinitif change au prétérit (voir p. 64) et, pour certains d'entre eux, au parfait également sprechen → **ge**sprochen.

- **Attention !** Les verbes dont l'infinitif se termine par **-ieren** ou commence par la particule **ge-** (voir p. 92) forment leur participe passé sans **ge**. Exemple : telefonieren → telefoniert *téléphoné* **ge**hören → **ge**hört *appartenu*.

Attention à **ge**hen → **ge**gangen *allé* et **ge**ben → **ge**geben *donné*. Dans ces deux cas, **ge** n'est pas une particule : les participes passés sont donc formés sur **ge**. Ces verbes sont à mémoriser. Notez aussi les participes passés suivants : sein → **ge**we**sen** ; essen → **ge**g**essen**.

I Complétez les phrases par le participe passé des verbes faibles suivants.

arbeiten / kaufen / schicken envoyer / kosten / fragen / studieren étudier / wohnen / haben

a. Ich habe eine Mail
....

e. Es hat 50 Euros
....

b. Er hat .... ,
wann wir kommen.

f. Mein Bruder hat
Medizin (*médecine*)
....

c. Wir haben 5 Jahre
in Berlin ....

g. Wir haben Glück
....

d. Petra hat auch als
(*comme*) Lehrerin ....

h. Hast du Brot
.............................?

2 **Complétez les phrases par les participes passés des verbes forts suivants.**

geflogen (fliegen) / gegangen (gehen) / geblieben (bleiben) / gesehen (sehen) / geschrieben (schreiben) / geholfen (helfen)

a. Ich habe ihm einen langen Brief *(long)* ....

b. Wir haben gestern einen schönen Film ....

c. Danke, du hast mir sehr *(beaucoup)* ....

d. Wo ist Sabine? – Sie ist zur Bäckerei ....

e. Sie ist gestern nach New York ....

f. Die Kinder sind bei meinen Eltern ....

Les verbes pronominaux

On conjugue avec haben :

- **les verbes transitifs** (= avec un complément d'objet direct). Exemple : Ich habe das Buch gelesen. *J'ai lu le livre.*

- **les verbes intransitifs** exprimant un état, un processus qui dure, une position. Exemple : Ich habe lange geschlafen. *J'ai dormi longtemps.*

- Notez que **beginnen*/anfangen*** *commencer* et **aufhören*** *arrêter* sont considérés comme des verbes d'état : ich habe begonnen/angefangen/aufgehört.

- **les verbes pronominaux.** Exemple : Ich habe mich auf Platz 5 gesetzt. *Je me suis assis à la place 5.* (voir p. 88)

On conjugue avec sein :

- **les verbes intransitifs** exprimant un changement d'état/de lieu ou de mouvement. Exemple : Ich bin nach Hause gegangen. *Je suis allé à la maison.*

- **bleiben et sein**, bien qu'ils marquent un état. Exemple : er ist geblieben *il est resté* ; er ist gewesen *il a été.*

*verbe sans **ge-** ou **ge-** après la particule (voir p. 92)

3 Complétez par **HABEN** ou **SEIN**.

a. Ich ……………………………… in Hamburg geboren.
Je suis né à Hambourg.

b. Ich ………… auf eine internationale Schule gegangen.
Je suis allé à une école internationale.

c. Ich ………………………………… Jura studiert.
J'ai étudié le droit.

d. Ich ……………………………… nach Rom umgezogen*.
J'ai déménagé à Rome.

e. Ich ……………………………… nicht viel gearbeitet.
Je n'ai pas beaucoup travaillé.

f. Aber ich …………… eine hüsche Italienerin geheiratet.
Mais j'ai épousé une belle italienne.

g. Und wir ……………………… viele Kinder bekommen.
Et nous avons eu (reçu) beaucoup d'enfants.

*Pour la formation du participe passé voir p. 94.

4 Retrouvez les infinitifs des participes passés suivants. Pour les verbes forts, cherchez la racine commune.

a. **nehmen** *prendre*   c. **kommen**   e. **geben**   g. **trinken**

b. **schließen** *fermer*   d. **sagen**   f. **malen** *peindre*   h. **lernen**

1. gegeben → …………………………………

2. gesagt →…………………………………

3. getrunken → …………………………………

4. genommen →…………………………………

5. gelernt → …………………………………

6. gekommen →…………………………………

7. geschlossen → …………………………………

8. gemalt → …………………………………

Bravo, vous êtes venu à bout du chapitre 15 ! Il est maintenant temps de comptabiliser les icônes et de reporter le résultat en page 128 pour l'évaluation finale.

Prétérit

Emploi et conjugaison

	Verbe faible	Verbe fort	Haben	Sein	Verbe de modalité
	spielen	sehen	haben	sein	müssen
ich	spielte	sah	hatte	war	musste
du	spieltest	sahst	hattest	warst	musstest
er/sie/es	spielte	sah	hatte	war	musste
wir	spielten	sahen	hatten	waren	mussten
ihr	spieltet	saht	hattet	wart	musstet
sie/Sie	spielten	sahen	hatten	waren	mussten

À l'origine, le prétérit s'utilisait pour rapporter un événement passé et terminé. De nos jours, il est essentiellement utilisé à l'écrit ; à l'oral il est fréquemment remplacé par le parfait, sauf pour les **verbes de modalité** ainsi que pour **haben** et **sein**, où il est obligatoire. Il se forme comme suit :

- **Verbes faibles :** radical de l'infinitif + terminaisons du prétérit (en rouge).

- **Verbes forts :** radical du verbe au prétérit + terminaisons du prétérit (en rouge). Au prétérit, tous les radicaux des verbes forts présentent une alternance vocalique.

- **Haben et sein** ont une conjugaison irrégulière.

- **Verbes de modalité :** radical du verbe au prétérit + terminaisons du prétérit (en rouge). Les terminaisons sont les mêmes que pour les verbes faibles. Le radical des verbes de modalité peut quant à lui être soit le même qu'à l'infinitif, soit différent : sollen → ich sollte ; wollen → ich wollte ; mögen → ich mochte ; dürfen → ich durfte ; können → ich konnte.

Conjuguez au prétérit le verbe faible **MACHEN** et le verbe fort **KOMMEN**.

	ich	du	er/sie/es	wir	ihr	sie/Sie
Machen	machte					
Kommen	kam					

2 **HEUTE** ou **FRÜHER** *aujourd'hui* et *avant (dans le passé)* : mettez les phrases suivantes au prétérit. Il ne s'agit que de verbes faibles.

a. Heute heiratet man im Schnitt mit 30 Jahren, früher ...... man mit 25 Jahren.
Aujourd'hui on se marie en moyenne à 30 ans, avant on se mariait à 25 ans.

b. Heute schickst du Emails, früher .... du Briefe.
Aujourd'hui tu envoies des e-mails, avant tu envoyais des lettres.

c. Heute arbeiten wir mit dem Computer, früher .... wir nicht mit dem Computer.
Aujourd'hui nous travaillons avec l'ordinateur, avant nous ne travaillions pas avec l'ordinateur.

d. Heute kostet eine Kinokarte rund 9 Euros, früher .... sie 2/3 Euros.
Aujourd'hui une place de cinéma coûte environ 9 euros, avant elle coûtait environ 2/3 euros.

e. Heute zahlt ihr in Euros, früher .... ihr in Deutschmark.
Aujourd'hui vous payez en euros, avant vous payiez en Deutschmarks.*

f. Heute studieren viele Frauen, früher .... wenige Frauen.
Aujourd'hui beaucoup de femmes étudient, avant peu de femmes étudiaient.

g. Heute wohnen viele Leute in der Stadt, früher ....viele Leute auf dem Land.
Aujourd'hui beaucoup de gens habitent en ville, avant beaucoup de gens habitaient à la campagne.

*Deutschmark : monnaie allemande avant l'euro.

3 Mots-croisés : malgré le changement de radical, l'infinitif et le prétérit gardent toujours une racine commune. Essayez de déduire l'infinitif.

	1	2	3	4	5	6	7	8	9	10
A										
B										
C										
D										
E										
F										
G										
H										
I										
J										

Verticale :
3C ging
5D gab
8E kam
10D sah

Horizontale :
1E fuhr
5H nahm
2J blieb

4 Complétez les phrases par **HABEN** ou **SEIN** au présent ou au passé.

a. Früher .... ich jung und .... kein Geld.

b. Heute .... ich Geld, aber ich .... alt.

c. Früher .... du keine Arbeit, nur Zeit, viel Zeit.

d. Heute .... du eine Arbeit, aber keine Zeit.

e. Früher .... ihr nichts, aber ihr .... frei (*libre*) und .... viele Pläne. (*beaucoup de projets*).

f. Heute .... ihr viel Geld.

g. Aber .... ihr frei (*libre*) und .... ihr noch (*encore*) viele Pläne?

5 Complétez les phrases par les verbes de modalité au prétérit.

können
a. Wir .... leider *(malheureusement)* nicht kommen.

dürfen
b. Mit 16 Jahren .... man nicht Auto fahren.

mögen
c. Früher .... ich keinen Wein.

sollen
d. Ihr .... eurer kleinen Schwester helfen.

wollen
e. Ich .... immer Pilot werden. *(devenir pilote)*

müssen
f. Ihr .... um 6 Uhr aufstehen. *(se lever)*

6 Reliez les adjectifs à leur contraire. Attention, pour un adjectif, il existe 2 contraires.

1. jung •

2. arm •

3. neu •

4. klein •

5. kalt •

    • **a.** groß

    • **b.** alt

    • **c.** reich

    • **d.** warm

Bravo, vous êtes venu à bout du chapitre 16 ! Il est maintenant temps de comptabiliser les icônes et de reporter le résultat en page 128 pour l'évaluation finale.

Futur I

Emploi et conjugaison

ich	du	er/sie/es	wir	ihr	sie/Sie
werde... machen	wirst... machen	wird... machen	werden... machen	werdet... machen	werden... machen

- Le futur I, futur simple en français, est un temps composé avec l'auxiliaire **werden** et il se construit comme suit. Notez que **werden** n'a pas d'équivalent grammatical en français.

- **Futur I. Auxiliaire werden au présent de l'indicatif + infinitif du verbe** en fin de phrase : Wir werden mit der Schule einen Ausflug machen. *Nous ferons une excursion avec l'école.*

- Toutefois, l'emploi du futur est moins fréquent en allemand qu'en français. Si un complément de la phrase ou bien le contexte général indique qu'il s'agit du futur, l'allemand utilisera plutôt le présent de l'indicatif.
Exemple : Am Sonntag <u>machen</u> wir einen Ausflug mit der Schule. *Dimanche, nous <u>faisons</u> une excursion avec l'école.*

 Voici une liste de verbes à l'infinitif. Mémorisez les nouveaux verbes et traduisez les verbes déjà étudiés.

a. besuchen ➜ *rendre visite*

b. anrufen ➜ *téléphoner*

c. kaufen ➜ ....

d. treffen ➜ *rencontrer*

e. fahren ➜ ....

f. schneien ➜ *neiger*

g. kommen ➜ ....

h. arbeiten ➜ ....

2 Construisez ces phrases au futur I en conjuguant les verbes.

a. ein Auto kaufen
→ Ich ....

b. eure Tante besuchen
→ Ihr ....

c. dich anrufen
→ Er ....

d. gut arbeiten
→ Wir ....

e. nach Berlin fliegen
→ Du ....

3 Complétez soit par la version au présent de l'indicatif soit par la version au futur, comme dans cet exemple :
Exemple : Es wird regnen. (*pleuvoir*) → **Morgen regnet es.**

a. Es wird schneien.
→ Morgen ....

b. Ich werde ans Meer fahren.
→ Im Juli ....

c. ....
→ Am Montag komme ich.

d. ....
→ Bald (*bientôt*) treffen wir ihn.

Werden

En plus de sa fonction d'auxiliaire, **werden** peut aussi être employé comme verbe. Il se conjugue comme l'auxiliaire et se traduit alors par les verbes *devenir* ou *être* au futur, ou bien par des tournures comme *il commence à/il va faire, il y aura*.

 4 Reliez les phrases suivantes avec leur traduction.

1. Es wird kalt. •

2. Sie wird hübsch. •

3. Er wird wie sein Vater. •

4. Er wird zwanzig. •

5. Er wird groß. •

• **a.** Il sera grand.

• **b.** Il va faire froid.

• **c.** Il va avoir vingt ans.

• **d.** Il devient comme son père.

• **e.** Elle sera belle.

Les métiers

- Er will Lehrer werden. *Il veut devenir professeur.*
Sie will Lehrerin werden. *Elle veut devenir professeur.*
- Notez que les noms de métiers féminins se forment à partir du masculin + suffixe **-in**.
- Exception : der Arzt / die **Ä**rztin où il faut ajouter l'inflexion.

5 Voici plusieurs métiers. Indiquez le féminin ou le masculin selon le cas. Aucun des noms ne prend d'inflexion.

a. Er will Architekt werden. *(architecte)* ....

b. Sie will Ingenieurin werden. *(ingénieur)* ....

c. Er will Musiker werden. *(musicien)* ....

d. Sie will Informatikerin werden. *(informaticienne)* ....

e. Er will Journalist werden. *(journaliste)* ....

f. Sie will Malerin werden. *(peintre)* ....

6 **Mots-croisés : inscrivez les jours de la semaine et des mois.**

	A	B	C	D	E	F	G	H	I	J	K	L	M	N	O	P
1																
2																
3																
4																
5																
6																
7																
8																
9																
10																
11																
12																
13																
14																
15																
16																
17																
18																
19																
20																
21																
22																
23																
24																

Verticale :
A13 décembre
C12 septembre
D2 juin
D9 mai
F3 février
F11 mercredi
I1 lundi
J16 août
K10 vendredi
M9 juillet
N18 octobre

Horizontale :
2H novembre
4B jeudi
7C janvier
9D mars
11I avril
13A mardi
16E dimanche
20J samedi

Bravo, vous êtes venu à bout du chapitre 17 ! Il est maintenant temps de comptabiliser les icônes et de reporter le résultat en page 128 pour l'évaluation finale.

Syntaxe – ordre des compléments

Formation

• Plusieurs verbes peuvent se construire avec un complément accusatif et datif en même temps, comme **jemandem etwas schreiben** *écrire quelque chose à quelqu'un*.
Dans ce cas, l'ordre des compléments varie selon s'il s'agit de substantifs ou de pronoms.

• Un groupe nominal datif précède un groupe nominal accusatif.
Exemple : Ich erkläre der Dame den Weg. *J'explique le chemin à la dame.*

• Un pronom accusatif précède un pronom datif.
Exemple : Ich erkläre ihn ihr. *Je le lui explique.*

• Un pronom précède un groupe nominal quel que soit le cas.
Exemple : Ich erkläre ihn der Frau. /Ich erkläre ihr den Weg. *Je l'explique à la dame./Je lui explique le chemin.*

• Vous remarquerez que contrairement au français, le verbe conjugué est toujours en deuxième position.

• Voici des verbes pouvant se construire en même temps avec un accusatif et un datif :

empfehlen *conseiller*
erklären *expliquer*
erzählen *raconter*
geben *donner*
kaufen *acheter*
leihen *prêter*
sagen *dire*
schenken *offrir*
schicken *envoyer*
schreiben *écrire*
wünschen *souhaiter*
zeigen *montrer*

I Complétez les phrases allemandes par les verbes soulignés.

a. Ich.............................. ihm ein Buch .
Je lui achète un livre.

b. Er .... seinem Vater einen Brief.
Il écrit une lettre à son père.

c. Ich .... dir mein Fahrrad.
Je te prête mon vélo.

d. Der Vater .... seinem Sohn die Übung.
Le père explique l'exercice à son fils.

2 Remettez ces éléments de phrase dans l'ordre, en commençant par le sujet.

dem Jungen
wir   schenken
eine Uhr
(montre)

leihe   ich
dem Kind
den Ball
(balle)

a. Wir ....
....
....

sie   wir
dem   Jungen
schenken

c. Ich ....
....
....

leihe
ihn   ich
ihm

b. Wir ....
....
....

leihe   den Ball
ich   ihm

d. Ich ....
....
....

e. Ich ....
....
....

3 Reprenez ces phrases en remplaçant les compléments soulignés par un pronom personnel et modifiez si nécessaire la syntaxe.
Exemple : Kauf dem Kind das Buch! → Kauf es dem Kind!

a. Gib dem Mann das Geld!
....

b. Gib dem Mann das Geld!
....

c. Gib dem Mann das Geld!
....

d. Erklär mir die Übung!
....

e. Erklär deiner Schwester die Übung!
....

4 Complétez les phrases en déclinant les groupes nominaux/pronoms suivants à l'accusatif ou au datif selon le cas.
Exemple : du/der Wagen → Ich leihe dir den Wagen.

a. eine lange Mail *(mail)* / der Lehrer
→ Ich schreibe...

b. du/ein Brief
→ Morgen schickt er...

c. die Kinder/ein neuer Ball
→ Die Mutter kauft...

d. ich/es
→ Er schenkt...

e. deine Mutter/ein Selfy **(N)**
→ Wir schicken ....

Gute Idee!
(Bonne idée !)

5 Reliez les débuts de phrases avec les fins de phrases leur correspondant.

1. Ich empfehle dir •

2. Ich schenke ihm •

3. Ich wünsche dir •

4. Der Lehrer erklärt den Schülern •

5. Wir zeigen den Freunden •

• **a.** Schokolade. *(chocolat)*

• **b.** die Übung.

• **c.** dieses Hotel. *(hôtel)*

• **d.** die Stadt. *(ville)*

• **e.** schöne Ferien. *(bonnes vacances)*

6 Posez les questions auxquelles répondent les groupes nominaux soulignés en utilisant WER, WEM ou WAS.

Exemple : Sabine empfiehlt ihm diesen Wein. — Was empfiehlt ihm Sabine?

a. Sie schreibt ihrer Mutter eine Mail.

➜ ....

b. Er schreibt seiner Mutter eine Mail.

➜ ....

c. Sie schreibt ihrer Mutter eine Mail.

➜ ....

Formuler des vœux

- Ich wünsche dir alles Gute zum Geburtstag.
  Je te souhaite un joyeux anniversaire.
  (Littéralement, *tout bon pour l'anniversaire.*)
- Viel Glück! *Bonne chance !*
  (Littéralement, *beaucoup de chance !*)
- Frohe Weihnachten! *Joyeux Noël !*
- Ein frohes neues Jahr! *Une bonne année !*
  (Littéralement, *une joyeuse nouvelle année !*)

7 Traduisez les vœux suivants.

a. Je vous souhaite un joyeux anniversaire. (vouvoiement)

➜ ....

b. Il te souhaite bonne chance.

➜ ....

c. Nous vous souhaitons un joyeux Noël. (tutoiement pluriel)

➜ ....

d. Je vous souhaite une bonne année. (tutoiement pluriel)

➜ ....

Bravo, vous êtes venu à bout du chapitre 18 ! Il est maintenant temps de comptabiliser les icônes et de reporter le résultat en page 128 pour l'évaluation finale.

19
Syntaxe – principale/subordonnée

Formation

La syntaxe allemande est très complexe. Abordez-la en premier lieu comme un jeu de construction, sans chercher aucune ressemblance avec le français. En voici les grandes lignes :

- **Proposition principale.** Excepté dans une interrogative sans pronom interrogatif, le verbe conjugué occupe toujours la 2ᵉ place. Si la phrase commence par un complément, le sujet se place alors derrière le verbe conjugué.

Ich <u>fahre</u> morgen nach Berlin.
⟷ Morgen <u>fahre</u> ich nach Berlin.

Ich <u>möchte</u> morgen nach Berlin fahren.
⟷ Morgen <u>möchte</u> ich nach Berlin fahren.

Ich <u>bin</u> gestern nach Berlin gefahren.
⟷ Gestern <u>bin</u> ich nach Berlin gefahren.

I **Réécrivez les phrases avec les mots soulignés en tête.**

a. Paul und Sabine arbeiten <u>heute</u> nicht.
→ Heute ....

b. Du darfst <u>hier</u> nicht rauchen.
→ ....

c. Der Film hat <u>um 8 Uhr</u> angefangen.
→ ....

d. Ich sage <u>dir</u> nichts. *(rien)*
→ ....

2 Remettez les termes dans l'ordre en commençant la phrase par le sujet, puis continuez avec le complément.

Exemple : arbeitet / Paul / nicht / heute ➜ Paul arbeitet heute nicht./Heute arbeitet Paul nicht.

a. können / am Mittwoch / meine Eltern / kommen
➜ .... / ....

b. nach Wien / er / morgen / fahren / will
➜ .... / ....

c. können / vielleicht *(peut-être)* / wir / kommen
➜ .... / ....

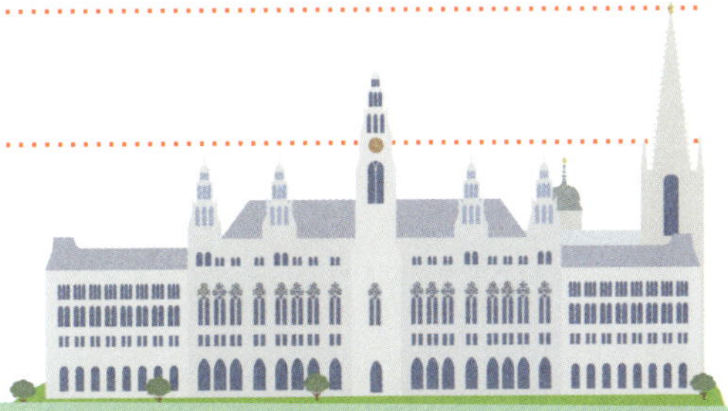

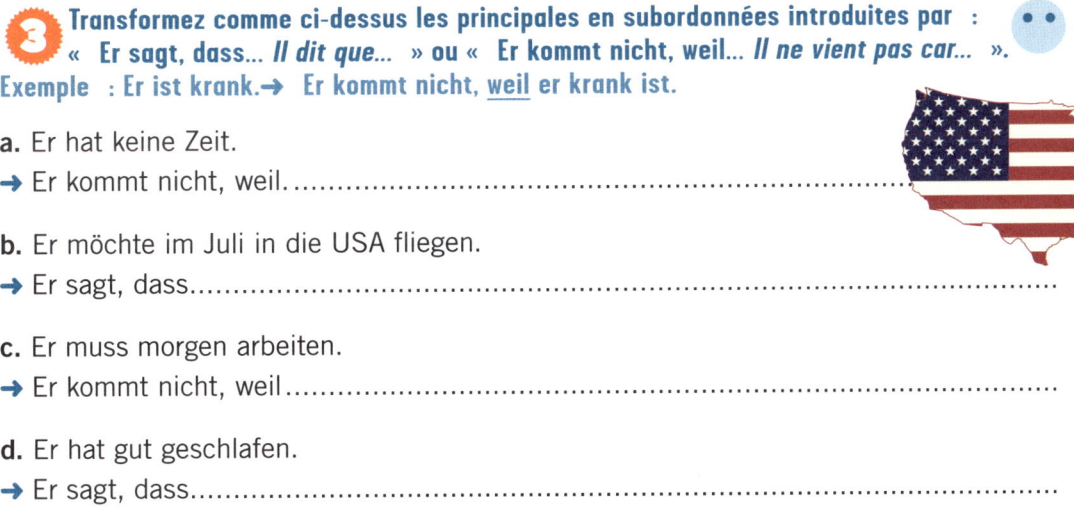

Syntaxe de la subordonnée

Elle est introduite par une conjonction de subordination comme **weil** *car*, **dass** *que*, **wenn** *si*, etc., suivie du sujet. Le verbe conjugué est, quant à lui, rejeté en fin de phrase. Regardez les exemples suivants et notez la présence impérative de la virgule entre la principale et la subordonnée.

Principales	**Subordonnées**
Er **arbeitet** morgen.	→ Er sagt, **dass er** morgen **arbeitet**.
Er **hat** gestern gearbeitet.	→ Er sagt, **dass er** gestern gearbeitet **hat**.
Er **möchte** morgen kommen.	→ Er sagt, **dass er** morgen kommen **möchte**.

3 Transformez comme ci-dessus les principales en subordonnées introduites par : « **Er sagt, dass…** *Il dit que…* » ou « **Er kommt nicht, weil…** *Il ne vient pas car…* ».

Exemple : Er ist krank.➜ Er kommt nicht, weil er krank ist.

a. Er hat keine Zeit.
➜ Er kommt nicht, weil. ....

b. Er möchte im Juli in die USA fliegen.
➜ Er sagt, dass ....

c. Er muss morgen arbeiten.
➜ Er kommt nicht, weil ....

d. Er hat gut geschlafen.
➜ Er sagt, dass ....

Proposition subordonnée en tête de phrase

- Cette construction est fréquente en allemand, surtout avec la subordonnée conditionnelle introduite par **wenn** *si*.

- Dans ce cas, le sujet et le verbe conjugué de la principale sont inversés ; la subordonnée, quant à elle, ne change pas. Là aussi, il faut une virgule.

Exemples :
Er kommt morgen, wenn er keine Arbeit hat.
↔ Wenn er keine Arbeit hat, **kommt er** morgen.
Il vient demain, s'il n'a pas de travail.
↔ *S'il n'a pas de travail, il vient demain.*

Er kann morgen kommen, wenn er keine Arbeit hat.

↔ Wenn er keine Arbeit hat, **kann er** morgen kommen.
Il peut venir demain, s'il n'a pas de travail.
↔ *S'il n'a pas de travail, il peut venir demain.*

4 **Commencez les phrases par la subordonnée et inversement.** • •

a. Ich fahre mit dem Zug, wenn es Stau gibt.
(s'il y a du trafic)
↔ ....

b. Ich schreibe dir, wenn ich eine Antwort habe.
↔ ....

c. Wenn du nach München kommst, kannst du bei Petra wohnen.
↔ ....

d. Wenn ich viel Geld habe, kaufe ich ein neues Auto.
↔ ....

e. Meine Mutter kommt, wenn sie Zeit hat.
↔ ....

Ob/wenn et denn/weil

Attention à ne pas confondre **ob** avec **wenn** et **denn** avec **weil** :

- **ob** *si* exprime une interrogation indirecte qui sous-entend **oder nicht** *ou pas*. Exemple : Er fragt, ob sie kommt. *Il demande si elle vient.*

- **wenn** exprime une condition. Exemple : Wenn sie kommt, komme ich auch. *Si elle vient, je viens aussi.*

5 Es regnet! *Il pleut !* Complétez par WENN ou OB.

a. Weißt du, ... es morgen regnet.

b. .... es morgen regnet, weiß ich nicht.

c. Aber .... es morgen regnet, bleibe ich zu Hause. *(à la maison)*

d. Ich weiß nicht, ... ich morgen zu Hause bleibe, ... es regnet.

e. Und Sie? Wissen Sie, ... es morgen regnet?

Weil et denn

- **Weil** se traduit par *car/parce que* ; il s'agit d'une conjonction de subordination. Le verbe conjugué est donc rejeté en fin de subordonnée. Exemple : Ich komme nicht, weil ich heute viel Arbeit habe.

- **Denn** se traduit aussi par *car/parce que*, mais il s'agit d'une conjonction de coordination. Le verbe se place donc derrière le sujet. Exemple : Ich komme nicht, denn ich habe heute viel Arbeit.

6 Es ist warm! *Il fait chaud !* Es ist kalt! *Il fait froid !* *(Littéralement : Il est…)*
Remplacez DENN par WEIL et inversement.

a. Er bleibt zu Hause, weil es kalt ist. ➔ ....

b. Er kommt nicht, denn es ist warm. ➔ ....

c. Ich komme nicht, denn es ist sehr *(très)* kalt. ➔ ....

Bravo, vous êtes venu à bout du chapitre 19 ! Il est maintenant temps de comptabiliser les icônes et de reporter le résultat en page 128 pour l'évaluation finale.

Accusatif/datif – prépositions mixtes

Emploi et déclinaisons

an	auf	hinter	in	neben	über	unter	vor	zwischen
près de	sur	derrière	dans / en	à côté de	au-dessus de	sous	devant	entre

Ces prépositions sont dites mixtes car, selon le contexte, elles se construisent avec l'accusatif ou le datif.

- **Accusatif.** Lorsqu'elles indiquent un **directionnel/changement de lieu**, on les construit avec l'accusatif. Il s'agit d'une réponse à la question **wohin**.
  Exemple : Wohin gehst du? *Où vas-tu ?* – Ich gehe in den Garten. *Je vais dans le jardin.*

- **Datif.** Lorsqu'elles indiquent un **locatif**, on les construit avec le datif. Il s'agit d'une réponse à la question **wo**.
  Exemple : Wo bist du? *Où es-tu ?* – Ich bin im (= in dem) Garten. *Je suis dans le jardin.*

- Il y a plusieurs contractions possibles avec les articles **das** et **dem**, notamment dans les cas suivants : an + das → **ans** ; an + dem → **am** ; auf + das → **aufs** ; in + das → **ins** ; in + dem → **im**.

- Remarque : en général, vous emploierez la même préposition en allemand qu'en français (voir exemples ci-contre) mais, dans certains cas, le complément allemand se construit avec une autre préposition. C'est le cas par exemple pour *aller à l'école* in die Schule gehen (*Littéralement : aller dans l'école*). Il s'agit là des spécificités propres à chaque langue et elles sont à mémoriser.

❶ Entourez la bonne réponse.

a. Er geht **in die / in der** Stadt.
Il va en ville.

b. Wir gehen **ins / im** Kino.
Nous allons au cinéma.

c. Er schläft **ins / im** Hotel.
Il dort à l'hôtel.

d. Er ist **ans / am** Telefon.
Il est au téléphone.

e. Er wohnt **in die / in der** Schweiz.
Il habite en Suisse.

f. Fahrt ihr **ans / am** Meer?
Vous allez à la mer ?

La maison

- die Küche *la cuisine*
- das Schlafzimmer
  la chambre
- das Wohnzimmer *le séjour*
- das Badezimmer
  la salle de bains

❷ Traduisez les phrases suivantes en employant la préposition IN.

a. Je vais dans la salle de bains.
→ ....

b. Ton livre est dans la chambre.
→ ....

c. Mon amie dort dans le séjour.
→ ....

d. Viens dans la cuisine !
→ ....

e. Ne va pas dans la chambre !
→ ....

Verbes de position

On distingue quatre positions et à chacune d'elles correspondent deux verbes. L'un indique **la position dans laquelle on se met/on met quelque chose** et se construit avec **l'accusatif** ; l'autre indique **la position dans laquelle on est/est quelque chose** et se construit avec le **datif**. Pour traduire ces nuances, le français a recours au mode actif pour exprimer le directionnel et au mode passif pour exprimer le locatif. Notez que le tableau qui suit se limite à l'infinitif et au participe passé de chacun de ces verbes.

Verbes construits avec l'accusatif	Verbes construits avec le datif
stellen/gestellt *poser/se mettre (à la verticale)*	**stehen/gestanden** *être posé (à la verticale)/debout*
legen/gelegt *poser à plat/se coucher*	**liegen/gelegen** *être posé (à plat)/couché*
setzen/gesetzt *(s')asseoir*	**sitzen/gesessen** *être assis*
hängen/gehängt *accrocher/suspendre*	**hängen/gehangen** *être accroché/suspendu*

- **stellen/stehen** : Er stellt die Lampe auf den Tisch. *Il pose la lampe sur la table.* Die Lampe steht auf dem Tisch. *La lampe est posée sur la table.*

- **legen/liegen** : Er legt den Zettel auf den Tisch. *Il pose le papier sur la table.* Der Zettel liegt auf dem Tisch. *Le papier est posé sur la table.*

- **(sich) setzen*/sitzen** : Ich setze mich auf die Bank. *Je m'assieds sur le banc.* Ich sitze auf der Bank. *Je suis assis sur le banc.*

- **hängen** : Er hängt das Bild an die Wand. *Il accroche le tableau au mur.* Das Bild hängt an der Wand. *Le tableau est accroché au mur.* Vous noterez que ces verbes sont homonymes au présent.

* Verbes pronominaux, voir p. 88

3 **Im Bett liegen** signifie *être couché* (Littéralement: être allongé dans le lit). Traduisez les phrases suivantes selon l'exemple : **Er liegt im Bett.** *Il est couché.*

a. Es-tu couché ?
→ ....

b. Oui, je suis couché.
→ ....

c. Nous sommes couchés.
→ ....

 **Entourez la bonne réponse.**

a. Wohin soll ich den Stuhl **stellen / stehen / legen**?

b. Wo **sitzt / setzt / hängst** du? – Ich **setze / hänge / sitze** auf Platz 10.

c. Kann ich meinen Mantel in den Schrank **sitzen / hängen / stellen**?

d. Paul **sitzt / steht / liegt** krank im Bett.

e. Hast du die Vase *(vase)* auf den Tisch **gelegt / gestellt / gesessen**?

f. Wo **hängt / sitzt / liegt** mein Pass *(passeport)*?
– Ich habe ihn neben das Telefon **gelegt / gelegen / gestellt**.

 Der Bierkrug *la chope de bière*. **Sans revenir en arrière, reliez chaque phrase**
à un dessin.

1. Der Bierkrug steht <u>auf</u> dem Tisch.

2. Der Bierkrug steht <u>unter</u> dem Tisch.

3. Der Bierkrug steht <u>vor</u> dem Tisch.

4. Der Bierkrug steht <u>hinter</u> dem Tisch.

5. Der Bierkrug steht <u>neben</u> dem Tisch.

6. Der Bierkrug steht <u>zwischen</u> dem Tisch
<u>und</u> dem Stuhl.

d.

e.

a.

b.

f.

c.

Bravo, vous êtes venu à bout
du chapitre 20 ! Il est maintenant
temps de comptabiliser les icônes
et de reporter le résultat en
page 128 pour l'évaluation finale.

Emploi et déclinaison

	Article défini	Article indéfini	Sans article
Masculin	des jungen Mannes	eines jungen Mannes	jungen Mannes
Féminin	der jungen Frau	einer jungen Frau	junger Frau
Neutre	des jungen Mädchens	eines jungen Mädchens	jungen Mädchens
Pluriel	der jungen Männer/ Frauen/Mädchen	junger Männer/Frauen/ Mädchen	junger Männer/Frauen/ Mädchen

- Le génitif sert à exprimer la possession/ l'appartenance.

- Une de ses caractéristiques est le **-s** final au masculin et neutre singulier, ou le **-es** pour la grande majorité des monosyllabes et des noms se terminant déjà par **-s**.

Exemples : das Buch des Lehrers *le livre du professeur* ; das Buch des Mannes *le livre du monsieur*.

1 Mettez le deuxième terme au génitif.
Exemple : das Buch — der Lehrer ➜ das Buch <u>des Lehrers</u>.

a. das Buch – die Frau
➜ ....

b. das Buch – das kleine Mädchen
➜ ....

c. die Eltern – die Kinder
➜ ....

d. die Adresse – ein gutes Restaurant
➜ ....

e. das Buch – die Kinder
➜ ....

f. der Stock *(canne)* – eine alte Frau
➜ ....

g. der Preis *(prix)* – alte Häuser
➜ ....

Wessen...

Le pronom interrogatif *de qui* correspond à **wessen** au génitif. Wessen Buch ist das? *De qui est le livre ? (Littéralement : De qui livre est ça ?)* Das ist das Buch des Lehrers. Notez bien la construction de la phrase interrogative.

2 Formulez les questions au génitif qui correspondent aux affirmations suivantes.
Exemple : Das ist das Auto meiner Mutter. Wessen Auto ist das?

a. Das ist der Schlüssel meines Vaters.
➜ ....

b. Das ist der Hut meines Großvaters.
➜ ....

c. Das ist die Hose meines Bruders.
➜ ....

von + datif

Dans le langage parlé, le génitif tend à se perdre ; il est souvent remplacé par **von** et est **suivi du complément au datif.** Pour **von dem**, on emploie généralement la forme contractée **vom**.
Exemples : das Buch **vom dem/vom** Lehrer ; das Buch **von der** Lehrererin.

3 Exprimez la possession avec **VON** ou **VOM** quand c'est possible.

a. das Buch des Mannes ➜ ....

b. die Eltern des Kindes ➜ ....

c. das Haus ihrer Freundin ➜...

d. das Auto meiner Eltern ➜...

wegen *à cause de* et während *pendant*

Suivies à l'origine du génitif, les prépositions wegen, *à cause de* et während *pendant*, se construisent aujourd'hui de plus en plus avec le datif dans le langage parlé.

4 Transposez ces propositions au génitif.

a. wegen dem schlechten Wetter ➜ ....

b. während dem Film ➜ ....

c. während dem Kurs ➜...

d. wegen seinem Bruder ➜...

Génitif saxon

- À l'origine, il était utilisé avec tous les noms, mais aujourd'hui, il se limite essentiellement aux noms propres.

- Il se forme comme suit : der Vater von Paul *le père de Paul* → Paul**s** Vater. Le nom passe en tête et prend un **-s** final tandis que le groupe nominal auquel il se rapporte perd son article.

- Par contre, les noms propres qui se terminent déjà en **-s** ne prennent **pas de marque supplémentaire**.
Exemple : der Vater von Hans *le père de Hans* → Hans Vater.

5 Transposez ces propositions au génitif saxon et inversement.

a. die Mutter von Sabine → ....

b. Luis Eltern → ....

c. Evas Mutter → ....

d. der Bruder von Paula → ....

Bravo, vous êtes venu à bout du chapitre 21 ! Il est maintenant temps de comptabiliser les icônes et de reporter le résultat en page 128 pour l'évaluation finale.

Verbes pronominaux

Formation

Accusatif	Datif	Pronominal au pluriel
sich setzen *s'asseoir*	**sich die Hände waschen** *se laver les mains*	**sich treffen** *se rencontrer*
ich setze **mich**	ich wasche **mir** die Hände	---
du setzt **dich**	du wäschst **dir** die Hände	---
er/sie/es setzt **sich**	er/sie/es wäscht **sich** die Hände	---
wir setzen **uns**	wir waschen **uns** die Hände	wir treffen **uns**
ihr setzt **euch**	ihr wascht **euch** die Hände	ihr trefft **euch**
sie/Sie setzen **sich**	sie/Sie waschen **sich** die Hände	sie/Sie treffen **sich**

• Comme en français, les verbes pronominaux se construisent avec un pronom réfléchi. À chaque personne correspond un pronom réfléchi spécifique (voir ci-dessus) dont voici la règle :
- Pronom réfléchi à l'accusatif lorsque le groupe verbal est juste constitué du pronom réfléchi ;
- Pronom réfléchi au datif lorsque le groupe verbal comporte déjà un complément d'objet direct.

• Vous remarquerez que les pronoms réfléchis sont les mêmes que les pronoms personnels exceptés à la 3e personne du singulier et du pluriel.
Notez aussi que certains verbes (dits pronominaux réciproques) sont pronominaux seulement au pluriel.

• Par ailleurs, un verbe peut être pronominal en allemand, mais pas en français, et inversement.
Exemples :
- aufstehen *se lever*
→ ich stehe auf, du stehst auf…
je me lève, tu te lèves…
- sich ändern *changer*
→ ich ändere mich, du änderst dich…
je change, tu changes…

• Souvenez-vous que les verbes pronominaux construisent leur parfait avec l'auxiliaire **haben** *avoir*.

1 Complétez par le pronom réfléchi adéquat.

a. Ich freue .... *(se réjouir)*

b. Wir treffen .... gleich. *(tout de suite)*

c. Freut er ....auch ?

d. Ja, er freut .... auch.

e. Liebt ihr ....?

f. Ja, wir lieben .... Leise er kommt.

g. Oh! Sie küssen .... *(s'embrasser)*

2 Traduisez les phrases suivantes en vous aidant des exemples.

Er wäscht sich. *Il se lave.*
a. ➜ ....
Tu te laves.

Ich ziehe mich an. *Je m'habille.*
b. ➜ ....
Les enfants s'habillent.

Du putzt dir die Zähne. *Tu te brosses les dents.*
c. ➜ ....
Nous nous brossons les dents.

3 Complétez par le pronom réfléchi adéquat.

a. Ich kaufe .... ein neues Auto.

b. Kaufst du .... auch ein neues Auto?

c. Er macht .... schnell *(vite)* einen Kaffee.

Impératif des verbes pronominaux

Setz dich!
Assieds-toi !

Setzt euch!
Asseyez-vous ! (tutoiement)

Setzen Sie sich!
Asseyez-vous !
(vouvoiement)

Wasch dir die Hände!
Lave-toi les mains !

Wascht euch die Hände!
Lavez-vous les mains !
(tutoiement)

**Waschen Sie sich
die Hände!**
Lavez-vous les mains !
(vouvoiement)

Contrairement au français où **te/t'** devient **toi** à l'impératif. Les pronoms réfléchis ne changent pas en allemand.

4 En vous appuyant sur les exemples ci-dessus, conjuguez les verbes suivants à l'impératif.

sich beeilen *se dépêcher*	sich die Zähne putzen *se brosser les dents*

5 Mots croisés : traduisez les verbes suivants à l'infinitif.

	1	2	3	4	5	6	7	8	9	10	11	12	13	14	15
A															
B															
C															
D															
E															
F															
G															
H															
I															
J															
K															
L															
M															
N															
O															
P															
Q															
R															

Verticale :
1G lire
4K habiter
6B prendre
6I manger
9I connaître
11L poser (à plat)
13F avoir

14L boire
15A acheter

Horizontale :
C2 coûter
F8 parler
G1 aimer
I1 jouer

I9 venir
K4 savoir
M2 aller
M8 donner
O10 voir
P1 être

Bravo, vous êtes venu à bout du chapitre 22 ! Il est maintenant temps de comptabiliser les icônes et de reporter le résultat en page 128 pour l'évaluation finale.

Formation

Il existe 3 groupes de particules : **inséparables**, **séparables** et **mixtes** (voir p. 94).

	Infinitif	Présent	Prétérit	Parfait
Inséparables	**be**ginnen *commencer*	**be**ginnt	**be**gann	hat… **be**gonnen
Séparables	**an**kommen *arriver*	kommt… **an**	kam… **an**	ist… **an**gekommen

Particules inséparables

- Comme leur nom l'indique, les particules **be-, emp-, ent-, er-, ge-, miss-, ver-, zer-.** ne se détachent jamais du verbe, et le participe passé ne prend pas de **ge-** → Hat der Film schon begonnen? *Est-ce que le film a déjà commencé ?* – Nein, er beginnt jetzt. *Non, il commence maintenant.*

- Notez le moyen mnémotechnique suivant :
  « **Cerbère** (zer-, be-, er-)
  gémit (ge-, miss-)
  en (emp-)
  enfer (ent-, ver-). »

- Quelques verbes :
  bekommen /
  hat… bekommen
  recevoir

  bezahlen /
  hat… bezahlt
  payer

  empfehlen /
  hat… empfohlen
  recommander

  erklären /
  hat… erklärt
  expliquer

  erlauben /
  hat… erlaubt
  permettre

  erzählen /
  hat… erzählt
  raconter

gewinnen /
hat… gewonnen
gagner

sich entschuldigen /
hat sich… entschuldigt
s'excuser

vergessen /
hat… vergessen
oublier

verstehen /
hat… verstanden
comprendre

I Complétez les phrases par un des verbes de la liste ci-contre à l'infinitif, au présent ou au parfait.

a. Das ist schwer *(difficile)*. Ich .... das nicht. Kannst du es mir ....?

b. Wir haben 5 zu 1 *(5 à 1)* .... – Super!

c. Habe ich Post *(courrier)* ....?

d. Wie viel hast du für das Kino ....?

e. Hast du dich für die Verspätung ....?*(retard)*

f. Was .... Sie mir? Rotwein oder Weißwein? *(vin rouge ou vin blanc)*

Particules séparables

- Elles sont nombreuses. C'est notamment le cas de **an-, aus-, mit-, zurück-,** etc. Dans le cas d'un temps simple (présent de l'indicatif, impératif, prétérit, etc.), elles se séparent du verbe et sont rejetées en fin de phrase. Exemple : Er kommt um 15 Uhr <u>an</u>. *Il arrive à 15 heures.*

- Dans le cas d'un **participe passé**, le **ge-** se place entre la particule séparable et le verbe ; en d'autres termes, la particule séparable se trouve en tête
→ Er ist um 15 Uhr <u>ange</u>-kommen. *Il est arrivé à 15 heures.*

- **Quelques verbes :**

anfangen / hat… **an**gefangen *commencer*

anmachen / hat… **an**gemacht *allumer*

anrufen / hat… **an**gerufen *appeler*

aufhören / hat… **auf**gehört *arrêter*

aufmachen / hat… **auf**gemacht *ouvrir*

aussteigen / ist… **aus**gestiegen *descendre (du bus, train, etc.)*

einkaufen / hat… **ein**gekauft *acheter/faire les courses*

einladen / hat… **ein**geladen *inviter*

losfahren / ist… **los**gefahren *démarrer*

zumachen / hat… **zu**gemacht *fermer*

2 Complétez les phrases par un des verbes page 93 à l'infinitif, à l'impératif ou au **parfait**.

a. Ich habe das Fenster ....! Es ist kalt.

b. Sabine hat uns zu ihrer Party *(fête)* ....

c. Kannst du bitte *(s'il te plaît)* die Tür *(la porte)* ....
.... ? Es hat geklingelt. *(On a sonné.)*

d. Es ist so dunkel *(sombre)* hier. ....
bitte das Licht *(lumière)* ....!

e. Habt ihr alles .... ?
– Bier, Wein, Chips…

f. Schnell! Der Film hat schon ....

Les particules mixtes

• **durch-, über-, unter-, um-, voll** et **wieder.** Il s'agit là d'une subtilité de la langue allemande et la règle est relativement complexe. Notez juste que ces particules ont, selon le verbe, les caractéristiques des particules séparables ou inséparables.
Exemples : Die Sonne geht um 20 Uhr <u>unter</u>. *Le soleil se couché à 20 heures.*
Die Sonne ist um 20 Uhr <u>unter</u>gegangen. *Le soleil s'est couché à 20 heures.*
Ich <u>unter</u>schreibe auch den Brief. *Je signe aussi la lettre.*
Ich habe auch den Brief <u>unter</u>schrieben. *J'ai aussi signé la lettre.*

umfahren /
hat… umfahren
contourner

umsteigen /
ist… umgestiegen
changer (de bus, train, etc)

wiederholen /
hat… wiederholt
répéter

wiedersehen /
hat… wiedergesehen
revoir

3 Complétez les phrases par un des verbes ci-contre au **présent** ou à l'**impératif**.

a. Bitte .... Sie Ihren Namen!

b. .... Sie die Stadt! Es gibt viel Verkehr *(circulation)*.

c. Ich habe ihn nach 10 Jahren ....

d. Wo seid ihr .... ? – In Bonn.

Les particules séparables hin et her

• La particule **hin** indique généralement un mouvement à partir de celui qui parle vers un autre point ; elle est souvent associée au verbe **gehen**.
Exemple : hingehen qui se traduit par *y aller*. Geht doch hin ! *Allez-y donc !*

• La particule **her** indique quant à elle généralement un mouvement vers celui qui parle ; elle est souvent associée au verbe **kommen** qui se traduit par *venir (ici)*.
Exemple : herkommen. Komm schnell her! *Viens vite !*

4 Traduisez les phrases suivantes.

a. Vas-y donc !...

b. Tu y vas ? ....

c. Venez ici ! *(vouvoiement)* ....

d. Venez ici ! *(tutoiement pluriel)*..................................

Bravo, vous êtes venu à bout du chapitre 23 ! Il est maintenant temps de comptabiliser les icônes et de reporter le résultat en page 128 pour l'évaluation finale.

24

Verbes avec prépositions

Formation

• De nombreux verbes allemands se construisent avec une préposition entraînant un accusatif ou un datif. En général et surtout au début, ils sont à mémoriser.

• **Verbe + accusatif :** sich an jemanden/etwas erinnern *se souvenir de quelqu'un/quelque chose* → Ich erinnere mich sehr gut <u>an ihn</u>. *Je me souviens très bien de lui.*

• **Verbe + datif :** mit jemandem/etwas beginnen *commencer par quelqu'un/quelque chose* → Wir beginnen <u>mit ihm</u>. *Nous commençons par lui.*

• Voici quelques verbes. Vous observerez qu'en français également, la plupart de ces verbes se construisent avec une préposition mais, comme toujours, il existe des exceptions.

anfangen/beginnen mit + dat.
commencer par

danken für + acc.
remercier pour

denken an + acc.
penser à

einladen zu + dat.
inviter à

sich erinnern an + acc.
se souvenir de

sich gewöhnen an + acc.
s'habituer à

gratulieren zu + dat.
féliciter pour

träumen von + dat.
rêver de

sich verlieben in + acc.
tomber amoureux de

warten auf + acc.
attendre

1 Avant de passer aux choses sérieuses, dites de quoi rêvent ces personnes et n'oubliez pas les accords au datif.

a. Paula träumt von ....
(ein guter Schokoladenkuchen, *un bon gâteau au chocolat*)

b. Peter träumt von ....
(eine Insel im Pazifik, *une île dans le Pacifique*)

c. Die Kinder träumen von ....
(neue Spielsachen, *nouveaux jouets*)

2 Complétez les phrases par un de ces groupes nominaux :

das Geschenk
le cadeau

den Bus

den Luxus
le luxe

Geburtstag

meiner Party

diese Tage in Paris

einem Bier

a. Ich warte auf ....

b. Ich danke dir für ....

c. Ich denke oft (*souvent*) an ....

d. Ich möchte dich zu.................................... einladen.

e. Man gewöhnt sich schnell an ....

f. Ich fange mit .... an.

g. Ich gratuliere dir zum ....

Sich freuen

Sich freuen *se réjouir* se construit avec deux prépositions différentes, selon le contexte :

- **sich freuen + auf** se rapporte à quelque chose de **futur**. Exemple : Ich freue mich auf deinen Besuch. *Je me réjouis de ta visite* (La visite n'a pas encore eu lieu).

- **sich freuen + über** se rapporte à quelque chose de **présent** ou de **passé**. Exemple : Ich freue mich über deinen Besuch. *Je me réjouis de ta visite.* Ich habe mich über deinen Besuch gefreut. *Ta visite m'a fait plaisir./Je me suis réjoui de ta visite.* (La visite est en cours, voire déjà terminée).

3 Complétez par AUF ou ÜBER.

a. Wir freuen uns .... die Party von morgen.

b. Ich freue mich .... diese gute Nachricht *(cette bonne nouvelle)*.

c. Er freut sich .... die nächsten Ferien *(prochaines vacances)*.

d. Danke! Ich habe mich sehr .... deinen Brief gefreut.

e. Freust du dich .... die Blumen.
– Ja, danke. Sie sind sehr schön.

Exprimer la reprise

Ich denke an die Kinder. *Je pense aux enfants.* Ich denke auch an ~~die Kinder~~. *Je pense aussi ~~aux enfants~~.* Pour éviter de répéter le groupe nominal, on emploie :

- **le pronom personnel** précédé de la préposition lorsqu'il s'agit d'un être animé. Exemple : Ich denke auch <u>an sie</u>. *Je pense aussi <u>à eux</u>.* → **sie** = accusatif pluriel qui remplace die Kinder.

- **da(r)- + préposition** lorsqu'il s'agit de quelque chose d'inanimé, le « r » étant pour les prépositions débutant par une voyelle. Exemple : Ich denke <u>an die Ferien</u>. *Je pense <u>aux vacances</u>.* – Ich denke auch <u>daran</u>. *J'y pense aussi.* → **daran** remplace die Ferien. Notez bien que da(r) vaut aussi bien pour l'accusatif que le datif.

4 **Exprimez la reprise comme dans les exemples.**

a. Kannst du dich <u>an ihren Mann</u> erinnern?
– Ja, ich kann mich sehr gut .... erinnern.

b. Er wartet <u>auf die Kinder</u>.
– Ich warte auch ....

c. Ich warte <u>auf den Bus</u>.
– Ich warte auch ....

d. Ich beginne <u>mit den Deutschübungen</u>.
– Ich beginne auch..

e. Ich denke oft <u>an Paul</u>.
– Ich denke auch oft..

f. Ich muss mich <u>an das Klima</u> *(climat)* gewöhnen.
– Ich muss mich auch .... gewöhnen.

Phrases interrogatives

Là aussi, il faut faire une distinction entre un pronom interrogatif se référant à un être animé ou à un être inanimé :

- **un être animé :** le pronom interrogatif se construit avec la **préposition + wen** pour les verbes suivis de l'accusatif ou **wem** pour les verbes suivis du datif.
Exemples : denken an
→ An wen denkst du?
À qui penses-tu ? – An dich! *À toi !*

träumen von → Von wem träumst du?
– *De qui rêves-tu ?* – Von dir! *De toi !*

- **quelque chose d'inanimé** → **wo(r) + préposition**, le « r » étant pour les prépositions débutant par une voyelle.
Exemples :
Woran denkst du? *À quoi penses-tu ?*
– An nichts! *À rien !*
Wovon träumst du? *De quoi rêves-tu ?*
– Von den Ferien. *Des vacances.*

---

5 **Complétez par les pronoms interrogatifs.**

a. .... wartest du? – Auf den Bus.

b. .... fangt ihr an ? – Mit den Hausaufgaben *(devoirs)*.

c. .... wartest du? – Auf meine Freundin.

d. .... freut er sich? – Über seine Note *(sa note)*.

e. .... hat er sich verliebt? – In Eva.

f. .... freuen sie sich? – Auf die Party von morgen.

Bravo, vous êtes venu à bout du chapitre 24 ! Il est maintenant temps de comptabiliser les icônes et de reporter le résultat en page 128 pour l'évaluation finale.

25

La comparaison

Formation

Comparatif d'égalité	Ich renne **so schnell wie** du. *Je cours aussi vite que toi.*
Comparatif de supériorité	Ich renne **schneller als** du. *Je cours plus vite que toi.*
Superlatif	Ich renne **am schnellsten**. *Je cours le plus vite.*

Il existe trois degrés de comparaison et la règle pour un adverbe et adjectif attribut est la suivante :

- **Comparatif d'égalité.**
Il exprime l'égalité → **so + adverbe/adjectif attribut + wie...**

- **Comparatif de supériorité.**
Il sert à comparer deux (groupes de) personnes/choses → **adverbe/adjectif attribut + -er + als**... En plus du **-er**, de nombreux adverbes/adjectifs (mais pas tous) prennent une inflexion sur le **a, o** ou **u**.
Exemple : Paul <u>ist jünger als ich</u>. *Paul est plus jeune que moi.*

- **Superlatif.**
On l'emploie pour comparer trois (groupes de) personnes/choses ou plus → **am + adverbe/adjectif attribut + -sten**.
Dans la phrase « Ich renne <u>am schnellsten</u> » « je » se compare à minimum deux (groupes de) personnes.

- Par ailleurs, les adjectifs/adverbes prenant une inflexion au comparatif de supériorité, la prennent aussi au superlatif.
Exemple : <u>Paul ist am jüngsten</u>. *Paul est le plus jeune.*

---

1 Mémorisez les nouveaux adjectifs et traduisez ceux-qui ont déjà été étudiés.

a. dick → *gros*

b. klein → ....

c. groß → ....

d. schlank → *mince*

e. hübsch → ....

f. hell → *clair*

g. dunkel → ....

h. lang → ....

i. schwer → ....

j. kurz → *court*

k. einfach → *facile*

l. breit → *large*

m. eng → *étroit*

 **Complétez le tableau.**

Comparatif d'égalité	Comparatif de supériorité	Superlatif
a. Paul ist so …… wie ich.	Paul ist dicker als ich.	**e.** Paul ist am ………….
b. Paul ist so ……. wie ich.	**c.** Paul ist ……….. als ich.	Paul ist am schlanksten.
Paul ist so klein wie ich.	**d.** Paul ist ……….. als ich.	**f.** Paul ist am ………….

3 **Complétez par WIE, ALS ou AM.**

a. Ich esse so viel ……………………… du.

b. Sie ist größer …………………………… er.

c. Eva ist hübscher ………………….Sabine.

d. Wer ist ……………………… kleinsten?
Peter, Sabine oder du?

e. Ich esse weniger *(moins)* …………… du.

f. Ich bin ………………………………………
schlanksten.

4 Complétez le tableau.

	Comparatif de supériorité	Superlatif
die helle Hose		
	das schön**ere** Auto	
		die einfach**sten** Übungen
der junge Mann		

5 Complétez les adjectifs par les marques de l'adjectif épithète.

a. Ist das Hotel billig?
– Ja, aber ich kenne ein billiger .... Hotel.

b. Für mich bist du die schönst................ Frau der Welt.

c. Sie haben einen Zug um 10 Uhr oder um 12 Uhr 30.
– Ich nehme den früher .... Zug.

d. Der Nil ist der längst...
Fluss der Welt. *(fleuve du monde)*

e. Diese Tasche ist zu klein *(trop)*.
Hast du keine größer .... Tasche?

f. Zieh dein schönst........................... Kleid an *(mettre)*.
Heute lade ich dich ins Restaurant ein!

Exceptions

Parmi les particularités phonétiques et les irrégularités, notez cette règle et le tableau qui suit : les adjectifs/adverbes se terminant par **-d, -t, -s,-ss, -ß, -z,** et **-sch** prennent généralement un **-e** euphonique au superlatif : **breit** *large* → **am breit_esten/der breit_este**. Il y a néanmoins des exceptions, dont **groß** → **am größten/der größte**.

	Attribut	Épithète
bien/bon	gut → besser → am besten	der gute → der bessere → der beste
haut	hoch → höher → am höchsten	der hohe → der höhere → der höchste
proche	nah → näher → am nächsten	der nahe → der nähere → der nächste
beaucoup	viel → mehr → am meisten	→ mehrere* → die meisten
cher	teuer → teurer → am teuersten	der teu(e)re → der teuerere → der teuerste
foncé	dunkel → dunkler → am dunkelsten	der dunkle → der dunklere → der dunkelste

*__mehrere__ *plusieurs* s'emploie sans article.

6 **Mettez les adjectifs/adverbes entre parenthèses au comparatif de supériorité ou au superlatif.** ●●

a. Ich esse ....als du, aber Paul isst........ von allen *(de tous)*. **(viel)**

b. Wo ist der .... Turm der Welt? **(hoch,** *haut***)**

c. Was ist ....? Der Zug oder das Flugzeug? **(teuer)**

d. Ich kenne viele gute Restaurants, aber...................isst man im beim Italiener. **(gut)**

e. Diese Schuhe sind zu hell. Hast du keine .... Schuhe? **(dunkel)**

f. Wer wohnt ....? Sabine oder Petra? **(nah)**

Bravo, vous êtes venu à bout du chapitre 25 ! Il est maintenant temps de comptabiliser les icônes et de reporter le résultat en page 128 pour l'évaluation finale.

Le goût et la préférence

Formation

- **Le goût et la préférence** s'expriment à l'aide de **gern, lieber, am liebsten**. Cette forme grammaticale n'a pas d'équivalent en français et, comme pour la comparaison, on distingue trois degrés de goût/préférence :
- Ich trinke **gern** Wein. *J'aime bien boire du vin.*
- Ich trinke **lieber** Bier als Wein. *Je préfère boire de la bière (que du vin).*

- **Am liebsten** trinke ich Champagne. Ich trinke am liebsten Champagne. *Ce que je préfère, c'est le champagne. / Je préfère boire du champagne.*

- **gern** signifie que l'on aime bien faire quelque chose. Il se place directement derrière le verbe.

- **lieber** signifie que l'on préfère faire quelque chose par rapport à autre chose.

Cet adverbe se place également derrière le verbe.

- **am liebsten** exprime la préférence absolue entre trois options ou plus. Il se place devant ou derrière le verbe mais, placé en tête de phrase, il accentue encore plus le superlatif.

Attention : il n'existe pas vraiment de traduction française permettant d'exprimer ces nuances.

❶ Complétez par GERN, LIEBER ou AM LIEBSTEN.

a. Isst du ...... Fleisch oder Fisch? *(viande ou poisson)*

b. Was isst du ....? Eine Pizza, Fleisch oder Fisch.

c. Kommst du .... um 10 Uhr oder um 12 Uhr?

d. Gehen wir ins Restaurant, ins Kino oder ins Theater? – .... bleibe ich zu Hause.

e. Wohnt ihr .... in Deutschland oder in Frankreich.

f. Trinkst du .... Tee? – Ja, sehr gern!

g. Sprechen Sie .... Deutsch oder Englisch?

Particularité

Cette construction propre à l'allemand ne peut pas se traduire mot à mot. Elle signifie *bien aimer* et *préférer quelqu'un / quelque chose.*
Exemple : Ich habe Paul gern. *J'aime bien Paul.* Ich habe Sabine lieber (als Paul). *Je préfère Sabine à Paul.*
Am liebsten habe ich Petra. / Ich habe Petra am liebsten. *Je préfère Petra. / Celle que j'aime le plus c'est Petra.*

Die Farben *les couleurs*

Blau → *bleu*   Lila → *violet*
Braun → *marron*   Rot → *rouge*
Gelb → *jaune*   Schwarz → *noir*
Grün → *vert*   Weiß → *blanc*

2 Traduisez les phrases suivantes en utilisant le vocabulaire ci-dessus. Attention (le) ne se traduit pas et ou bien se dit **oder**.

a. J'aime bien (le) vert.
→ ....

b. Il préfère (le) rouge au bleu.
→ ....

c. Qu'est-ce que tu préfères ? (Le) blanc, (le) marron ou (le) noir ?
→ ....

Préféré !

• Pour désigner la personne ou la chose préférée, on utilise souvent le terme **Lieblings-** composé d'un autre substantif. Exemple : der Schauspieler/die Schauspielerin *l'acteur/l'actrice* → mein <u>Lieblings</u>schauspieler/meine <u>Lieblings</u>schauspielerin *mon acteur préféré/mon actrice préférée*.

• Notez que mein Liebling signifie *mon chéri/ma chérie*.

3 Faites des substantifs composés avec **Lieblings-**, comme ci-dessus, et traduisez.

a. das Buch → ....   **c.** die Sprache → ....

b. die Lehrerin → ....   **d.** das Land → ....

Bravo, vous êtes venu à bout du chapitre 26 ! Il est maintenant temps de comptabiliser les icônes et de reporter le résultat en page 128 pour l'évaluation finale.

Emploi et conjugaison

ich **würde**… kommen
du **würdest**… kommen
er, sie, es **würde**… kommen
wir **würden**… kommen
ihr **würdet**… kommen
sie/Sie **würden**… kommen

Le conditionnel présent correspond en allemand au sub-jonctif II hypothétique, qui se construit de deux manières différentes, la forme composée (à gauche) et la forme simple (page ci-contre) :

• **Forme composée.** Werden au subjonctif II hypothétique + infinitif du verbe rejeté en fin de phrase. Cette forme s'utilise pour la majorité des verbes. Observez bien la syn-taxe : Ich würde morgen kommen. *Je viendrais demain.* Wann würdest du morgen kommen? *Quand viendrais-tu demain ?* Würdest du morgen kommen? *Viendrais-tu demain ?*

1 Formez des phrases à la forme composée du conditionnel présent (subjonctif II hypothétique).

nach Berlin
ich fahren

gehen er
wohin ?

a. ....
....
....

schreiben
wir
ihm
ein Mail

c. ....
....
....

du
? schreiben
eine Mail

b. ....
....
....

d. ....
....
....

2 Traduisez les phrases suivantes.
Mit viel Geld... Avec beaucoup d'argent...

a. Que ferais-tu ?

➜...

b. Je ne travaillerais pas.

➜ ....

c. Je dormirais toujours (immer) jusqu'à (bis) midi.

➜ ....

d. J'achèterais une belle maison.

➜...

e. Je voyagerais (reisen) beaucoup.

➜...

f. Et je t'épouserais.

➜...

Forme simple

	haben	sein	sollen
ich	hätte	wäre	soll**te**
du	hättest	wär(e)st*	soll**test**
er/sie/es	hätte	wäre	soll**te**
wir	hätten	wären	soll**ten**
ihr	hättet	wär(e)t*	soll**tet**
sie/Sie	hätten	wären	soll**ten**

*Le **e** est généralement élidé.

- **Haben** et **sein** ont une conjugaison irrégulière.

- **Forme simple.** De nos jours, elle s'emploie essentiellement pour **haben**, **sein**, les **six verbes de modalités** et **wissen**. Ils se conjuguent comme suit : radical du verbe au subjonctif II + terminaisons (en rouge).

- Vous noterez que dans le cas de **sein**, les 2es personnes du singulier et du pluriel se conjuguent **avec ou sans e** ; de nos jours on emploie davantage la forme élidée.

3 Voici les radicaux des autres verbes de modalité et de wissen au subjonctif. Complétez-les par les terminaisons du conditionnel présent (subjonctif II hypothétique).

a. wollen

➜ Sie wollt.........

b. dürfen

➜ ihr dürft.........

c. können

➜ ich könnt.........

d. müssen

➜ wir müsst......:...

e. mögen

➜ du möcht.........

f. wissen

➜ er wüsst.........

4 Conjuguez les verbes suivants à la forme composée ou simple, selon l'usage actuel. Certains pointillés peuvent rester vides !

a. .... du ein Eis .... ? (mögen)

b. .... ihr mir bitte helfen .... ? (können)

c. Wann .... Sie nach Paris ....? (fahren)

d. Sabine .... für die Deutschprüfung

lernen .... (sollen)

e. Meine Kinder .... auf eine andere Schule

.... (gehen)

f. Es .... super! (sein)

g. Er .... auch Deutsch .... (lernen)

Wenn

Wenn *si* traduit l'hypothèse et introduit une subordonnée. Souvenez-vous que dans une subordonnée, le verbe conjugué est en fin de phrase. Notez bien la concordance des temps. Celle-ci diffère du français :

• **Si la condition est réalisable,** la principale et la subordonnée sont au présent.
Exemples : Er kommt morgen, wenn er Zeit hat./Wenn er Zeit hat, kommt er morgen. *Il vient/viendra demain, s'il a le temps./S'il a le temps, il vient/viendra demain.*

• **Si la condition est posée comme une hypothèse non encore réalisée,** la principale et la subordonnée sont au subjonctif II hypothétique.
Exemples : Er würde morgen kommen, wenn er Zeit hätte./Wenn er Zeit hätte, würde er morgen kommen. *Il viendrait demain, s'il avait le temps./S'il avait le temps, il viendrait demain.*

5 **Passez de la condition réalisable à l'hypothèse non encore réalisée et inversement.**

a. Wenn wir Geld haben, kaufen wir ein schönes Haus.

➜ ....

b. Wenn er eine Arbeit finden würde, könnte er in München bleiben.

➜ ....

c. Wenn ich krank wäre, würde ich nicht arbeiten.

➜ ....

d. Wenn du reich *(riche)* bist, heirate ich dich.

➜ ....

Bravo, vous êtes venu à bout du chapitre 27 ! Il est maintenant temps de comptabiliser les icônes et de reporter le résultat en page 128 pour l'évaluation finale.

28

Propositions infinitives

Formation

- En allemand comme en français, un verbe qui est complément d'un autre verbe est à l'infinitif. Il existe plusieurs types de constructions infinitives ; dans notre cas, nous nous limitons aux infinitives avec **zu** *à/de* et **um... zu...** *afin de/pour*.

- Vous observerez que dans la phrase allemande, la proposition infinitive se trouve toujours en fin de phrase. Et en général, une proposition infinitive comportant un complément d'objet (ou plus) est séparée de la principale par une virgule. La règle n'est néanmoins pas toujours très précise à ce sujet.

- **Proposition infinitive introduite par zu** *à/de*. Il s'agit de la plus fréquente. Zu se place devant l'infinitif
  → Er versucht, morgen <u>zu kommen</u>. *Il essaie <u>de venir</u> demain.*

- Dans le cas des verbes à particules séparables, **zu** se place entre la particule et le verbe. Exemple : **losfahren** *partir* → Er versucht, früher loszufahren. *Il essaie de partir plus tôt.*

- **L'infinitif n'est pas précédé de zu après les verbes de modalité, bleiben, gehen, hören** (*entendre*)**, lassen** (*laisser*)**, lernen, sehen** et quelques autres verbes.
  Ich kann das machen. *Je peux le faire.*
  Ich lasse dich in Ruhe arbeiten. *Je te laisse travailler tranquillement (Littéralement : en paix).*

- Notez que ces mêmes verbes en français se construisent dans la majorité des cas également sans à/de.

I Avant de passer aux infinitives, révisez quelques verbes à particules. Cochez le type de particule, puis traduisez-les.

Verbe	Particule séparable	Particule inséparable	Traduction
anfangen			
anrufen			
erklären			
wiederholen			
gewinnen			
bezahlen			
einladen			

2 **ZU ou pas ZU ? À vous de jouer !** ● ●

a. Ich lerne .... schwimmen.

b. Ich freue mich, dich .... sehen.

c. Er will mich nicht .... sehen.

d. Ich versuche *(essayer)*, dich an .... rufen.

e. Hörst du die Kinder .... lachen. *(rire)*

f. Ich hoffe, dich wieder .... sehen.

3 **Transformez ces phrases en propositions infinitives.** ● ●
Exemple : Ich komme morgen. *Je viens demain.* → Ich
plane, morgen zu kommen. *Je planifie/prévois de venir demain.*

a. Ich mache eine Reise nach Japan.
→ Ich plane, ...

b. Ich stehe morgen um 5 Uhr auf.
→ Ich versuche, ...

c. Ich lade alle meine Freunde ein.
→ Ich freue mich, ...

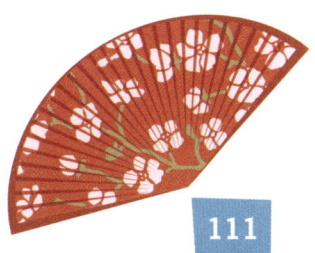

4 **Transformez ces phrases selon les exemples.**
Exemples : Ich möchte dich sehen. *J'aimerais te voir.* → Ich habe Lust, dich zu sehen.
J'ai envie de te voir.

a. Ich möchte eine große Party machen. → Ich habe Lust, ...

b. Sie möchte nach China fliegen. → Sie hat Lust, ...

c. Er möchte sich ein neues Auto kaufen. → Er hat Lust, ...

d. Er möchte ins Kino gehen.→ Er hat Lust, ...

Proposition infinitive introduite par um… zu… *afin de/pour*

La place de **zu** est la même : devant l'infinitif, ou bien entre la particule séparable et l'infinitif. **Um** se place devant le(s) complément(s) et, s'il n'y a pas de complément, devant **zu**.
Exemple : Ich bleibe zu Hause, <u>um</u> (mit dir) <u>zu</u> arbeiten. *Je reste à la maison afin de/pour travailler (avec toi).* Ich brauche Zeit, <u>um</u> auf<u>zu</u>stehen. *Il me faut du temps/J'ai besoin de temps pour me lever.*

5 **Transformez les phrases comme suit :**
Exemples : Ich brauche den Computer. Ich schicke eine Mail. →
Ich brauche den Computer, um eine Mail zu schicken.
J'ai besoin de l'ordinateur afin de/pour envoyer un e-mail.

a. Ich brauche das Deutschbuch. Ich lerne für die Prüfung.

→ ....

b. Er fährt nach Berlin. Er besucht seine Tante.

→ ....

c. Wir kaufen einen neuen Ball. Wir spielen Fußball *(football)*.

→ ....

d. Ich rufe dich an. Ich erzähle dir alles.

→ ....

6 **Indiquez l'infinitif de ces verbes conjugués**
au présent, au parfait ou au prétérit.

a. er konnte → ....

b. er ist gegangen → ....

c. er ist geblieben → ....

d. er hatte → ....

e. er liest → ....

f. er fängt an → ....

g. er hilft → ....

h. er durfte → ....

i. er will → ....

j. er weiß → ....

Bravo, vous êtes venu à bout
du chapitre 28 ! Il est maintenant
temps de comptabiliser les icônes
et de reporter le résultat en
page 128 pour l'évaluation finale.

29
Propositions relatives

Formation

	Masculin singulier	Féminin singulier	Neutre singulier	Pluriel 3 genres
Nominatif	**der**	**die**	**das**	**die**
Accusatif	**den**	**die**	**das**	**die**
Datif	**dem**	**der**	**dem**	**denen**

- **La déclinaison du pronom relatif reste très proche de celle de l'article défini der, die, das.** Il existe également une déclinaison au génitif que nous n'aborderons pas. Vous observerez que le verbe conjugué de la relative se place toujours en fin de phrase (même syntaxe que la proposition subordonnée) et que la relative est systématiquement séparée de la proposition principale par des virgules.

- **La déclinaison du pronom relatif est la suivante :** il s'accorde en genre et en nombre (masculin/féminin/neutre singulier ou pluriel) avec son antécédent et se met au cas (nominatif, accusatif, datif) correspondant à sa fonction dans la relative. Ci-contre, voici plusieurs exemples.

• Proposition relative sans préposition :

– Der Junge, **der** bei uns wohnt, kommt aus Rom. *Le garçon qui habite chez nous vient de Rome.* Pourquoi **der (nominatif)** ? L'antécédent est **der Junge** (masculin singulier) ; sa fonction dans la relative est « sujet ».

– Der Junge, **den** du gestern getroffen hast, kommt aus Rom. *Le garçon que tu as rencontré hier vient de Rome.* Pourquoi **den (accusatif)** ? L'antécédent est **der Junge** (masculin singulier) et sa fonction dans la relative est complément d'objet direct.

– Kennst du den Jungen, **der** gestern gekommen ist. *Connais-tu le garçon qui est venu hier ?* Pourquoi **der (nominatif)** ? L'antécédent est **den Jungen** (masculin singulier) et sa fonction dans la relative est « sujet ».

I Complétez par les pronoms relatifs.

Du bist die Frau, ... ich liebe.

Und du bist der Mann, ... ich liebe.

2 Complétez par le pronom relatif adéquat.

a. Das Mädchen, ... bei uns wohnt, kommt aus Südamerika.

b. Die Studenten, ... du gestern getroffen hast, kommen aus China.

c. Der Junge, ... du das Buch gegeben hast, ist mein Schüler.

d. Ich treffe die französische Studentin, ... in deinem Deutschkurs ist. (*cours d'allemand*)

e. Die Studenten, ... du das Buch gegeben hast, können sehr gut Deutsch.

f. Kennst du den jungen Mann, ... gestern bei mir war?

3 Transformez la 2ᵉ phrase en proposition relative.
Exemples : Der neue Schüler kommt aus Spanien. Der neue Schüler ist in meiner Klasse.
→ Der neue Schüler, der in meiner Klasse ist, kommt aus Spanien.

a. Das kleine Mädchen heißt Sabine. Das kleine Mädchen spielt immer mit mir.
→ ....

b. Der Kuchen ist gut. Du hast den Kuchen gekauft.
→ ....

c. Das Auto ist teuer. Ich kaufe das Auto.
→ ....

Proposition relative avec préposition

- Comme en français, une relative peut être introduite par une préposition. Celle-ci se place devant le pronom relatif et détermine le cas.

- **Kennst du den Mann, für den ich arbeite?** *Connais-tu le monsieur pour qui je travaille ?*
  On emploie **den**, car l'antécédent est **den Mann** (masculin singulier) précédé de **für** + accusatif.

- **Kennst du die Dame, mit der ich arbeite?** *Connais-tu la dame avec qui je travaille ?*
  On emploie **der**, car l'antécédent est **die Dame** (féminin singulier) précédé de **mit** + datif.

4 Complétez par le pronom relatif adéquat.

a. Kennst du die Frau, für .... ich arbeite?

b. Kennst du den Mann, mit .... ich arbeite?

c. Kennst du die Leute, für ....ich arbeite?

d. Kennst du die Leute, mit .... ich arbeite?

5 Remettez les relatives dans l'ordre.

dem ich mit arbeite	mit dem ich habe gearbeitet	der bei wir waren

a. Das is das Buch, ...
....
....

b. Das is das Buch, ...
....
....

c. Das is die Frau, ...
....
....

 **Retrouvez l'antécédent adapté.**

die Leute   einen Bäcker   die Familie

der Freund   das Buch   die Blumen

a. Das ist ...., bei der ich in Berlin gewohnt habe.

b. Kennst du ...., die heute zu uns kommen?

c. ...., mit dem ich im Kino war, ist Italiener.

d. ...., das ich lese, ist gut.

e. ...., die du mir geschenkt hast, sind schön.

f. Ich kenne ...., der gutes Brot macht.

Bravo, vous êtes venu à bout du chapitre 29 ! Il est maintenant temps de comptabiliser les icônes et de reporter le résultat en page 128 pour l'évaluation finale.

30

Introduction au passif

Emploi et conjugaison

	Présent	Parfait
ich	werde… operiert	bin… operiert worden
du	wirst… operiert	bist… operiert worden
er/sie/es	wird… operiert	ist… operiert worden
wir	werden… operiert	sind… operiert worden
ihr	werdet… operiert	seid… operiert worden
sie/Sie	werden… operiert	sind… operiert worden

- **Le passif permet d'exprimer une action qui est subie par quelqu'un/quelque chose.** Il s'emploie assez fréquemment en allemand, alors qu'en français, on lui préférera souvent d'autres tournures comme *je me fais opérer/on m'opère*. Il se conjugue à tous les temps, mais nous nous limitons ici au présent et au parfait. Il se construit comme suit :

- **Présent : werden au présent + participe passé en fin de phrase** → Er wird heute operiert. *Il est opéré./On l'opère aujourd'hui.*

- **Parfait : sein au présent + participe passé et worden en fin de phrase** → Er ist heute operiert worden. *Il a été opéré./On l'opère aujourd'hui.*

- Notez que **worden** est une forme contractée de geworden, lui-même le participe passé de **werden**.

I Indiquez l'infinitif des participes passés suivants.

a. gelernt ➜ ....

b. gesprochen ➜ ....

c. gebadet ➜ ....

d. gewaschen ➜ ....

e. gefahren ➜ ....

f. erklärt ➜ ....

g. empfohlen ➜...

h. eingeladen ➜ ....

i. bezahlt ➜ ....

Reprenez ces phrases et conjuguez-les selon le cas au présent ou au parfait.

a. Der Brief wird auf Deutsch übersetzt.
On traduit la lettre en allemand.

....

b. Die Rechnungen sind alle geprüft worden.
Les factures ont toutes été contrôlées.

....

c. Das Geschäft wird renoviert.
On rénove le magasin.

....

d. Die Geschäfte sind alle geschlossen worden.
Les magasins ont tous été fermés.

....

Le complément d'agent

La phrase passive peut se construire avec un complément d'agent (voir exemples ci-dessous) ou sans (voir exemples ci-dessus). Il indique qui fait subir l'action et il est introduit par la préposition **von**.
Exemple : Die Maus wird <u>von der Katze</u> gegessen. *La souris est mangée <u>par le chat</u>.* Si vous transposez cette même phrase à la voix active, le complément d'agent devient sujet et le sujet de la phrase passive devient complément d'objet. <u>Die Katze</u> isst <u>die Maus</u>. *Le chat mange la souris.*

3 Transposez les phrases à la voix passive. Souvenez-vous que **VON** se construit avec le datif.

a. Die Katze hat die Maus gegessen.

→ ....

b. Die Sekretärin schreibt den Brief.

→ ....

c. Paul hat den Brief übersetzt.

→ ....

d. Mein Großvater hat den Tannenbaum geschmückt. *(décorer l'arbre de Noël)*

→ ....

e. Picasso hat dieses Bild gemalt.

→ ....

Passif d'état

- Il existe une autre forme du passif qui se construit avec le verbe **sein** *être* **+ le participe passé**. Comme l'indique son nom, il exprime un état.

- Pour l'instant, notez juste ces deux exemples : geöffnet oder geschlossen sein *être ouvert ou fermé* : Sind die Geschäfte heute geöffnet? *Les magasins sont ouverts aujourd'hui ?* Nein, die Geschäfte sind heute geschlossen. *Non, les magasins sont fermés aujourd'hui.*

4 Mémorisez les nouveaux mots et traduisez ceux qui ont été étudiés

a. die Post → *la poste*

b. die Apotheke → *la pharmacie*

c. die Bäckerei → ....

d. der Supermarkt → ....

e. die Metzgerei → ....

f. die Reinigung → *la teinturerie*

g. das Kino → ....

h. die Buchhandlung → *la librairie*

5 **Traduisez les phrases suivantes et notez que *de ... à* se dit *von ... bis*.**

a. La teinturerie est ouverte aujourd'hui ?

➜ ....

b. Oui, elle est ouverte de 8 heures à 17 heures.

➜ ....

c. Le supermarché est ouvert de 8 heures à 21 heures.

➜ ....

d. Le cinéma est fermé en août.

➜ ....

f. La librairie est fermée le dimanche.

➜ ....

g. La pharmacie est fermée le 25 décembre.

➜ ....

h. Oui, mais elle est ouverte le 1er janvier.

➜ ....

Bravo, vous êtes venu à bout
du chapitre 30 ! Il est maintenant
temps de comptabiliser les icônes
et de reporter le résultat en
page 128 pour l'évaluation finale.

Prononciation et particularités

❶ a. schön **b.** gut **c.** spät **d.** früh **e.** bald **f.** schon **g.** mein **h.** Frau **i.** neu **j.** danke.

❷ a. u > ou – ein > aïn(e) – s > s de rose **b.** ch > chuinté – in > i et n – J > y **c.** eu > oï – sch > ch – w > v – in > i et n **d.** u > ou – s > ss – auf > aôf – w > v – s > s de rose.

1 Présent de l'indicatif

❶ a. machst du **b.** Ich lerne **c.** macht er **d.** Ich schlafe.

❷

ich	du	er/sie/(es)	wir	ihr	sie/(Sie)
wohne	wohnst	**wohnt**	wohnen	wohnt	wohnen
spreche	**sprichst**	spricht	sprechen	**sprecht**	sprechen
mache	machst	**macht**	machen	macht	**machen**
sehe	siehst	**sieht**	**sehen**	seht	sehen
sage	**sagst**	sagt	sagen	**sagt**	sagen
gehe	gehst	geht	gehen	**geht**	gehen

❸

ich	du	er/sie/(es)	wir	ihr	sie/(Sie)
arbeite	arbeitest	arbeitet	arbeiten	arbeitet	**arbeiten**
heiße	heißt	heißt	**heißen**	**heißt**	heißen
lese	liest	**liest**	lesen	lest	**lesen**

❹ a. Wer bist du? – Ich bin Paula. **b.** Wo seid ihr? – Wir sind hier. **c.** Du hast Glück, ich habe Pech. **d.** Habt ihr alles? – Ja, wir haben alles.

❺ a. Wie alt sind Sie? **b.** Ich bin 19. **c.** Wie alt ist sie? **d.** Sie ist 19.

2 Pronoms personnels

❶ a. sie **b.** er **c.** sie **d.** Sie **e.** sie **f.** ihr.

❷ a. er/sie/es fährt, ich fahre, du fährst **b.** wir/sie/Sie sprechen, er/sie/es spricht, du sprichst **c.** ich bin, du bist, ihr seid **d.** er/sie/es hat, ihr habt, wir/sie/Sie haben.

❸
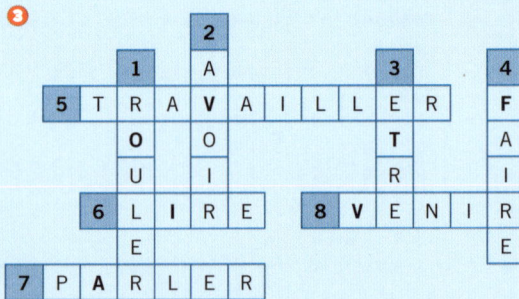

❹ a. ich heiße – wie heißt du **b.** kommst du – ich komme **c.** wohnst du – ich wohne **d.** gehst du **e.** heißen Sie **f.** kommen Sie – ich komme **g.** wohnen Sie – Ich wohne **h.** gehen Sie.

❺ a. Man sagt. **b.** Man hat. **c.** Man sieht. **d.** Man gibt. **e.** Man liest. **f.** Man geht.

3 Où ? D'où ? – Noms géographiques

❶ a. Wohin fahren sie? **b.** Wo wohnen Sie? **c.** Woher kommt ihr? **d.** Wo arbeitest du? **e.** Woher kommt sie?

❷ a. in **b.** nach **c.** nach **d.** in **e.** in **f.** nach **g.** aus.

❸ a. Sie arbeitet in der Schweiz. **b.** Er wohnt in den USA. **c.** Wir kommen aus der Türkei. **d.** Er fährt in die Schweiz.

❹ Berlin / Deutschland / Deutsch – London / England / Englisch – Paris / Frankreich / Französisch – Athen / Griechenland / Griechisch – Madrid / Spanien / Spanisch – Peking / China / Chinesisch – Tokyo / Japan / Japanisch – Moskau / Russland / Russisch – Rom / Italien / Italienisch – Lissabon / Portugal / Portugiesisch – Rio de Janeiro / Brasilien / Portugiesisch – Wien / Österreich / Deutsch – Bonn / Deutschland / Deutsch – Dublin / Irland / Englisch.

❺ a. Munich **b.** La Bavière **c.** La Lorraine **d.** le Danube **e.** le Rhin **f.** l'Alsace.

4 Impératif

❶ a. Komm! Kommt! Kommen Sie! **b.** Sprich! Sprecht! Sprechen Sie!

❷

2e personne du singulier	2e personne du pluriel	Forme de politesse
Pass auf!	Passt auf!	**Passen Sie auf!**
Geh weg!	**Geht weg!**	Gehen Sie weg!
Bleib nicht da!	Bleibt nicht da!	Bleiben Sie nicht da!
Mach das!	**Macht das!**	Machen Sie das!

❸ a. Seid **b.** Sei **c.** Seien Sie **d.** Sei.

❹ a. Gehen Sie geradeaus bis zum Marktplatz und nehmen Sie die zweite Straße links. **b.** Nimm die zweite Straße rechts und geh immer geradeaus bis zum Kino. **c.** Nehmen Sie die erste Straße rechts, dann die zweite links, dann die erste rechts.

a. das Krankenhaus   **b.** die Post   **c.** der Bahnhof

d. das Schwimmbad   **e.** der Marktplatz   **f.** das Kino

6

	1	2	3	4	5	6	7	8
A							F	
B							A	
C							H	
D				L	E	R	N	
E					E			
F					S			
G		S	A	G	T			
H			R					
I			B	L	E	I	B	T
J			E					
K		L	I	E	S			
L			T					
M		G	E	H				

5 Nominatif

1 **a.** der **b.** ein **c.** der **d.** der **e.** die **f.** ein **g.** ein **h.** der **i.** das **j.** das.

2 **a.** Der nächste **b.** ein **c.** eine **d.** die nächste **e.** billige.

3 **a.** das alte Flugzeug **b.** die alten Flugzeuge ; alte Flugzeuge **c.** der alte Bahnhof **d.** die alten Bahnhöfe ; alte Bahnhöfe **e.** eine neue U-Bahn **f.** die neuen U-Bahnen ; neue U-Bahnen **g.** ein großer Flughafen **h.** die großen Flughäfen ; große Flughäfen.

4 **a.** Was **b.** Wer **c.** Wer **d.** Was.

5 **a.** diese junge Frau **b.** dieses kleine Mädchen **c.** diese kleinen Kinder.

6 **a.** Das alte Flugzeug **b.** Der neue Zug **c.** Die kleinen Kinder **d.** Die hübsche Frau.

7 **a.** ein guter Tipp **b.** eine tolle Idee **c.** das letzte Mal **d.** alte Geschichten.

6 Nombres cardinaux

1 **a.** fünfundzwanzig Euros **b.** fünfhundertsechzig Euros **c.** achtundsiebzig Euros **d.** sechstausenddreihundertsechs-undneunzig Euros.

2 **a.** 732 **b.** 3 005 **c.** 4 882 **d.** 1 800 612.

3 **a.** zweiundsiebzig durch sechs gleich **b.** zweitausenddrei-hundertsiebenundsechzig minus fünfhundert gleich **c.** tausendzweihundertdreiundvierzig plus dreihundertfünf gleich **d.** sieben mal neun gleich.

4 **a.** 6.30 **b.** 9.40 **c.** 20.15 **d.** 00.00.

5 **a.** zwanzig nach sieben/sieben Uhr zwanzig **b.** zehn nach sieben/neunzehn Uhr zehn **c.** Viertel nach neun/neun Uhr fünfzehn **d.** Viertel nach zehn/zweiundzwanzig Uhr fünfzehn **e.** halb sechs/fünf Uhr dreißig.

7 Nombres ordinaux

1 **a.** der vierte **b.** der dreizehnte **c.** der neunte **d.** der zweiundzwanzigste **e.** der fünfzigste **f.** der einundsechzigste.

2 **a.** Wir fahren am ersten Januar los. **b.** Wir feiern Weihnachten am vierundzwanzigsten Dezember. **c.** Wir abeiten nicht am vierzehnten Juli. **d.** Dieses Jahr ist Ostern am siebzehnten April.

3

J	A	U	G	U	S	T	F	R	A	O
B	R	E	I	S	A	T	B	M	M	K
I	Z	R	F	E	B	R	U	Ä	R	T
D	E	Z	E	M	B	E	R	R	U	O
U	J	U	N	I	M	U	I	Z	R	B
M	A	I	F	E	V	D	I	U	A	E
F	N	S	E	P	T	E	M	B	E	R
E	U	D	T	B	H	Z	J	U	L	I
O	A	P	R	I	L	I	R	P	A	G
L	R	E	N	O	V	E	M	B	E	R

4 **a.** Mein Geburtstag ist am Dienstag, den fünften Juni. **b.** Die Schule beginnt am Donnerstag, den achtzehnten April. **c.** Kommst du am Mittwoch, den zweiundzwanzigsten November? **d.** Was macht ihr am Samstag, den elften März?

5 **a.** Heute ist Donnerstag, der neunundzwanzigste Oktober. **b.** Heute ist Sonntag, der zehnte Mai. **c.** Heute ist Montag, der zwanzigste März.

6 **a.** im einundzwanzigsten Jahrhundert **b.** Ludwig der Vierzehnte **c.** Johannes Paul der Zweite **d.** im fünfzehnten Jahrhundert **e.** Napoleon der Erste.

7 **a.** zum zweiten Mal **b.** zum dritten Mal **c.** zum letzten Mal.

8 Genre et pluriel des substantifs

1 **a.** chiffre **b.** suffixe -um **c.** sexe masculin **d.** suffixe -heit **e.** petit d'un être vivant **f.** moment de la journée **g.** fruit **h.** jour de la semaine.

2

der	die	das
Mann	Rose	Deutsch
Junge	Frau	Rot
Sommer	Bäckerei	Museum
Juli	Drei	Kalb
Morgen	Mutter	Essen
	Übung	Mädchen
	Wohnung	B

3 **a.** die Tage **b.** die Franzosen **c.** die Brüder **d.** die Briefe **e.** die Stühle **f.** die Tische **g.** die Vögel **h.** die Wagen **i.** die Berufe.

4 **a.** die Schwestern **b.** die Freundinnen **c.** die Hände

d. die Städte **e.** die Tanten **f.** die Blumen **g.** die Wohnungen **h.** die Sprachen **i.** die Lehrerinnen.

⑤ a. die Kinder **b.** die Mädchen **c.** die Bücher **d.** die Fenster **e.** die Bilder **f.** die Zimmer.

⑥ a. der Hut **b.** der Mantel **c.** der Rock **d.** das Kleid **e.** die Hose **f.** der Schuh **g.** der Strumpf **h.** das Hemd **i.** die Bluse.

9 Accusatif

① a. den großen Schrank **b.** einen großen Tisch **c.** ein kleines Haus **d.** ein großes Sofa **e.** das große Bett **f.** einen großen Garten **g.** den großen Stuhl **h.** eine große Wohnung **i.** einen großen Teppich **j.** große Schlüssel.

② a. den kleinen Stuhl **b.** eine Lampe – die neue Wohnung **c.** ein neues Telefon **d.** einen großen Garten **e.** die Reform **f.** Was **g.** die Kinder **h.** Wen – den Herrn **i.** möbliertes Zimmer.

③ a. sie **b.** ihn **c.** es **d.** uns **e.** dich **f.** mich.

④ a. einen **b.** einen – keinen **c.** eins **d.** keine **e.** eins.

⑤ a. Hast du Geld? **b.** Wir haben Durst. **c.** Ich habe Pech. **d.** Hast du die Tasche? **e.** Hat er den Schlüssel? **f.** Sie haben Glück.

10 Questions

① a. Kommt ihr aus München? **b.** Liest du ein neues Buch? **c.** Sehen die Kinder einen Film?

② a. Wo **b.** Was **c.** Wie **d.** Wen **e.** Wohin **f.** Wann **g.** Warum **h.** Wie **i.** Wer **j.** Woher.

③ a. Welche **b.** Welches **c.** Welches **d.** Welchen **e.** Welche **f.** Was für ein **g.** Was für Bücher.

④ a. Wie spät **b.** Wie alt **c.** Wie viel.

⑤ a. Warum **b.** Wie **c.** Wer – was.

⑥ a. ob **b.** wann **c.** woher **d.** wo **e.** wohin **f.** wie **g.** warum.

11 Réponses

① a. Nein **b.** Nein **c.** Doch **d.** Ja **e.** Ja **f.** Nein.

② a. Pech **b.** Dienstag **c.** März **d.** Hunger.

③ a. Doch, ich sehe sie. **b.** Ja, ich kenne ihn. **c.** Nein, er kennt sie nicht.

④ a. nicht **b.** nicht **c.** nicht **d.** nicht **e.** kein **f.** keine.

⑤ 1-a **2**-a **3**-a **4**-b.

⑥ a. Ich brauche kein Geld. **b.** Ich habe keine Zeit. **c.** Ich trinke kein Bier. **d.** Ich habe keinen Durst. **e.** Ich esse kein Fleisch. **f.** Sie hat kein Salz.

12 Datif

① a. einer guten Bäckerei **b.** dem großen Supermarkt **c.** dem neuen Geschäft **d.** den kleinen Geschäften.

② a. dem Herrn **b.** Wem **c.** dem Deutschlehrer **d.** einem kleinen Mädchen **e.** den Kindern **f.** mit dem neuen Computer **g.** nach der Arbeit **h.** seit einem Jahr **i.** aus der Türkei **j.** den kleinen Kindern.

③ a. zu **b.** zur **c.** bei **d.** von **e.** zur **f.** vom.

④ a. dir **b.** mir **c.** uns **d.** dir **e.** euch **f.** uns.

⑤ a. Uns ist warm. **b.** Ihnen ist kalt. **c.** Ist euch warm? **d.** Ist ihr kalt? **e.** Ist Ihnen kalt? **f.** Ihm ist warm.

⑥ a. Wie geht es euch? Gut danke! Und euch? **b.** Wie geht es dir? Gut danke! Und dir?

13 Les possessifs

① a. unser **b.** deine **c.** ihr **d.** euer **e.** seine **f.** mein.

② a. sein **b.** ihre **c.** ihr **d.** ihr **e.** seine.

③

	Masculin	Féminin	Neutre	Pluriel
Accusatif	**deinen**	deine	**dein**	deine
Datif	**deinem**	deiner	deinem	deinen

	Masculin	Féminin	Neutre	Pluriel
Accusatif	unseren	unsere	unser	unsere
Datif	**unserem**	unserer	unserem	**unseren**

④ b. le père **c.** la mère **d.** la fille **e.** le fils **f.** le frère **g.** la sœur **i.** la tante **j.** die Großmutter **k.** der Großvater.

⑤ a. ihrem **b.** ihren **c.** deine **d.** euren **e.** unserem **f.** Meine **g.** eure **h.** ihren.

⑥ a. euer **b.** mein **c.** Ihre **d.** dein **e.** deine **f.** unsere.

14 Verbes de modalité

① a. arbeiten **b.** machen **c.** gehen **d.** lernen **e.** kommen **f.** schreiben **g.** wohnen **h.** fahren.

② a. Du sollst **b.** Er muss **c.** wir müssen **d.** sollst du.

③ a. wir wollen **b.** Magst du **c.** Ich möchte **d.** Möchtet ihr.

④ a. Können Sie **b.** Ich kann **c.** Er darf **d.** darfst du.

⑤ a. Kannst du **b.** Du musst **c.** Ihre Eltern wollen **d.** Sie darf **e.** möchtet ihr.

⑥ a. Wir können nach Berlin fahren. **b.** Ich möchte in Italien arbeiten. **c.** Wann möchtet ihr essen? **d.** Ich kann nicht kommen. **e.** Darf man hier rauchen?

⑦ 1-d **2**-b **3**-c **4**-a.

15 Parfait

① a. geschickt **b.** gefragt **c.** gewohnt **d.** gearbeitet **e.** gekostet **f.** studiert **g.** gehabt **h.** gekauft.

② a. geschrieben **b.** gesehen **c.** geholfen **d.** gegangen **e.** geflogen **f.** geblieben.

③ a. Ich bin **b.** Ich bin **c.** Ich habe **d.** Ich bin **e.** Ich habe **f.** ich habe **g.** wir haben.

④ 1-e **2**-d **3**-g **4**-a **5**-h **6**-c **7**-b **8**-f.

16 Prétérit

①

ich	du	er/sie/es	wir	ihr	sie/Sie
machte	machtest	machte	machten	machtet	machten
kam	kamst	kam	kamen	kamt	kamen

② a. heiratete **b.** schicktest **c.** arbeiteten **d.** kostete **e.** zahltet **f.** studierten **g.** wohnten.

❸

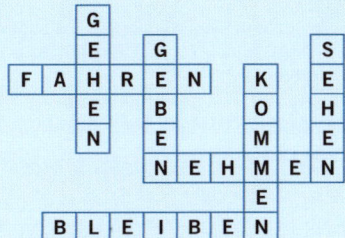

❹ a. war – hatte **b.** habe – bin **c.** hattest **d.** hast **e.** hattet – wart – hattet **f.** habt **g.** seid – habt.

❺ a. Wir konnten **b.** durfte man **c.** mochte ich **d.** Ihr solltet **e.** Ich wollte **f.** Ihr musstet.

❻ 1-b 2-c 3-b 4-a 5-d.

17 Futur I

❶ c. acheter **e.** rouler/conduire **g.** venir **h.** travailler.

❷ a. Ich werde ein Auto kaufen. **b.** Ihr werdet eure Tante besuchen. **c.** Er wird dich anrufen. **d.** Wir werden gut arbeiten. **e.** Du wirst nach Berlin fliegen.

❸ a. Morgen schneit es. **b.** Im Juli fahre ich ans Meer. **c.** Ich werde kommen. **d.** Wir werden ihn treffen.

❹ 1-b 2-e 3-d 4-c 5-a

❺ a. Sie will Architektin werden. **b.** Er will Ingenieur werden. **c.** Sie will Musikerin werden. **d.** Er will Informatiker werden. **e.** Sie will Journalistin werden. **f.** Er will Maler werden.

❻

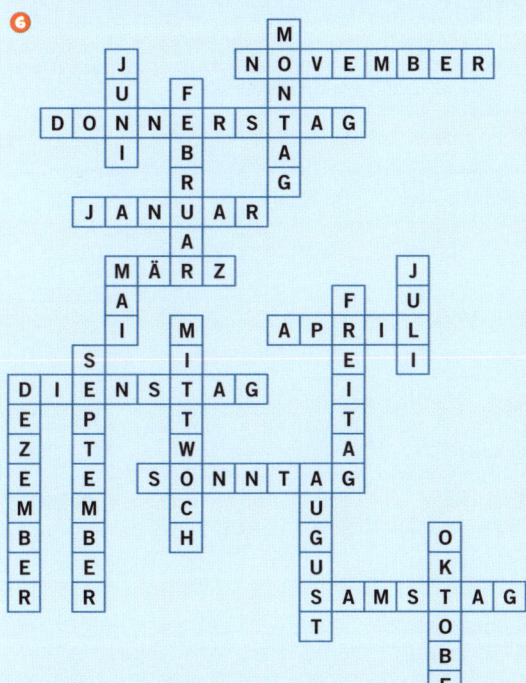

18 Syntaxe – ordre des compléments

❶ a. kaufe **b.** schreibt **c.** leihe **d.** erklärt

❷ a. Wir schenken dem Jungen eine Uhr. **b.** Wir schenken sie dem Jungen. **c.** Ich leihe dem Kind den Ball. **d.** Ich leihe ihn ihm. **e.** Ich leihe ihm den Ball.

❸ a. Gib ihm das Geld! **b.** Gib es dem Mann! **c.** Gib es ihm! **d.** Erklär sie mir! **e.** Erklär ihr die Übung!

❹ a. Ich schreibe dem Lehrer eine lange Mail. **b.** Morgen schickt er dir einen Brief. **c.** Die Mutter kauft den Kindern einen neuen Ball. **d.** Er schenkt es mir. **e.** Wir schicken deiner Mutter ein Selfy.

❺ 1-c 2-a 3-e 4-b 5-d

❻ a. Wem schreibt sie eine Mail? **b.** Wer schreibt seiner Mutter eine Mail? **c.** Was schreibt sie ihrer Mutter?

❼ a. Ich wünsche Ihnen alles Gute zum Geburtstag. **b.** Er wünscht dir viel Glück. **c.** Wir wünschen euch frohe Weihnachten. **d.** Ich wünsche euch ein frohes neues Jahr.

19 Syntaxe – principale/subordonnée

❶ a. Heute arbeiten Paul und Sabine nicht. **b.** Hier darfst du nicht rauchen. **c.** Um 8 Uhr hat der Film angefangen. **d.** Dir sage ich nichts.

❷ a. Meine Eltern können am Mittwoch kommen. Am Mittwoch können meine Eltern kommen. **b.** Er will morgen nach Wien fahren. Morgen will er nach Wien fahren. **c.** Wir können vielleicht kommen. Vielleicht können wir kommen.

❸ a. Er kommt nicht, weil er keine Zeit hat. **b.** Er sagt, dass er im Juli in die USA fliegen möchte. **c.** Er kommt nicht, weil er morgen arbeiten muss. **d.** Er sagt, dass er gut geschlafen hat.

❹ a. Wenn es Stau gibt, fahre ich mit dem Zug. **b.** Wenn ich eine Antwort habe, schreibe ich dir. **c.** Du kannst bei Petra wohnen, wenn du nach München kommst. **d.** Ich kaufe ein neues Auto, wenn ich Geld habe. **e.** Wenn meine Mutter Zeit hat, kommt sie.

❺ a. ob **b.** ob **c.** wenn **d.** ob – wenn **e.** ob

❻ a. Er bleibt zu Hause, denn es ist kalt. **b.** Er kommt nicht, weil es warm ist. **c.** Ich komme nicht, weil es sehr kalt ist.

20 Accusatif/datif – prépositions mixtes

❶ a. in die **b.** ins **c.** im **d.** am **e.** in der **f.** ans.

❷ a. Ich gehe ins Badezimmer. **b.** Dein Buch ist im Schlafzimmer. **c.** Meine Freundin schläft im Wohnzimmer. **d.** Komm in die Küche! **e.** Geh nicht ins Schlafzimmer!

❸ a. Liegst du im Bett? **b.** Ja, ich liege im Bett. **c.** Wir liegen im Bett.

❹ a. stellen **b.** sitzt – sitze **c.** hängen **d.** liegt **e.** gestellt **f.** liegt – gelegt.

❺ 1-a 2-c 3-b 4-e 5-d 6-f.

21 Génitif

❶ a. das Buch der Frau **b.** das Buch des kleinen Mädchens **c.** die Eltern der Kinder **d.** die Adresse eines guten Restaurants **e.** das Buch der Kinder **f.** der Stock einer alten Frau **g.** der Preis alter Häuser

❷ a. Wessen Schlüssel ist das? **b.** Wessen Hut ist das? **c.** Wessen Hose ist das?

❸ a. das Buch vom Mann **b.** die Eltern vom Kind **c.** das Haus von ihrer Freundin **d.** das Auto von meinen Eltern

❹ a. wegen des schlechten Wetters **b.** während des Films / Filmes **c.** während des Kurses **d.** wegen seines Bruders

❺ a. Sabines Mutter **b.** die Eltern von Luis **c.** die Mutter von Eva **d.** Paulas Bruder

22 Verbes pronominaux

❶ a. Ich freue mich. **b.** Wir treffen uns gleich. **c.** Freut er sich auch. **d.** Ja, er freut sich auch. **e.** Liebt ihr euch? **f.** Ja, wir lieben uns **g.** Oh! Sie küssen sich.

❷ a. Du wäschst dich. **b.** Die Kinder ziehen sich an. **c.** Wir putzen uns die Zähne.

❸ a. Ich kaufe mir **b.** Kaufst du dir **c.** Er macht sich.

❹

sich beeilen	sich die Zähne putzen
Beeil dich!	Putz dir die Zähne!
Beeilt euch!	Putzt euch die Zähne!
Beeilen Sie sich!	Putzen Sie sich die Zähne!

❺

```
                                          K
                          N               A
      K O S T E N         H               U
                          M               F
                          E   S P R E C H E N
      L I E B E N             A
      E                       B
      S P I E L E N   K O M M E N
      E           S   E
      N       W I S S E N   L       T
              O   E         G       R
      G E H E N   G E B E N I       I
          N       N       G         K
          E       N       S E H E N E
      S E I N             N         K
                                    E
                                    N
```

23 Verbes à particules

❶ a. Ich verstehe das nicht. – Kannst du es mir erklären? **b.** Wir haben 5 zu 1 gewonnen. **c.** Habe ich Post bekommen? **d.** Wie viel hast du für das Kino bezahlt? **e.** Hast du dich für die Verspätung entschuldigt. **f.** Was empfehlen Sie mir?

❷ a. Ich habe das Fenster zugemacht! **b.** Sabine hat uns zu ihrer Party eingeladen. **c.** Kannst du bitte die Tür aufmachen? **d.** Mach bitte das Licht an! **e.** Habt ihr alles eingekauft? **f.** Der Film hat schon angefangen.

❸ a. Bitte wiederholen Sie Ihren Namen! **b.** Umfahren Sie die Stadt! **c.** Ich habe ihn nach 10 Jahren wiedergesehen. **d.** Wo seid ihr umgestiegen?

❹ a. Geh doch hin! **b.** Gehst du hin? **c.** Kommen Sie her! **d.** Kommt her!

24 Verbes avec prépositions

❶ a. Paula träumt von einem Schokoladenkuchen. **b.** Peter träumt von einer Insel im Pazifik. **c.** Die Kinder träumen von neuen Spielsachen.

❷ a. Ich warte auf den Bus. **b.** Ich danke dir für das Geschenk. **c.** Ich denke oft an diese Tage in Paris. **d.** Ich möchte dich zu meiner Party einladen. **e.** Man gewöhnt sich schnell an den Luxus. **f.** Ich fange mit einem Bier an. **g.** Ich gratuliere dir zum Geburtstag.

❸ a. auf **b.** über **c.** auf **d.** über **e.** über.

❹ a. Ja, ich kann mich sehr gut an ihn erinnern. **b.** Ich warte auch auf sie. **c.** Ich warte auch darauf. **d.** Ich beginne auch damit. **e.** Ich denke auch oft an ihn. **f.** Ich muss mich auch daran gewöhnen.

❺ a. Worauf **b.** Womit **c.** Auf wen **d.** Worüber **e.** In wen **f.** Worauf.

25 La comparaison

❶ b. petit **c.** grand **d.** jolie **g.** sombre **h.** long **i.** difficile.

❷

Comparatif d'égalité	Comparatif de supériorité	Superlatif
a. Paul ist so dick wie ich.	**Paul ist dicker als ich.**	**e.** Paul ist am dicksten.
b. Paul ist so schlank wie ich.	**c.** Paul ist schlanker als ich.	**Paul ist am schlanksten.**
Paul ist so klein wie ich.	**d.** Paul ist kleiner als ich.	**f.** Paul ist am kleinsten.

❸ a. Ich esse so viel wie du. **b.** Sie ist größer als er. **c.** Eva ist hübscher als Sabine. **d.** Wer ist am kleinsten? **e.** Ich esse weniger als du. **f.** Ich bin am schlanksten.

❹

	Comparatif de supériorité	Superlatif
die helle Hose	die hellere Hose	die hellste Hose
das schöne Auto	**das schönere Auto**	das schönste Auto
die einfachen Übungen	die einfacheren Übungen	**die einfachsten Übungen**
der junge Mann	der jüngere Mann	der jüngste Mann

❺ a. Ja, aber ich kenne ein billigeres Hotel. **b.** Für mich bist du die schönste Frau der Welt. **c.** Ich nehme den früheren Zug. **d.** Der Nil ist der längste Fluss der Welt. **e.** Hast du keine größere Tasche? **f.** Zieh dein schönstes Kleid an.

❻ a. mehr – am meisten. **b.** höchste. **c.** teurer **d.** am besten isst **e.** dunkleren **f.** näher.

26 Le goût et la préférence

❶ a. lieber **b.** am liebsten **c.** lieber **d.** Am liebsten **e.** lieber **f.** gern **g.** lieber

❷ a. Ich habe Grün gern. **b.** Ich habe Rot lieber als Blau. **c.** Was hast du am liebsten? Weiß, Braun oder Schwarz.

❸ a. das Lieblingsbuch **b.** die Lieblingslehrerin **c.** die Lieblingssprache **d.** das Lieblingsland.

27 Conditionnel

1 **a.** Ich würde nach Berlin fahren. **b.** Wir würden ihm eine Mail schreiben. **c.** Wohin würde er gehen? **d.** Würdest du eine Mail schreiben?

2 **a.** Was würdest du machen? **b.** Ich würde nicht arbeiten. **c.** Ich würde immer bis Mittag schlafen. **d.** Ich würde ein schönes Haus kaufen. **e.** Ich würde viel reisen. **f.** Und ich würde dich heiraten.

3 **a.** Sie wollten **b.** ihr dürftet **c.** ich könnte **d.** wir müssten **e.** du möchtest **f** . er wüsste.

4 **a.** Möchtest du **b.** Könntet ihr **c.** würden Sie … fahren **d.** sollte **e.** Meine Kinder würden … gehen **f.** Es wäre **g.** Er würde … lernen.

5 **a.** Wenn wir Geld hätten, würden wir ein schönes Haus kaufen. **b.** Wenn er eine Arbeit findet, kann er in München bleiben. **c.** Wenn ich krank bin, arbeite ich nicht. **d.** Wenn du reich wärst, würde ich dich heiraten.

28 Propositions infinitives

1

Verbe	Particule séparable	Particule inséparable	Traduction
anfangen	×		commencer
anrufen	×		appeler
erklären		×	expliquer
wiederholen		×	répéter
gewinnen		×	gagner
bezahlen		×	payer
einladen	×		inviter

2 **a.** / **b.** zu **c.** / **d.** zu **e.** / **f.** zu.

3 **a.** Ich plane, eine Reise nach Japan zu machen. **b.** Ich versuche, morgen um 5 Uhr aufzustehen. **c.** Ich freue mich, alle meine Freunde einzuladen.

4 **a.** Ich habe Lust, eine große Party zu machen. **b.** Sie hat Lust, nach China zu fliegen. **c.** Er hat Lust, sich ein neues Auto zu kaufen. **d.** Er hat Lust, ins Kino zu gehen.

5 **a.** Ich brauche das Deutschbuch, um für die Prüfung zu lernen. **b.** Er fährt nach Berlin, um seine Tante zu besuchen. **c.** Wir kaufen einen neuen Ball, um Fußball zu spielen. **d.** Ich rufe dich an, um dir alles zu erzählen.

6 **a.** können **b.** gehen **c.** bleiben **d.** haben **e.** lesen **f.** anfangen **g.** helfen **h.** dürfen **i.** wollen **j.** wissen.

29 Propositions relatives

1 Du bist die Frau, die ich liebe. Und du bist der Mann, den ich liebe.

2 **a.** das **b.** die **c.** dem **d.** die **e.** denen **f.** der.

3 **a.** Das kleine Mädchen, das immer mit mir spielt, heißt Sabine. **b.** Der Kuchen, den du gekauft hast, ist gut. **c.** Das Auto, das ich kaufe, ist teuer.

4 **a.** die **b.** dem **c.** die **d.** denen.

5 **a.** Das ist das Buch, mit dem ich arbeite. **b.** Das ist das Buch, mit dem ich gearbeitet habe. **c.** Das ist die Frau, bei der wir waren.

6 **a.** die Familie **b.** die Leute **c.** Der Freund **d.** Das Buch **e.** Die Blumen **f.** einen Bäcker.

30 Introduction au passif

1 **a.** lernen **b.** sprechen **c.** baden **d.** waschen **e.** fahren **f.** erklären **g.** empfehlen **h.** einladen **i.** bezahlen.

2 **a.** Der Brief ist auf Deutsch übersetzt worden. **b.** Die Rechnungen werden alle geprüft. **c.** Das Geschäft ist renoviert worden. **d.** Die Geschäfte werden alle geschlossen.

3 **a.** Die Maus ist von der Katze gegessen worden. **b.** Der Brief wird von der Sekretärin geschrieben. **c.** Der Brief ist von Paul übersetzt worden. **d.** Der Tannenbaum ist von meinem Großvater geschmückt worden. **e.** Dieses Bild ist von Picasso gemalt worden.

4 **c.** boulangerie **d.** supermarché **e.** charcuterie **g.** cinéma.

5 **a.** Ist die Reinigung heute geöffnet? **b.** Ja, sie ist von 8 Uhr bis 17 Uhr geöffnet. **c.** Der Supermarkt ist von 8 Uhr bis 21 Uhr geöffnet. **d.** Das Kino ist im August geschlossen. **e.** Die Buchhandlung ist am Sonntag geschlossen. **f.** Die Apotheke ist am 25. Dezember geschlossen. **g.** Ja, aber sie ist am 1. Januar geöffnet.

Bravo, vous êtes venu à bout de ce cahier ! Il est temps à présent de faire le point sur vos compétences et de comptabiliser les icônes afin de procéder à l'évaluation finale. Reportez le sous-total de chaque chapitre dans les cases ci-dessous puis additionnez-les afin d'obtenir le nombre final d'icônes dans chaque couleur. Puis découvrez vos résultats !

	☺	😐	☹
Total, tous chapitres confondus			

Vous avez obtenu une majorité de...

Bravo ! Vous maîtrisez maintenant les bases de l'allemand, vous êtes fin prêt pour passer au niveau 2 !

Ce n'est pas si mal ! Mais vous pouvez encore progresser… Refaites les exercices qui vous ont donné du fil à retordre en jetant un coup d'œil aux leçons !

Perséverez ! Reprenez l'ensemble de l'ouvrage en relisant bien les leçons avant de refaire les exercices.

Mise en pages : Aurélia Monnier pour Céladon éditions
Réalisation : Céladon éditions, www.celadoneditions.com

© 2016 Assimil
Imprimé en Roumanie par Master Print - juin 2023